國家圖書館藏稀見字書四種

國家圖書館藏稀見字書四種

中華書局 編

2

中華書局

班馬字類補遺五卷

◎

〔宋〕李曾伯撰

清初毛氏汲古閣影宋抄本

班馬字類　第三卷上聲　宋板影寫　第參冊

班馬字類第三

上聲 補遺附

一董

挏 漢書百官公卿表武帝官有丨馬徒孔反主乳馬以韋革爲夾兜受數斗盛馬乳丨取其上肥晉灼音挺丨之挏禮樂志音動馬酪味如酒

惣 史記大宛傳其大丨

總 漢書地理志丨率諸侯

空 漢書張騫傳當丨道鮑宣傳衣又穿丨讀作孔 補遺史記五帝紀舜穿井爲匿丨旁出音孔

鴻濛 漢書揚雄傳丨丨沆茫上胡孔反下莫孔反

巃嵸 漢書司馬相如傳丨丨崔巍音籠總　補遺史傳同無音

巃茸 漢書司馬相如傳叢以丨丨上來孔反下而孔反　補遺史傳同無音

補遺

堮 史記司馬相如傳觀衆樹之丨蓌兮

蓊 漢書司馬相如傳丨蓌烏孔反蓌音愛

鴻溶 漢書司馬相如傳僸祲尋而高縱兮紛丨丨而上厲上故孔反下弋孔反史傳作鴻涌無音當從上聲讀

蒙 史記司馬相如傳蔑丨踊躍騰而狂趡飛揚也漢傳蠓丨與蠓同揚雄傳浮蠛蠓而撇天

二腫

宂 漢書成帝紀流丨者衆食貨志丨作縣官衣食之人勇反

茸 史記賈生傳闒丨尊顯兮而勇反下材不肖之人也漢書人勇反

㦷 漢書刑法志丨之以刑古竦字又所項反

奉 史記藺相如傳身所丨飯音捧　補遺首項羽紀沛公丨卮酒高祖紀丨玉卮起爲太上皇壽漢書高帝紀同

匈 史記項羽紀天下丨丨數歲漢書高帝紀同師古曰喧擾之意雖無音當作上聲讀

兊 漢書翟方進傳羣下丨丨亦當作上聲讀

軵 漢書馮奉世傳再三發丨推也淮南子內郡丨車而餉而隴反

從容 史記衡山王傳日夜丨丨王謀反事上子勇反下讀曰勇謂勸獎也

縱史 漢書衡山王傳日夜丨丨王謀反音與史傳同勉強也

桶 史記商君傳平斗丨權衡丈尺音勇令之斛也索隱音統

泛 漢書武帝紀丨駕之馬食貨志大命將丨方勇反覆也字作覂後通用 補遺史記高后紀太后廼恐自起丨孝惠危音捧

廱 漢書五行志丨河三日不流又岷山崩丨江水水逆流讀作壅

雍 漢書武紀丨於上聞讀曰壅元紀丨蔽沙石丨霸水 補遺史記始皇紀先王知丨蔽之傷國

雍 漢書揚雄傳丨神休讀作擁 補遺史記夏侯嬰傳面丨樹乃馳漢傳面丨樹馳讀曰擁

邕 漢書王莽傳長平館西岸崩丨何水不流讀作壅

補遺

容 漢書禮樂志旌丨丨音勇一讀如字

巃 漢書叙傳隗囓嵸丨

衝蓯 史記司馬相如傳騷擾丨丨上昌勇反下息冗反漢傳同

嵱嵷 漢書揚雄傳陵高衍之丨丨丨音踊竦

涌趯 漢書李尋傳丨丨音踊躍

踊 漢書天文志水泉丨又川水漂丨李尋傳丨溢

三講

顜 史記曹相國世家丨若畫一

棓 漢書天文志右四星曰天丨白講反 補遺史記天官書音剖

蜯 漢書叙傳丨蛤即蚌字

補遺

銗 史記酷吏傳投丨音項又胡江反漢書趙廣漢傳丨筩音項筩音同

四紙五旨六止

抵　漢書朱博傳奮髯丨几揚雄傳丨穰侯而代之並音紙

氏　漢書地理志至玄孫丨爲莊公師古曰與是同古通用

厎　漢書律歷志其道如丨音指晁錯傳丨厲其節與砥同梅福傳爵禄者天下之丨石孟子周道如丨　補遺史記夏紀東原丨平又平準書省丨柱之漕

伎　史記孟嘗君傳無他丨能通作技　補遺漢書鼂錯傳丨藝過人絶遠

躧　史記魏世家若脱丨漢書地理志彈弦跕丨與屣同　補遺史記首武帝紀吾視去妻子如脱丨耳漢書雋不疑傳丨履起迎別本書作躧

兂 漢書薛宣傳陰陽丨鬲閉也皮鄙反

骫 史記司馬相如傳崔錯發丨漢書同又淮南厲王傳皇帝丨天下正法古委字

彌 漢書李廣傳丨節白檀王莽傳丨躬執平又發姦丨亂讀作弭 補遺史記禮書丨龍所以養威也司馬相如傳丨節

絫 漢書郊祀志爵位重丨與累同鄒陽傳鷙鳥丨百又丨卵

跂 史記韓王信傳士卒皆山東人丨而望歸企同 補遺首高祖紀日夜丨而望歸集韻上去聲通

姐 漢書馮奉世傳羌彡丨音紫

茈 史記司馬相如傳丨薑蘘荷言息生紫色漢傳同

埤漢書五行志塞丨擁下埤也司馬相如傳其丨溼則生藏莨蒹葭音婢史記作埤

軌漢書元帝紀姦丨服與宄同補遺史記五帝紀寇賊姦丨漢書首景紀姦丨不勝

窺漢書息夫躬傳未有能丨左足而先應者音跬又口婢反

披史記項羽紀漢軍皆丨靡披彼反漢書普彼反補遺史記范雎傳木實繁者丨其枝魏其傳不折必丨漢書竇嬰傳同

⿰骨⿱左月漢書揚雄傳丨餘吾古髓字

髊漢書郊祀志先鸞鶴丨古髓字

螘史記賈生傳夫豈從丨與蛭螾音蟻補遺漢書司馬相如傳與螻丨何異

轙 漢書禮樂志象輿丨僕人嚴駕待發之意音蟻 補遺丨亦音儀案下韻云與逶蛇及歸襄字協宜作平聲讀廣韻丨平上聲通

檥 史記項羽紀烏江亭長丨船待附船著岸也音蟻漢傳同

蛾 史記五帝紀鳥獸蟲丨漢書揚雄傳扶服丨伏與蟻同春秋左氏傳丨析音蟻

儗 漢書淮南王傳爲黃屋蓋丨於天子丨比也史記作擬補遺漢書首高帝紀位號比丨亡上下之分與擬同

儗 漢書食貨志黍稷丨丨盛貌音擬

疑 漢書食貨志遠方之能丨者讀曰擬僭也又谷永傳費丨驪山讀作儗 補遺史記蘇秦傳丨於王者讀

作擬

狧　漢書吳王濞傳丨糠及米古䑛字史記作舐

阯　漢書疎廣傳頗立產業基丨　補遺史記五帝紀南撫交丨武帝紀禪泰山下丨漢書紀同

憙　史記周紀無不欣丨高祖紀秦人丨漢書郊祀志天子心獨丨讀曰喜

竢　漢書賈誼傳共承嘉惠兮丨罪長沙師古曰古俟待也　補遺人表夷丨郊祀志以丨天神

㠯　史記五帝紀軒轅乃習用干戈丨征不享漢書高帝紀丨竹皮爲冠古以字

訾　漢書揚雄傳詆丨毀也音紫　補遺首地理志好丨毀師古曰以言相毀曰丨子爾反

罷　漢書高五王傳封王諸子丨軍等皮彼反

補遺

枳 漢書高帝紀秦王子嬰降丨道旁與軹同

砥 史記五帝紀日月所照莫不丨屬音止平也

砥 史記夏紀丨柱河渠書丨柱之限尚書作厎柱

跂 史記梁孝王傳義格如淳曰丨閣不得下字林音紀又音詭

枳 漢書地理志巴郡丨音徙又音抵師古之爾反

緇 漢書叙傳涅而不丨合韻側仕反

旖旎 史記司馬相如傳丨上於氏反下諾氏反

猗柅　漢書司馬相如傳｜｜猶阿那也音與史傳同

畀　史記夏紀稻可種｜濕司馬相如傳｜涇音婢下也漢書地理志江南｜濕無音

氾　史記項羽紀兵渡｜水音祀漢書高帝紀音凡

靡　漢書揚雄傳回戈邪指南越相夷｜節西征羌僰東馳又日未｜旃即與弭同

柴虒　漢書揚雄傳｜｜參差上初蟻反下音豸

儀　漢書外戚傳皆心｜霍將軍女音螘謂附向之

鰓　漢書刑法志｜｜常恐天下之一合而共軋己也音蒠師古先祀反

葴　史記呂不韋傳會葬｜陽餘傳並陽

敏 漢書敘傳淮陽聰丨合韻音美

以 史記越世家丨服爲臣漢書張良傳殷事丨畢吳王濞傳漢兵還臣觀之丨罷即與已通

膯 史記滑稽傳朞韝鞠丨朞音卷丨其紀反又與跽同

匭 史記李斯傳飯土丨太史公自序作土簋始皇紀飯土塯

止 漢書刑法志右丨即與趾同

李 史記天官書左角丨即理法官元命包作理漢書天文志左角理胡建傳黃帝丨法注法官號

七尾

亹 漢書王莽傳丨丨翼翼日新其德武匪反

非 漢書鼂錯傳丨謗不治讀作誹

棐 漢書食貨志賦入貢丨竹器也讀與篚同地理志厥丨織文

棐 漢書燕剌王傳毋作丨德古匪字叙傳丨諶

依 漢書嚴助傳負黼丨隱豈反讀曰扆補遺史記魯世家南面倍丨以朝諸侯

愇 漢書叙傳丨世業之可懷古韙字

畾 史記殷紀中丨作誥孔安國曰仲虺湯左相 補遺索隱曰丨作壨音如字

芔 史記司馬相如傳劉莅丨歙古卉字漢書同

補遺

尾 漢書古今人表丨生晦即微生畝無音今從本字附

屘 漢書古今人表丨生高即微生高丨亦尾字

俷 史記三王世家毋丨德無音漢傳作棐古匪字

畏累 史記莊子傳丨丨虛亢桑子之屬上故鬼反下音壘

八語

渠 史記張儀傳蘇君在儀寧丨能乎音距漢書孫寶傳掾部丨有其人乎讀曰詎豈也

巨 漢書高帝紀沛公不先破關中兵丨能入乎讀曰距

岠 漢書五行志鄭丨王師揚雄傳丨連卷讀曰距

圄 漢書藝文志列子名丨冦音禦

圉 漢書陳咸傳贊可謂不畏强丨讀作禦

御 漢書五行志共丨讀曰禦言恭己以禦災 補遺史記五帝紀以丨魑魅

禦 史記建元年表丨兒正義曰禦兒在嘉興今爲語兒鄉 補遺漢書閩粵傳語兒侯師古曰字或作籞禦音同東粵傳禦兒

鄦 史記鄭世家丨公音許

鬻 漢書刑法志因官器作丨鹽古煑字

陼 史記司馬相如傳且齊東丨鉅海音渚漢書同

鐻 史記始皇紀銷以爲鍾丨金人十二音巨

糈 史記日者傳丨而有不審不見奪丨音所與糈同

緒 漢書張蒼傳丨正律歷言本統丨而正之與序同

岨 漢書蒯通傳犨洛丨山河與阻同

貯 漢書李夫人傳飾新宮以延丨讀爲佇

臚 史記六國表在藩臣而丨於郊祀音旅祭名又陳也

女 漢書曹參傳丨歸試從容問乃父與汝同詩誰謂丨無家　補遺史記五帝紀丨謀事至而言可績三年矣丨登帝位漢書首成紀丨無面從地理志河南郡丨陽丨陰並同汝

予 史記夏紀稷丨衆庶難得之食通作與詩賚丨也補遺首五帝紀丨牛羊漢書食貨志縣官嘗自漁魚不出後復丨民魚迺出

補遺

圜 漢書地理志天水郡冀注朱丨與圜同

鉅 史記禮書宜丨者丨宜小者小漢書刑法志事丨敵堅即巨同

鉅 史記司馬相如傳撞千石之鍾立萬石之丨漢傳正作虡

圄 漢書東方朔傳囹丨空虛

距 史記殷紀知足以丨諫又丨之牧野漢書高紀丨破之又丨險即與拒通

沮 史記絳侯世家丨陽音阻衛青傳將軍李丨漢書百官表李丨地理志丨陽並音組

壻 漢書郊祀志丨山之屬音胥史記封禪書作㟅先許反

著 史記貨殖傳積丨之理張呂反又廢丨鬻財讀曰貯漢傳作貯

侶 史記楚世家莊王丨立案春秋左氏傳楚莊王名旅此丨字假借或書作侶誤

遽 漢書揚雄傳虎豹之凌丨音距

九麌十姥

姁 史記酷吏傳義縱姊丨音詡 補遺首外戚世家漢興呂娀丨况羽反漢書義縱傳丨許于反

拒 史記樊酈傳攻其前丨謂方陳音矩春秋左氏傳曼伯爲右丨

拊 史記趙世家笑丨手且歌音撫詩竊辟有摽注辟丨心也 補遺首五帝紀丨石漢書高帝紀因丨其背韓信傳丨循

命 漢書藝文志大丨三十七篇古禹字

黼 史記秦紀天子賀以丨黻音甫弗正義曰雖非字體歷代史記本同

鬴 漢書五行志銜其丨古釜字

儛 史記樂書以四時歌丨宗廟與舞同

侮 漢書五行志慢丨之心生古侮字陳平傳資丨人

娒 漢書張良傳上慢丨士古侮字

憮 漢書張敞傳京兆眉丨音嫵

父 史記始皇紀梁丨音甫高祖紀單丨人呂公音斧漢書武帝紀至于梁丨詩家丨　補遺史記首周紀祭公謀丨秦紀衡丨造丨又屈原傳漁丨並音甫

嘸 漢書韓信傳丨然陽應文府反

俛 史記陳涉世家丨首音俯淮陰侯傳丨出跨下漢書同亦俯字　補遺史記首秦紀贊丨首係頸又鼂錯傳丨卬之閒漢書蔡義傳行步丨僂

捬 史記司馬穰苴傳身自丨循之音撫漢書趙充國傳丨循和輯古撫字

頫 漢書項籍傳贊丨首係頸古俯字貨殖傳丨有拾卬有取

㝡 史記殷紀大丨樂戲於沙丘本或作最並古聚字 補遺與去聲通

藪 漢書東方朔傳窶丨戴器也音數錢之數楊惲傳鼠不容穴銜窶數

斗 史記張儀傳令工人爲金丨長其尾音主凡方者爲丨若安長柄則爲枓音斗周禮㡿人設丨

柱 漢書地理志漢中淫失枝丨言意相節卻不順從朱雲傳連丨五鹿君剌也距也竹甫反

拄 漢書西域傳以道當爲丨置竹羽反支柱也

睹 史記封禪書未有丨符瑞見而不臻乎泰山者漢書武帝紀此子大夫之所丨聞也古覩字 補遺史記首歷書未能丨其眞也

俞 漢書禮樂志丨甚而無益讀曰愈又音踰食貨志民丨勤農與愈同

瘉 漢書高帝紀漢王疾丨藝文志不猶丨於野乎郊祀志上病丨汲黯傳亡以丨人並與愈同

瘐 漢書宣帝紀繫者苦飢寒丨死獄中字作瘉

鹵 史記高祖紀所過無得掠丨汲黯傳丨獲因與之與虜同漢書高帝紀同

故 漢書儒林傳訓丨舉大誼讀作詁 補遺首藝文志魯申公爲訓丨讀曰詁廣集韻上去聲通

賈 史記老子傳良丨深藏若虛音古漢書高帝紀丨人毋得衣錦繡春秋左氏傳鄭丨人 補遺史記首秦紀販賣丨人弦高

觕 漢書藝文志得麤丨敘傳丨舉僚職才戶反與粗同謂大略也

𢼸 漢書王陵傳杜門不朝請字本作丨

蔀漢書律歷志以閏餘一之歲爲丨首音剖又音部

苦史記五帝紀器音不丨窳音古麤也讀同監補遺漢書禮樂志夫婦之道丨而淫辟之罪多

苦史記老子傳楚丨縣音怙補遺漢書地理志丨屬淮陽國有賴鄉老子所生

裋漢書貢禹傳丨褐不完音豎謂童豎所着布長襦也補遺史記始皇紀贊寒者利丨褐謂褐布豎裁爲勞役之衣

補遺

距漢書叙傳疆土踰丨法制也即與矩同

偊旅漢書東方朔傳遺蛇其迹行步丨丨上音禹曲躬貌

萬 漢書古今人表師氏丨與⿰扌禺同游俠傳丨章音拒

斧 漢書王莽傳負丨依南面而立

府 漢書藝文志五藏六丨

曲 史記高祖紀戰丨遇東音齲顒漢紀同丘羽反

娍 史記司馬相如傳丨媚漢傳嫵媚

蔞 史記楚世家辟在荆山蓽露藍丨言衣敝壞其丨藍然春秋左氏傳作篳路藍縷

廡 史記武帝紀仰爲百姓育穀今歲豐丨美也宋世家廡草蘩丨滋豐也尚書廡草蕃丨

釜 史記魏世家絕漳丨水趙世家漳滏

夏 史記始皇紀北過大丨協韻音户

馬 史記始皇紀澤及牛丨協韻音姥

庚 史記匈奴傳北服渾丨漢傳作窳

踰 史記汲黯傳居官無以丨人音庚

鹵 史記游俠傳丨公孺漢傳魯公孺

専 史記衛世家石曼丨音圃即春秋左氏傳石圃

溥 漢書董仲舒傳丨愛而亡私䙆相傳丨被災害與普同詩丨天之下

杜 漢書古今人表楚丨敖即堵敖

二篆丨 十四

虎魄　漢書西域傳｜｜即琥珀

鹵　史記始皇紀血流漂｜

櫓　史記陳涉世家血流漂｜大楯也

鼓叜　漢書古今人表｜｜生舜象

鄠　漢書地理志右扶風｜注有扈國

拘　漢書地理志魏郡武始注｜澗水音矩

十一薺

洒　漢書司馬相如傳滌器市中注｜也先禮反　補遺　史記貨殖傳｜削薄枝也漢書首平帝紀｜心自新

又昌邑王傳湔丨先禮反

泲 漢書地理志丨河惟兖州師古曰此本濟水字

氐 史記秦紀大丨盡畔讀曰抵漢書禮樂志大丨皆因秦舊丁禮反

邸 史記張耳傳外黃富人女甚美嫁庸奴亡其夫去丨父客正義曰丨歸也漢傳同丁禮反

邸 漢書匈奴傳北丨郅居水至也讀作抵　補遺史記河渠書鑿涇水自中山西丨瓠口爲渠漢書首溝洫志西丨.瓠口已上氐邸邸共三字舊誤在四紙韻今移

底 史記佞幸傳大丨外戚之家然不足數也

提 史記吳王濞傳引博局丨吳太子殺之索隱音啼又音底正義音弟漢書師古曰徒計反擲也魏其傳相

丨而論音弟猶相抵也　補遺史記首絳侯世家太后以冒絮丨文帝漢傳同

緹 史記倉公傳少女丨縈正義音體索隱音啼漢書刑法志丨縈它弟反　補遺史記首文帝紀丨縈即上書云云帝爲之除肉刑也

䭫 漢書諸侯王表厥角丨首與稽同

補遺

泲 漢書郊祀志曰丨曰淮

氐 漢書張騫傳大角丨丁禮反

柢 史記鄒陽傳播木根丨即抵字廣韻上去聲通

詆 史記酷吏減宣傳下吏丨罪杜周傳盡丨以不道即與抵同

醴 史記夏紀又東至于丨漢書地理志同尚書字作澧

十二蟹十三駭

解廌 漢書司馬相如傳弄丨丨上音蟹下丈介反史傳作解豸

洒埽 漢書東方朔傳不勝丨丨之職先禮反古文爲灑埽字灑汛也所蟹反詩弗丨弗丨

補遺

解 漢書揚雄傳勃丨之鳥與渤澥同

解 漢書律歷志取竹丨谷即與嶰同

十四賄十五海

皐 史記武帝紀常山王有丨與罪同漢書賈誼傳赦死丨補遺史記首五帝紀四丨而天下咸服漢書首高后紀欲除三族丨

魁壘 漢書鮑宣傳耆艾丨丨之士上口賄反下音磊壯貌

閡 漢書律歷志雜陽丨種胡待反臧塞也陰雜陽氣臧塞爲萬物作種也　補遺禮樂志專精厲志逝九丨亦陔也合韻音改又音亥

闓 漢書司馬相如傳昆蟲丨懌讀曰凱史傳作凱澤澤音懌

紿 史記高祖紀丨爲謟者欺也音殆通作詒漢書徒在反

倗 漢書王尊傳南山羣盜丨宗等音倍

縡 漢書揚雄傳上天之丨讀與載同去聲通

補遺

畏累 史記莊子傳丨丨虛上烏罪反下路罪反

魁絫 漢書古今人表鄭丨丨鄭音擕上口賄反下音磊

礨 史記司馬相如傳丘虛堀丨音磊漢書丘墟崫礨

餧 漢書魏相傳發倉廩振乏丨乃賄反按經典多以餧爲飢餧字此丨字作餧飼字今假借用

萯 漢書宣帝紀丨陽宮音倍東方朔傳五柞倍陽

愷 史記五帝紀八丨漢書主父偃傳天子大丨即與凱同

采 史記項羽紀望其氣皆成龍虎五丨吳世家衣不重丨漢書宣帝紀神爵五丨

采 史記殷紀贊丨於詩書武帝紀丨芝藥漢書景帝紀丨黃金珠玉

采 史記始皇紀丨椽不刮令之櫟木也漢書司馬遷傳採椽不斲柞木也音采又音菜其字從木

芷 史記漢興功臣表以丨陽鄉爲霸陵音止又昌改反

十六軫十七準

螾 史記封禪書黃龍地丨見與蚓同　補遺律書寅言萬物始生丨然也漢書郊祀志地丨音引

霣 史記宋世家丨星如雨音隕太史公自序早丨丨漢書司馬相如傳丨隊春秋左氏傳有死無丨

閔 漢書高惠功臣表聖朝憐丨與憫同 補遺首成紀朕甚丨焉史記周紀穆王丨文武之道缺

惛 漢書劉向傳臣甚丨焉音昏又古閔字

緡 漢書律歷志詎丨公七十六歲讀與愍同

愍 史記太史公自序丨學者之不達 補遺首屈原傳離丨之長鞠漢書高帝紀齊丨王昭帝紀朕甚丨焉

盾 漢書王莽傳數遺中丨讀曰允

允 漢書匈奴傳唐虞以上有山戎獫丨補遺首衛青傳薄伐獫丨

診 漢書董賢傳發棺丨視驗也音昣

僒 漢書賈誼傳丨若囚拘説文渠隕反補遺蘇林欺全反師古曰蘇音是

補遺

耘 史記閩越傳不戰而丨漢書作運義當取丨除或言于紛反楚人聲重耳丨隕同音但字假借

湣 史記高祖紀齊丨丨王齊世家魯丨公屈原傳離丨而不遷兮

閔免 漢書谷永傳丨丨遒樂師古曰黽勉也

髕 史記鄒陽傳司馬喜丨脚於宋漢書刑法志丨罰之屬司馬遷傳孫子丨脚與臏同

卷 漢書地理志眴丨音箘

純 漢書刑法志赭衣而不丨之允反

十八吻十九隱

殉 史記循吏傳自丨亡粉反字或作刎

攗 漢書刑法志丨摭秦法舉蘊反

殷 史記封禪書其聲丨云野雞夜雊音隱漢書禮樂志丨丨鍾石鳴音隱聲盛也詩丨其靁

蚡 漢書武帝紀田丨音鼢鼠之鼢亦鼢字扶粉反補遺史記楚世家丨冒古本作羒音憤田丨同

補遺

隱 史記司馬相如傳丨天動地漢傳作殷天

坌 漢書古今人表楚丨冒扶粉反

二十阮二十一混二十二很

菀 漢書王嘉傳詔書罷丨而以賜賢與苑同遺首百官表牧師丨令五行志起丨方

煖 漢書昭紀後宮遺腹子丨許遠反補遺史記燕世家龐丨况遠反

匽 史記魯世家子丨立漢書禮樂志與文丨武古偃字王吉傳風寒之所丨薄

輓 史記貨殖傳丨近世塗民耳目音晚古字通用

梱 漢書匡衡傳衰莫不始乎丨内與閫同門橛也苦本反

忖 漢書律歷志丨該之積千本反

佷 史記項羽紀丨如羊貪如狼漢書同又王莽傳貌丨自將音狠

狠 漢書劉向傳丨丨數奸死亡之誅音懇

耎 漢書司馬遷傳怯丨人阮反柔弱也王吉傳丨脆

補遺

蜿 史記司馬相如傳丨蟺漢傳作宛潬並音婉善

傿 漢書地理志陳留丨音偃即春秋鄭伯克段於鄢

鄢 漢書五行志丨陵之戰

喧 漢書外戚傳悲愁於邑丨不可止許遠反師古曰朝鮮之閒謂小兒啼不止爲丨

反 史記魏世家蒲丨秦紀蒲坂甘茂傳蒲阪漢書地理志蒲丨溝洫志蒲坂

煇 漢書司馬相如傳丨煌下本反史傳音寃

鮌 漢書古今人表丨即與鯀字同

棍 漢書揚雄傳丨申椒與菌桂又紛蒙籠而丨成自然也又不可丨於世俗之目胡本反同也

緄 史記高祖功臣侯表要以成功爲統豈可丨乎

渾 漢書劉向傳賢不肖丨殽又丨亂胡本反

二十三旱二十四緩

騂 史記衛將軍傳誅撓丨音悍 補遺 漢書刑法志以鞿而御丨突音悍

罕 漢書吕后紀贊刑罰丨用 補遺 史記太史公自序封禪之符丨用

竿 漢書匈奴傳生奇材木箭丨就羽工旱反

亶 漢書賈誼傳非丨倒垂而已讀曰但 補遺首五行志丨日食又諸傳多音但

禮 史記呂后紀爲劉氏左丨亦作袒

斡 漢書百官表丨官鐵市兩丞相音筦 補遺史記賈生傳丨棄周鼎兮寶康瓠音筦又烏活反

筦 漢書禮樂志鍾石丨絃晁錯傳齊栢得丨子與管同 補遺史記平準書桑洪羊爲大農丞丨諸會計事

斡 漢書劉向傳顯丨尚書與管同 補遺首食貨志浮食奇民欲擅丨山海之貨

懣 漢書戾太子傳王憂丨音滿又音悶

煗 漢書王褒傳襲狐貉之丨乃短反

並 漢書西南夷傳牂柯同丨等邑音伴 補遺首昭紀廉頭姑繒柯談指丨二十四邑皆反音伴

補遺

旰 史記河渠書皓皓旰旰兮閭殫爲河司馬相如傳澔旰

旱 史記賈誼傳水激則旱兮矢激則遠讀與悍同

𢡟 漢書揚雄傳𢡟𢡟不可知音蒲緩師古音莫幹反

䵘 史記楚世家熊䵘音與亶同字亦作亶

壇 史記司馬相如傳壇以陸離音坦漢傳作瘴

㬋 史記樂書㬋之以日月漢書文帝紀老者非帛不㬋

竝 漢書地理志同竝音伴牂柯縣名

二十五潸二十六産

籑 漢書刑法志丨二百章司馬遷傳父子相繼丨其職音撰

篹 漢書藝文志孔子丨焉音撰

篹 漢書元后傳文母丨食堂丨具也音撰

冠 史記始皇紀丨玉冠佩華紱正義音綰與去聲通

柬 漢書高惠高后文功臣表遴丨布章古簡字

補遺

攌 史記賈誼傳丨如囚拘華板反又音睆

簡 漢書刑法志丨車丨徒

譔 漢書揚雄傳丨爲十三卷與撰同

二十七銑二十八獮

跣 史記文帝紀喪事服臨者皆無丨晉灼曰漢語作跣跣徒跣也 補遺漢書五行志被髮徒丨

洗 漢書高帝紀使兩女子丨先典反律歷志三曰姑丨補遺史記高祖紀及律書並同又汲黯傳太子丨馬先典反

先 漢書百官表太子丨馬或作洗

洒 史記范雎傳羣臣莫不丨然變色易容先典反猶肅敬皃

繭 漢書敘傳申重丨以存荆足下傷起如丨也
補遺首禮樂志牲丨栗史記武帝紀牲角丨栗

甽 漢書劉向傳雖在丨畝工犬反或
作畎 補遺首食貨志一晦三丨

畎 史記匈奴傳丨夷氏
音犬 補遺漢傳同

揃 史記魯世家乃自丨其蚤沈之河
音翦西南夷傳賛後丨剽分二方

煎 漢書趙充國傳先
零豪封丨讀曰翦

劗 漢書嚴助傳丨
髮文身與翦同

鬋 漢書韋元成傳勿
丨勿伐與翦同

選蠕 史記律書丨丨觀望
上思兖反下而兖反

耎 漢書司馬遷傳僕雖怯丨人究反而究反又人阮反天文志注曰退也王吉傳以丨脆之王體

饍 史記張儀傳冨民丨兵與膳同具食也

譱 漢書禮樂志成帝時犍爲得古磬議者以爲丨祥 補遺首本志莫丨於禮

單 史記殷紀咎丨作明居高祖紀丨父人呂公音善漢紀同

嬗 史記秦楚之際月表五年之閒號令三丨音善

俛 史記太倉公傳不可丨仰音免

免 漢書項籍傳贊丨起阡陌之中者言丨脫傜役也字或作俛與俯同

連 漢書揚雄傳孟軻雖丨蹇猶爲萬乘師易往蹇來丨 補遺史記司馬相如傳躩以丨卷音輦

脟 史記司馬相如傳丨割輪焠讀曰臠漢書同

剸 漢書叔孫通傳丨言故羣盜壯士進之與專同又之兖反

傳 漢書陳湯傳丨戰大内乃轉戰也

羨 漢書溝洫志河災之丨溢中國也尤甚讀與衍同周禮以其餘爲丨

吮嗽 漢書鄧通傳文帝病癰通爲上嗽丨之上自兖反下山角反 補遺史記吳起傳卒有病疽者起爲吮之

建 史記高祖紀猶居高屋之上丨瓴水也車輦反漢書同謇翻也

寋 漢書司馬相如傳掉指橋以偃丨兮居偃反史傳作蹇

⿸疒徙 史記越世家齊與吴疥丨也音尠

鱻 漢書叙傳丨生民之晦在古鮮字少也先踐反

蜵蜎 漢書揚雄傳丨丨蠖濩之中上一究反下下究反

補遺

編 史記西南夷傳丨髮步典反漢書終軍傳解丨髮削左衽讀曰辮

鬋 漢書韋賢傳丨茅作堂與剪同

蓮 漢書宣帝紀嘗困於丨勺鹵中音輦灼

雋 漢書昭帝紀丨不疑材兖反辭兖反地理志長沙下丨

瑑 漢書董仲舒傳良玉不丨東方朔傳琱丨與篆同

沇 史記夏紀濟河維丨州漢書禮樂志丨丨四塞天文志丨州與兖同

燀 史記始皇紀威丨旁達充善反

鱄 漢書古今人表成丨上兖反

堧 史記申屠嘉傳太上皇廟丨垣乃喚反而緣反又音軟鼂錯傳鑿廟壖垣

僤 漢書司馬相如傳象輿婉丨於西清音善史傳作婉蟬無音

潬 漢書司馬相如傳宛丨膠盭音婉善

壇 史記司馬相如傳蜿丨膠戾音善

絻 史記封禪書若人冠丨焉

孱 漢書地理志武陵郡丨陵音踐又仕連反

搴 史記河渠書丨長茭兮沈美王已免反漢書溝洫志音騫

沔 史記樂書流丨沈佚

扁 史記高祖紀命乃在天雖丨鵲何益漢紀同步典反

絹 漢書揚雄傳丨嗚陽工犬反即費費也

免 漢書薛宣傳移書勞丨之即與勉同

二十九篠三十小

眑 漢書禮樂志清思丨丨經緯冥冥幽靜也音窈

幼 漢書外戚傳丨眇一小反

腰褭 史記司馬相如傳罥丨丨注神馬日行萬里音窈嫋漢書作要丨補遺舊表下字今增

嬈 漢書鼂錯傳除苛解丨如紹反

蹻 漢書高帝紀可丨足待音矯擧足小高也

撟 漢書武帝紀丨虔吏因乘埶吕侵蒸庶與矯同元帝紀丨發戊己校尉屯田吏士高五王傳丨制揚雄傳丨首

洮 漢書高帝紀擊布軍丨水南北蘇林音兆史記音道

佻 漢書禮樂志丨正嘉吉弘以昌讀曰肇

秒 漢書叙傳造計丨忽音眇

剼 漢書西域傳封欽爲丨胡子子小反

剿 漢書王莽傳封丨胡子子小反

樔 漢書外戚李夫人傳丨絶子小反命丨絶而不長

芠 漢書食貨志贊野有餓丨頻小反或作殍

補遺

寅 漢書司馬相如傳羂丨褭音窈

繆 漢書司馬相如傳丨繞王綏音蓼

漂 史記淮陰侯傳丨母漢書韓信傳同

撟 史記主父偃傳嚴安書丨箭累弦漢書嚴安傳撟箭控弦

挑 史記項羽紀願與漢王丨戰荼了反司馬相如傳以琴心丨之漢書高帝紀欲丨戰注擿嬈敏求戰也古爲之致師

袑 史記趙世家周丨音紹戰國策作紹

湫 史記封禪書丨淵祠朝那子小反子由反漢書郊祀志同人表中孫丨子小反

蟜 史記司馬相如傳夭丨音矯漢書同

三十一巧

蚤 史記魯世家乃自揃其丨沈之河讀曰爪

璪 漢書王莽傳金丨羽葆讀曰爪

三十二皓

澔 漢書司馬相如傳丨汗音浩　補遺史傳丨旰

皞 漢書鄭崇傳丨天罔極與昊同

顥 漢書司馬相如傳肈自丨穹生民與昊同

槀 漢書禮樂志枯丨復産口老反讀曰槁

槀 漢書董仲舒傳中丨上貢禹傳又出丨稅禾稈也補遺史記蕭相國世家願令民入田無收丨漢書首蕭何傳同

騷 史記李斯傳由竈上丨除音掃黥布傳大王宜丨淮南之兵言盡舉之如埽地之爲

屮 漢書禮樂志丨木零落晁錯傳丨木所在古草字董仲舒傳小人之德丨

蚤 史記夏紀丨夜翊明有家文帝紀請丨建太子漢書文帝紀同師古曰古以爲早晚字天文志伏見丨晚詩共伯丨死

葆 史記魯世家毋墜天之降丨命讀如寶留侯世家見穀城下黃石取而丨祠之徐廣云史記珍寶字皆作丨補遺首樂書天子之丨龜

葆 史記魯世家成王少在強丨之中索隱曰即襁緥古字少假借用

保 漢書司馬相如傳葉隆於緥丨讀作緥

嶋 史記田儋傳田橫與其徒屬入海居丨中集韻島書作丨

隝 漢書田儋傳田橫入海居丨中丁老反

藻 漢書叙傳摛丨如春華丨文詞也

茆 漢書律歷志冒丨於夘叢生也莫保反禮部韻音夘

逃 史記高祖紀擊布軍丨水上南北徐廣音道正義同又吐勞反蘇林音兆

補遺

皞 史記五帝紀少丨氏樂書秋歌西丨漢書郊祀志少丨

皓 史記天官書天丨漢書天文志天昊

滈 史記封禪書灃丨有昭明

鄗 史記司馬相如傳酆丨潦潏漢書郊祀志周文武郊於豐丨與滈同

槀 史記樂書上如丨木案禮記苦老反天官書枯丨漢書天文志潤息丨枯即與槁同

葆 史記春申君傳丨利而詳事下吏匈奴傳侵盜上郡丨塞蠻夷又見冦丨此亭即與保同

保 史記周紀命南宮括史佚展九鼎丨玉當讀曰寶

轑 漢書張敞傳殿屋重丨中音老

三十三哿三十四果

旤 漢書五行志數其丨福古禍字

果隋 史記貨殖傳丨丨蠃蛤不待賈而足正義隋徒火反漢書地理志作蓏郎果反說文木上曰果地上曰蓏 補遺或書作隋

裸 漢書五行志丨蟲之孽亦蠃字

麼 漢書叙傳幺丨尚不及數子音麼

補遺

何 漢書古今人表丨蕢丈人語荷蕢

葰 漢書地理志太原郡｜音璅又山寡反

佗 史記龜策傳醮酒｜髮徒我反

隨 史記天官書前列直斗口三星｜北端兊他果反漢書天文志同

隋 史記天官書廷藩西有｜星五曰少微他果反

過 史記荀卿傳炙轂｜髡別録曰｜字作輠車之盛膏器也

倮 史記貨殖傳烏氏｜魯可反漢書作蠃

三十五馬

堵 史記張釋之傳｜陽人音赭漢傳同音者地理志｜陽春秋左氏傳｜氏

壄 漢書五行志遠四佞而放諸丨古野字
補遺首律歷志至牧丨夜陳又乞食丨人

埜 漢書司馬相如傳膏液潤
丨屮音野史記作野草

袴 史記淮陰侯傳不能死出我丨下苦化反一
作胯漢書作跨 補遺廣集韻上去聲通

補遺

裸 史記南越尉佗傳西
甌駱丨國和寡反

夏 史記項羽紀追項王至陽丨音賈
漢書高帝紀發兵距陽丨音假

夏 漢書王吉傳
廣丨之下

舍 史記殷紀丨我嗇事吳世家乃丨丨之
漢書禮樂志是丨所重而急所輕也

三十六養三十七蕩

將 漢書衡山王賜傳皆丨養勸之讀曰獎史記作從容見二腫韻

勿 漢書揚雄傳丨華蹈襄古掌字

鞅 史記伍子胥傳常丨丨補遺首秦紀宗室多丨丨漢書韓信傳居常丨丨於兩反

卬 史記殷紀丨而射之漢書刑法志爲下所丨張耳傳丨視泄公讀作仰仰頭爲健詩瞻丨昊天

嚮 漢書宣帝紀上帝嘉丨讀曰饗 補遺史記游俠傳何以仁義已丨其利者爲有德音享

嚮 漢書異姓諸侯王表丨應㾓於謗議項籍傳贊天下雲合丨應音響

饗 漢書禮樂志五音六律依丨韋昭讀曰響

鄉 漢書天文志丨之應聲讀作響

薌 漢書揚雄傳丨呹肸以掍根讀與響同

强 史記魯世家成王少在丨葆之中索隱曰即襁緥衛將軍傳作繦

杖 漢書李尋傳近臣已不足丨倚任也

穰 漢書張敞傳典長安中浩丨人掌反

攘 漢書叙傳擾丨人養反

放 漢書禮樂志相丨髴音昉佛猶髣髴也　補遺史記始皇紀秦每破諸侯寫丨其宮室作之咸陽北阪上樂書民神雜擾不可丨物音昉

彷佛 史記司馬相如傳若神仙之丨丨正義索隱無音漢書李尋傳丨丨一端讀作髣髴

罔 史記老子傳走者可以爲丨太史公自序丨羅天下漢書景紀贊丨密文峻武紀丨羅讀作網

⿱罒巳 史記高祖功臣表丨亦少密

⿴囗亡 漢書息夫躬傳發忠忘身自繞丨兮讀作網

⿱罒巳閬 史記孔子世家土石之怪夔丨丨音罔兩

冈蜽 漢書敘傳恐丨丨之責景

⿰氵往 漢書揚雄傳橫江湘以南丨兮往也于放反

⿺辶㞷 漢書揚雄傳丨丨離宮般以相燭兮古往字

荒 史記賈生傳寥廓忽丨呼廣反漢書同又外戚傳遂丨忽而辭去音同

怳 漢書司馬相如傳芒芒丨忽史記作恍

⿱艹兄 漢書外戚傳寖淫敞丨古怳字

⿱艹昜 漢書傳介子傳贊陳湯儻丨不自收斂音蕩

盪 漢書丙吉傳不得令晨夜去皇孫敖丨放也讀與蕩同 補遺首諸侯王表丨滅古法食貨志丨滌煩苛郊祀志丨丨如係風捕景

讜 漢書王莽傳今日復聞丨言讀曰黨

黨 漢書韓信傳恐其丨不就他郎反伍被傳丨可徼幸讀曰儻 補遺史記淮陰侯傳同

蕩 漢書揚雄傳爲人佚丨音鐵讜

爣 漢書揚雄傳北丨幽都古晃字

儻 史記司馬相如傳俶丨瓌瑋漢書同

惝 漢書揚雄傳弘丨音敞 補遺史記司馬相如傳聽丨恍而無聞

帑 漢書匈奴傳府丨它莽反又音奴

補遺

鄉 漢書文帝紀專丨獨美其福百姓不與焉是重吾不德也

罔 史記司馬相如傳敞丨靡徙即與惘同

卬 漢書鼂錯傳在俛丨之間王章傳不自激丨讀作仰

狼 史記建元王子侯表郁丨盧黨反又音郎屬晉漢表作稂音狼

象 史記夏紀觀古人之丨秦紀樹草木以丨山滑稽傳優孟歲餘像孫叔敖漢書武帝紀畫丨而民不犯案

禮部韻形像經典通作丨

忼 史記項羽紀丨慨高祖紀作慷漢書高帝紀丨慨敘傳作慷

潢 漢書司馬相如傳灝溔丨漾胡廣反

熿 史記司馬相如傳丨炳音晃

三十八梗三十九耿四十靜

骾 漢書杜欽傳朝無骨丨之臣亦鯁字

統 漢書枚乘傳單極之丨斷幹古綆字

邴 漢書宣帝紀丨吉爲廷尉監與丙同 補遺史記張蒼傳丨吉

秉 漢書云敞傳王莽丨政

清 史記文紀駟鈞爲丨郭侯自省反 補遺漢書文紀作靖郭音静注六國時齊有丨郭君音淨

景 史記禮書下應之如丨響漢書伍被傳下之應上猶丨響讀曰影響 補遺史記首始皇紀贊嬴糧而丨從漢書首郊祀忠丨之象形

竟 漢書元帝紀邊丨不安讀曰境 補遺史記六國表東丨至河

臩 史記周紀乃命伯丨孔安國曰伯冏也

靖 漢書劉向傳廉丨樂道與靜同王尊傳丨言庸違

領 漢書張耳傳南有丨五領與嶺同 補遺史記衛青傳絶梓丨梁北河漢書溝洫志開大河上丨

靚 史記司馬相如傳丨莊刻飾丨莊粉白黛黑也漢書賈誼傳深淵之丨王莽傳清丨無塵揚雄傳丨深即靜字 補遺漢書首百官表典客丨與靜同

檠 漢書蘇武傳丨弓弩謂輔正弓弩也音警又巨京反

補遺

邢 史記殷本紀祖乙遷于丨音耿

臩 漢書古今人表伯丨穆王太僕居永反

秉 史記齊世家丨意茲左氏傳作邴

丙 史記齊世家丨戎僕即左氏傳邴歜

竫 史記秦紀文公太子卒賜謚丨公與靜同

清 史記袁盎傳徵繫丨室漢書作請請罪之室又獄也

四十一迥

竝 史記鄭世家與周衰丨漢書高帝紀天下方擾諸侯丨起

併 漢書平帝紀立軺丨馬田儋傳田橫曰丨肩而事主步鼎反 補遺史記田儋傳同

四十二拯四十三等

四十四有四十五厚四十六黝

偵 史記太史公自序栗姬丨貴音負恃也又丨愛矜功

牖 史記周紀紂囚西伯丨里音酉 補遺別本亦作羑漢書司馬遷傳拘丨里

⿰金瓦 史記藺相如傳相如請奏盆丨王以相娛樂音缶瓦器盛酒漿秦人鼓之以節歌正義作缻音鉼李斯傳擊甕叩丨淮陰侯傳以木罌丨渡軍

不 史記項羽紀范增曰丨者若屬皆且爲所虜漢書高帝紀同 補遺史記首殷紀視水見形視民知治丨

⿰亻誰 史記循吏傳安所丨其貨乎正義音受

糅 漢書劉向傳邪正雜丨汝救反據師古音合在去聲而糅揉蹂皆上聲故附此

扣 史記趙世家丨馬牽也音叩

詬 漢書路温舒傳國君含丨音垢

歐 漢書梁平王襄傳荒王之子立後數丨傷郎一口反

歐 史記張叔傳名丨於有反漢書申屠嘉傳丨血而死讀曰嘔補遺史記首高祖紀遺將軍薛丨漢紀同又周亞夫傳丨血丙吉傳醉丨丞相車上

蔀 漢書律歷志以閏餘一之歲爲丨首音剖又音部

母 史記魯世家唐叔得禾異丨同穎尚書作畝索隱曰此爲丨義並通

晦 漢書食貨志建步立丨古畞字 補遺首人表尾生丨

料 史記趙世家使廚人操銅丨以食代王及從者行斟宰人以丨擊殺代王音斗

鯫 史記留侯世家丨生在垢反雜小魚比小人漢傳同 補遺史記首項羽紀土垢反服虔音淺

后 史記五帝紀然丨禹踐天子位又而丨其丨漢書項籍傳贊然丨以六合爲家與後同古通用禮而丨越人來予 補遺漢書首景紀然丨祖宗之功德施于萬世

補遺

皀 史記司馬相如傳丨陵別島

耦 史記孝武紀以木丨馬代駒焉一音偶孟康云寓寄龍形於木姚氏云寓假也以言假木龍馬一駟非寄

寓龍馬形於木也

禺 史記封禪書木丨龍索隱曰音偶謂偶其形於木漢書郊祀志作木寓龍

遇 史記天官書氣相丨音偶漢書天文志同無音

偶 史記高祖紀丨語者弃市漢書作耦

鮦 漢書地理志汝南郡丨陽音紂

𦣻 漢書成帝紀以食爲丨古首字

狩 漢書叙傳孔終篇於西丨合韻音守

煣 漢書食貨志丨木爲耒

趣 漢書古今人表丨馬蹶千後反即詩蹶爲丨馬

叜 漢書古今人表鼓丨即瞽叟

瞍 史記陳世家自幕至于瞽丨

棓 史記天官書天丨蘇林音掊打之掊索隱音剖

什 史記匈奴傳漢亦棄上谷之丨辟縣造陽地音斗

四十七寑

侵 史記魏其傳武安者貌丨音寑短小也醜惡也 補遺漢書田蚡傳同

寑 漢書蘇武傳霍光丨其奏

㝔 漢書趙廣漢傳夜不丨至旦

稾 史記禮書不丨京師

廩 史記文帝紀丨丨鄉改正服封禪矣漢書食貨至直爲此丨丨危也

廩 漢書揚雄傳下陰潛以慘丨兮寒涼意來感反一讀如本字

廩 漢書循吏傳此丨丨庶幾德讓君子之遺風言有風采也

稟 漢書西域傳須諸國丨食丨給也讀曰廩 補遺首文帝紀令閭吏丨當受鬻者食貨志流民入關者置養澹官以丨給之

補遺

吟 漢書揚雄傳蔡澤雖噤丨而咲唐舉噤鉅錦反丨魚錦反

寑 漢書平帝紀義陵丨神衣在柙中公卿表諸廟丨園

四十八感四十九敢

⿸疒替 漢書異姓王表嚮應丨於謗議音慘

⿸疒朁 漢書谷永傳榜箠丨於炮烙千感反

⿸广稟 漢書揚雄傳下陰潛以慘丨兮來感反

憯 漢書武帝紀支體傷則心丨怛千感反

⿰扌監 漢書五行志丨仲舒與擥同袁盎傳丨轡

擥 史記袁盎傳並車丨轡 補遺 漢書刑法志總丨英雄即覽字

顄 漢書王莽傳侈口蹙丨顄胡感反

啖 史記叔孫通傳攻苦食丨正義當作淡 漢書師古曰讀作淡大敢反上去聲通

闇 漢書揚雄傳登降丨藹烏感反君子之道丨然而日章

補遺

泔 漢書揚雄傳秬鬯丨淡胡感反淡大敢反滿也

[口甚] 漢書禮樂志羣生丨丨音湛湛露斯之湛徒感反

湛 史記司馬相如傳紛丨丨其差錯兮徒感反

闞 漢書叙傳七雄虓丨呼感反詩丨如虓虎

五十琰五十一忝五十二广

譀 史記萬石張叔傳贊塞侯微巧而周文處丨漢書五行志不知誰主爲佞丨之計古諂字

⿱臼寸 漢書司馬相如傳適足以丨君自損古貶字史記作貶

箴 史記仲尼弟子傳曾丨音點

嗛 史記孝文紀天下人民未有丨志若簞反恨也未有恩惠之志於民也又謙牒反言未有愜洽之志於民漢書郊祀志今穀丨未報音同

嚴 漢書儒林伏生傳谷永疏丨然總五經之眇論讀作儼 補遺首匡衡傳正躬丨恪讀曰儼

補遺

塹

史記李斯傳陗丨之勢異音漸言陗峻則難登平丨則易陟

酓

史記夏紀其篚丨絲索隱曰檿山桑

揜

史記蘇秦傳豈丨於衆人之言李斯傳塞聰丨明漢書司馬相如傳丨屮薉地又丨以緑蕙

奄

史記封禪書方士皆丨口惡敢言方哉漢書諸侯王表丨有龜蒙司馬相如傳丨薄水陼

閹

史記天官書丨茂漢書天文志掩茂

蓋

史記吳世家公子丨餘索隱曰春秋作掩餘音同而字異耳

厭

漢書李尋傳列星失色丨丨如威鄭音檿桑之檿師古烏點反

五十三豏五十四檻五十五范

范 漢書揚雄傳經諸｜與範同法也

咸 漢書石奮傳九卿｜宣服虔音減損之減史傳減宣

補遺

檻 史記陳丞相世家樊噲｜車傳詣長安漢書張耳傳乃｜車與王詣長安餘傳作轞

班馬字類第三

班馬字類 第四卷去聲

宋板影寫 第肆冊

班馬字類第四

去聲 補遺附

一送

迵 史記太倉公傳診其脉曰丨風音洞言洞徹入四肢又過也

贑 史記貨殖傳子丨漢書董仲舒贊子丨與貢同補遺史記首孔子世家漢書五行志子丨同

雝 漢書張騫傳大宛國獻大鳥卵注言大如一二石丨音甕

瞢 漢書敘傳丨中與夢同莫鳳反又莫風反

風 史記劉敬傳使辯士丨諭以禮節漢書同師古讀曰諷詩下以丨刺上 補遺史記首呂后紀犯太后大

去聲

臣漢書首食貨志以丨百姓

中 漢書律歷志六曰丨呂讀曰仲　補遺史記五帝紀丨春丨夏案二史伯仲多作丨

衷 漢書揚雄傳折丨虖重華竹仲反春秋左氏傳丨戎師

中 漢書刑法志丨試貢禹傳折丨竹仲反　補遺史記周紀百發而百丨之孔子世家贊言六藝者折丨于夫子漢書首高帝紀伏弩射丨漢王

補遺

⿰工虫 漢書地理志沛郡丨音貢

虹 漢書孔光傳左遷丨長音貢

鸗史記楚世家小臣之好射鶀雁羅丨徐廣音龍索隱盧動反

二宋三用

奉史記蕭相國世家丨錢三何獨五符用反漢書高后紀餐錢丨邑補遺史記首平準書吏卒丨食越世家表會稽山以爲范蠡丨邑孔子世家丨粟六萬

從漢書鼂錯傳丨暴杜欽傳以丨耳目讀曰縱王吉傳放丨自若何並傳丨橫郡中並子用反

共史記田叔傳丨張不辨恭用反漢書昭帝紀丨養省中成帝紀無丨張繇役之費居用反

供漢書張延壽傳上爲放丨張居用反

補遺

雝史記項羽紀西畧地至丨丘高帝紀雍丘

癰漢書百官表有丨太宰師古曰扶風之縣也五行志淮南王遷于蜀死丨即與雍同

重漢書匈奴傳丨酪之便美竹用反乳汁也本作湩音同

四絳

降史記河渠書過丨水至于大陸讀曰絳書禹貢丨水 補遺首夏紀北過丨水

戇史記高祖紀王陵可然少丨漢紀同師古下紺反竹巷反鄒陽傳愚丨切不自料陟降反

五寘六至七志

翄史記楚世家三國布丨音翅

施 漢書項籍傳贊丨及孝文王莊襄王弋豉反延也縮傳劍人之所丨易如淳讀曰移師古讀曰貤詩丨于中谷 補遺史記衛綰傳同又董仲舒傳德澤洋溢丨于方外

眦 漢書司馬相如傳中必決丨即眥字

絫 漢書吳王濞傳脅八足爰盎傳吾不足丨公古累字

諉 漢書賈誼傳尚可丨者女瑞反託也

耆 史記建元年表丨酒時至反漢書景帝紀減丨欲讀曰嗜孟子丨秦人之炙上聲通

視 漢書高帝紀丨項羽無東意後多以丨爲示補遺史記燕世家先王丨丨可者得身事之

眎 漢書趙充國傳以羌虜丨亦示字王莽傳固當聽其辭令丨事耶古視字

貭 史記周紀周公乃祓齋自爲丨音至漢書孝宣王后傳深念奉丨共脩之義讀曰贄春秋左氏傳周鄭交丨

率 史記建元年表殺其渠丨樂書將丨之士通作帥漢書武紀不勤不教將丨之罪申屠嘉傳隊丨

摯 漢書敘傳馳顏閔之極丨至也

䃍 漢書天文志枉矢丨至地則石也讀作墜

燧 史記周紀幽王爲燧丨漢書子虛賦作燧丨

隧 漢書韓安國傳置燧丨補遺別本或作隧

䃍 漢書敘傳薄姬丨魏古墬字

隊 漢書枚乘傳丨入深淵直類反詩爲國之基丨矣 補遺史記樂書上如抗下如丨

崪 漢書賈誼傳異物來丨讀作萃

顇 漢書王莽傳邦國殄丨與萃同

顇 漢書五行志引詩或盡丨事國古忰字

瘁 漢書叙傳夕而焦丨（焦在消反丨）與忰同 補遺首律歷志癄丨

墜 漢書郊祀志周官天丨之祀又祭丨祇古地字

稺 漢書鄭弘字丨卿古稚字 補遺史記五帝紀教丨子

幾 史記晉世家毋丨爲君漢書劉向傳丨得復進音冀春秋左氏傳庸可丨乎讀如冀

幾 漢書郊祀志丨至殊庭讀作冀

臮 史記夏紀淮夷蠙珠丨魚漢書地理志蠙珠丨魚與暨同王莽傳洎亦丨字

隧 漢書王莽傳危亡之禍不丨如髮直類反

懟 漢書王商傳怨丨直類反 補遺史記周紀王其以我爲讎而丨怒乎

媿 史記文帝紀朕甚自丨漢紀同古愧字食貨志先行誼而黜丨辱焉

餽 史記高帝紀丨饟不絶糧道漢紀同亦饋字 補遺律歷志中丨之象

糒 漢書匈奴傳又致邊穀米丨音備 補遺史記李將軍傳丨醪

比 史記匈奴傳遺單于丨余一音鼻漢書匈奴傳文帝與匈奴書送物丨疎一辮髮飾頻寐反

閟 漢書盧綰傳愈恐丨匿音秘

幟 史記高祖紀旗丨皆赤漢書同式志反字或作識作志音義同

織 漢書食貨志旗丨加其上陳湯傳幡丨讀曰幟

志 史記張蒼傳周昌爲職丨職主也謂掌旗幟之官叔孫通傳張旗丨漢書同師古曰丨與幟同

識 漢書郊祀志文鏤無款丨黄霸傳丨事聰明式志反記也禮小子丨之 補遺史記封禪書老人爲兒時從其大父丨其處

遺 史記孟嘗君傳欲以丨所不知何人唯季反漢書婁敬傳問丨陳湯傳歲丨弋季反詩丨之車馬器服焉 補遺史記首秦紀試丨其女樂以奪其志

辟 漢書禮樂志丨之琴瑟讀曰譬

辟 史記五帝紀堯丨位凡二十八年漢書高帝紀丨仇五行志齋戒丨寢讀曰避孟子伯夷[illegible]紂

遲 史記春申君傳丨令韓魏歸帝重于齊音值乃也待也漢書高帝紀丨明圍宛三帀史記作黎明索隱犂旦一作比義並同史漢亦作丨明音稚

補遺史記首秦紀臣老丨還恐不相見

事 漢書司馬相如傳相如丨宦未嘗肯與公卿國家事史記作仕上聲

事 漢書蒯通傳所以不敢丨刃于公之腹者側吏反字亦作倳禮記信丨人也

倳 史記張耳傳莫敢丨刃公之腹中音胾正義云東方人以物臿地中爲丨穡吏反

鐀 漢書太史公傳紬金丨石室之書匱同 補遺舊本作饋蓋轉寫誤

食 漢書景紀禁內郡丨馬粟成紀在宂丨之讀曰飤 補遺史記夏紀孔甲不能丨未得豢龍氏

食 史記審丨其漢書師古曰此及武帝時趙丨其讀與酈丨其同音異基荀悅漢紀並爲異基字

司 漢書高五王傳舍人怪之以爲物而丨之得勑淮南厲王傳王使人候丨與伺同史記作伺

植 漢書賈誼傳方正倒丨音值史記正義如字春秋左氏傳華元爲丨

直 史記始皇紀秦丨其位音值匈奴傳丨上谷姚氏云古字例以丨爲值當也漢書霍去病傳適丨青軍朱買臣傳丨上計時會稽吏方羣飲

殺 漢書高紀項羽無道放丨其主讀曰弒 補遺史記周紀周公黑肩欲丨莊王

缶䍃 漢書高紀破布軍于會缶師古丈瑞反此字本作䍃轉寫誤爲缶黥布傳作䍃地理志沛郡䍃

鄉直恚反　補遺史記索隱曰缶音保非

雋 漢書地理志丨李音醉字本作槜其旁從木

畀 漢書鄒陽傳封之有丨音鼻

補遺

翄 漢書禮樂志幡比丨回集貳　飛常羊亦翅字

郟 史記封禪書使博士諸生丨六經中作王制七賜反

積 史記項羽紀燒其丨聚漢書高帝紀同子賜反

离 漢書楊王孫傳精神丨形

知 史記五帝紀其丨如神晉世家丨伯漢書藝文志閭巷小丨之所及又材丨

瓻 史記高祖擊布軍會丨直僞反

詑 漢書高后紀亡以遵大丨律歷志禮丨食貨志仁丨

波 漢書諸侯王表丨漢之陽師古被皮反又彼義反西域傳北丨何彼義反循也

義 史記梁孝王世家竇太后丨格漢傳太后議格

埶 史記五帝紀三皂二生一死丨尚書字作贄

賜 史記李斯傳吾頤丨志廣欲長享天下而無害

司 漢書叙傳困于二丨合韻先寺反

眂 漢書王莽傳丨事古視字

萃 漢書司馬相如傳翕呷丨蔡音翠

隊 史記申屠嘉傳遷爲丨率所類反漢書地理志遼丨王莽傳爲六丨郡並音遂

睢 史記禮書暴慢恣丨伯夷傳暴戾恣丨音資苴丨又休季反漢書五行志恣丨者衆呼季反

字 史記平準書乘丨牝者儐而不得聚會又亭有畜牸馬歲課息即與牸通

棄 史記五帝紀丨周紀后稷名弃

匱 漢書禮樂志辟如爲山未成一丨丨止論語字作簣

匱 史記魯世家藏其策金縢丨中尚書同漢書高帝紀金丨石室

疪 漢書霍去病傳渾邪王雁丨音庇蔭之庇

鄚 史記魯世家以汶陽丨封季友今作費音秘

潰 史記鄭世家悼公丨音秘左氏傳作費扶味反

靡 漢書禮樂志顔如荼兆逐丨合韻武義反揚雄傳聖風雲丨武義反

郿 漢書地理志古扶風師古音媚

職 史記叔孫通傳皇帝輦出房百官執丨傳警音幟亦音試索隱案輿服志殷周以輦載軍器丨載芻豢至秦始皇去其輪而輿爲尊也

時 史記五帝紀播丨百穀讀曰蒔

娸 漢書敘傳朱雲作丨合韻上吏反

喜 史記項羽紀楊丨爲赤泉侯漢表作憙火志反封禪書天子心獨丨其事扁鵲傳丨方者許既反好也漢書禮樂志靈其有丨合韻許吏反淮南王安傳不丨弋獵狗馬馳騁

八未

潰 漢書律歷志及微公茀立丨古沸字補遺史記魯世家弟丨殺幽公音沸

怫 漢書禮樂志相放丨音昒沸

乞 漢書朱買臣傳買臣糧用乏上計吏卒更丨匄之音氣

漑 史記五帝紀嚳丨執中而偏天下古既字

唏 漢書史丹傳噓丨而起于既反

茻 史記司馬相如傳瀏莅丨吸索隱云古卉字正義作劉莅嘈吸音留栗諱翕漢書作瀏莅丨歙

尉 漢書韓安國傳尉士大夫心丨安之字本無心此古體

補遺

菲 漢書刑法志丨屨赭衣而不純扶味反即與扉同廣韻丨草屬禮部韻屨也

萉 漢書敘傳安慆慆而不丨扶味反字本作腓音同

毅 漢書外戚恩澤侯表封樂丨之後人表樂丨

茻 漢書司馬相如傳丨然興道而遷義許貴反史傳作喟然

𧶠 漢書食貨志糓有丨賎

九御

閼 史記河渠書塡丨之水音淤漢書溝洫志同

据 史記司馬相如傳丨以驕驁音據漢書丨直項也又揚雄傳三摹九丨令據字

居 漢書酷吏郅都傳丞相條侯至貴丨也讀作倨詩職思其丨

裾 漢書司馬相如傳丨以驕驁兮酷吏趙禹傳爲人廉丨也讀作倨

狙 史記留侯世家良與客丨擊秦始皇帝丨伺候也七預反漢傳師古曰字本作覰補遺漢書諸侯王表騁詐之兵因間伺隙出兵也音若蛆師古千絮反敘傳孫吳丨詐

襢 漢書五行志劉屈氂復坐祝丨要斬側𢹂反古詛字 補遺首王子侯表坐祝丨上

譃 漢書上官后傳祝丨後宫古詛字

箸 史記十二諸侯年表紂爲象丨 補遺漢書張良傳請借前丨以籌之

櫡 史記絳侯世家無切肉又不置丨音箸

録 漢書雋不疑傳每行縣丨囚徒慮囚本丨聲之去耳力具反

與 史記孔子世家季氏饗士孔子丨往音預 補遺秦紀不丨斝亂漢書高帝紀萬民丨苦甚

與 史記高祖紀世世無有所丨漢紀同讀曰豫

與 史記文帝紀猶丨未定漢書淮南王安傳猶丨十餘日音豫

補遺

倨 史記酈生傳沛公方丨牀使兩女子
洗足索隱曰按樂彥之邊牀曰丨

踞 史記留侯世家漢王下馬丨鞍
而問漢書高帝紀丨牀音據

居 漢書韋賢傳畏此
不丨合韻基庶反

躇 漢書外戚李夫人傳哀裵
回以躊丨合韻文預反

譇 漢書王子矦表許皇
后傳祝丨古詛字

預 史記東越傳丨章梅
嶺漢書閩粵傳豫章

豫 史記五帝紀舜乃丨薦禹於天平準書
郡國皆丨治橋道漢書文紀丨建太子

豫 史記呂后紀猶丨未決魯仲連傳猶丨未有所決解在四十九宥韻猶字下

橡 史記滑稽傳楩楓丨章木名玉篇作櫲音預

舉 漢書揚雄傳蔡澤雖噤吟而笑唐丨合韻居御反

漁 漢書揚雄傳或橫江潭而丨合韻牛助反

輿 漢書地理志汝南郡平丨音豫

圉 漢書敘傳以強守丨合韻音御

十遇十一暮

瞿 史記吳王濞傳王丨然駭音句無措手之皃漢書居具反

愳 漢書惠帝紀贊聞叔孫通之諫則丨然師古讀曰瞿居具反失守貌

挌 史記吕后紀執戟者丨兵罷去音什

傳 史記項羽紀蕭何發關中老弱未丨者悉詣滎陽漢書同又丨海以與齊王音附左氏傳毛将安丨

腑 史記惠景閒年表諸侯子弟若肺丨音附

趣 史記孟嘗君傳君獨不見夫朝丨市者乎音娶向也説文疾也漢書禮樂志丨末食貨志丨澤讀曰趣嚮也及也補遺史記燕世家士爭丨燕

取 漢書五行志昭公丨于吴讀曰娶詩丨妻如之何補遺史記文帝紀無禁丨婦嫁女漢紀同

冣 最 史記殷紀大丨樂戲于沙丘或作㝡周紀周㝡並古聚字補遺漢書陳項傳贊周㝡

輸 漢書鮑宣傳三輔委丨官式喻反

逗 漢書匈奴傳丨遛不進讀與住同又音豆補遺史記韓安國傳丨橈漢傳音並同

莫 漢書南粵傳丨不知其兵多少讀作暮詩歲聿其丨補遺首衛霍傳薄丨

專 史記司馬相如傳丨結縷文雲丨霧散古布字

遡 漢書揚雄傳丨江上處巴江州音泝

婁 漢書宣帝紀丨丨裳嘉瑞古屢字詩丨丨豐年

錯 史記秦紀魏丨丨七故反舉丨必當主父傳成康刑丨漢書藝文志禮義有所丨伍被傳上之舉丨並千故反 補遺史記首周紀刑丨漢書首文帝紀鼂丨元帝紀靡所丨躬

厝 漢書賈誼傳抱火丨之積薪之下千故反置也

妒 史記項羽紀疾丨吾功高祖紀項羽丨賢嫉能漢書劉歆傳嫉丨衡山王傳兩人相丨並音妬

路 漢書禮樂志乘大丨郊祀志大丨所止與輅同禮大丨繫纓 補遺史記殷紀殷丨車爲善

誖 漢書息夫躬傳使狂夫嘄丨于東崖火故反嘄音叫梁平王襄傳太后啼丨

涸 漢書郊祀志秋丨凍五行志金鐵氷滯丨堅不成與沍同 補遺史記封禪書秋丨凍

絝 史記趙世家夫人置兒丨中漢書景十三王傳大丨貢禹傳衣服履丨刀劍亂于主上古袴字

嫭 漢書禮樂志衆丨並綽奇麗音互好也

故 史記馮唐傳尺籍五符注漢軍法丨行不行奪勞二歲丨與雇同

顧 漢書平帝紀丨山錢雖無音而注言丨人與雇同補遺食貨志天下公得丨租鑄錫爲錢朝錯傳斂民財以丨其功丙吉傳以私錢丨組令留

固 漢書王商傳商有丨疾讀作痼

酤 漢書武帝紀天漢三年初榷酒丨工護反

洿 漢書貢禹傳素餐尸禄丨朝之臣一故反污同 補遺史記張耳傳何乃丨王爲乎

迕 漢書食貨志好惡乖丨違也五故反

悟 史記韓非傳大忠無所拂辭丨言無所擊排拂當爲咈忤古字假借

梧 史記項羽紀諸侯莫敢枝丨音悟漢書同又司馬遷傳贊或有抵丨張良傳贊魁丨奇偉音悟言其驚悟

今人讀爲吾非

呼　史記楚世家從江上走呼曰靈王至矣漢書文紀入北軍一丨火故反春秋左氏傳周麾而丨

酗　漢書趙充國傳數醉丨羌人況務反即酗字

覦　漢書游俠傳覬丨音踰又音諭

補遺

偶　史記殷紀爲丨人謂之天神音寓亦如字孟嘗君傳見木丨人與土丨人相與語無音

踣　漢書刑法志丨諸市妨付反

嘔　漢書王褒傳以丨喻受之於付反

虞 漢書揚雄傳反五帝之丨合韻牛具反

甫 史記鄭世家大夫丨瑕左氏傳作傅此本假借亦如字讀

傅 史記袁盎鼂錯傳贊爰盎亦善丨會音附漢贊同

趨 史記天官書其丨舍而前曰嬴音聚

焣 漢書古今人表丨子亦聚字

取 漢書五行志丨于不專又丨不達讀曰聚

取 史記始皇紀夸主以爲名異丨以爲高李斯傳作異趣漢書酷吏傳丨爲小治姦益不勝音趣

欲 漢書揚雄傳騁耆奔丨合韻弋樹反

輸 史記扁鵲傳因五藏之丨東注反

溠 漢書地理志鴈門郡丨陶音注

素 史記天官書張丨爲廚主觸客漢書天文志作嗉

阼 史記文帝紀皇帝即丨漢書王莽傳居攝踐丨

嗣 漢書叙傳昭齊亡丨合韻音祚

莬 漢書賈誼傳摶畜丨鄒陽傳不見伏丨

度 史記周紀自漆沮丨渭漢書高紀丨河攻聊城

謨 漢書叙傳叔孫是丨合韻音慕

護 史記禮書騶中韶丨

濩 漢書禮樂志湯作丨司馬相如傳韶丨

固 史記魯世家必問于遺訓而咨于丨實韋昭曰故事之是者

蓽露 史記楚世家辟在荊山丨丨藍蔞丨柴車素大輅也春秋左氏傳蓽路

俉 史記天官書其人逢丨化言亦作迕五故反

遌 漢書天文志與人逢丨

啎 漢書王莽傳亡所丨意

牾 史記屈原傳重華不可以丨兮楚詞作遌並五故反漢書酷吏傳嚴延年莫敢與丨

午　漢書劉向傳朝臣舛丨膠戾乖剌五故反

十二霽十三祭

霽　漢書魏相傳爲丨威嚴音限齊之齊又雨霽也才詣子詣二反

齊　漢書藝文志百藥丨和與劑同郊祀志化丹砂諸藥丨爲黃金　補遺史記封禪書諸藥丨扁鵲傳八減之丨

俾倪　史記魏公子傳侯生下見其客朱亥丨丨故久立說文睥睨衺視也或作丨丨音與下同

辟睨　史記魏其傳丨丨兩宮閒上浦計反下五計反漢書灌夫傳丨丨　補遺注字本作䁹

棣　漢書律歷志萬物丨通孟康曰丨通意也音替

鬄 漢書太史公傳其次丨毛髮吐計反與鬀同

弟 史記酈生傳丨言之漢書同陳勝傳丨令毋斬但也補遺史記首五帝紀贊顧丨弗深考

弟 漢書高惠高后文功臣表録丨下音次第之第

弟 漢書劉向傳罷令就丨讀作第宅之第

地 漢書邴吉傳西曹丨忍之猶但也亦弟也

泄 漢書禮樂志丨萬里晉灼曰古迆字孟康音逝師古曰孟音非也讀同厲

離 史記賈生傳嗟若先生獨丨此咎兮遇也漢書師古曰遭也音麗揚雄傳附丨補遺史記首劉敬傳附丨漢書首五行志星辰附丨于天司馬相如傳丨靡廣衍

盭 史記司馬相如傳丨夫之垂涕古戾字漢書百官表諸侯王金印丨綬丨草名也音戾張陳傳贊相背之丨膠西王端傳爲人賊丨董仲舒傳陰陽繆丨

盭 漢書景十三王傳賊丨古戾字

沴 漢書五行志金丨木音拂戾之戾孔光傳六丨之作音戾

淚 漢書外戚傳凄丨音戾

結 史記陸賈傳尉佗魋丨箕踞音計漢書音髻

結 史記張釋之傳王生老人謂張廷尉爲我丨韤讀如字又音計漢書跪而丨之音係

毄 漢書景帝紀無所農桒丨蓄古繫字

係 漢書郊祀志丨風捕景

惠 漢書揚雄傳發蘭丨與穹窮丨蕙也

毳 漢書邴吉傳甘丨食物讀作脆 補遺史記刺客傳可以旦夕得甘丨以養親此芮反又音脆

執 史記六國表利丨利也漢書蕭何傳不賢毋爲丨家所奪與勢同 補遺漢書高紀地丨便利

誓 史記六國表丨盟不信

遰 史記賈生傳鳳漂漂兮高丨音逝

跇 史記樂書丨萬里孟康音逝

稅 史記朱建傳辟陽侯乃奉百金往丨式芮反韋昭曰衣服曰丨當作襚

稅 漢書朱建傳乃奉百金丨贈終者之衣式芮反

内 漢書溝洫志盟津雒丨讀作汭

蹛 史記平準書留丨無所食音滯謂積久也古今字詁丨今滯字

墆 漢書食貨志丨財役貧者音滯停也

腏 漢書郊祀志丨食與餟同謂聯續而祭竹芮反

裔 史記高祖功臣侯表爰及苗丨鄭世家昔金天氏者丨子曰昧

容 漢書五行志思心之不丨讀作睿

埶 史記樂書丨成而下漢書景帝紀楚元王子丨音藝詩不能丨黍稷

埶 漢書楚元王傳丨爲宛朐侯古埶字

萆 史記淮陰侯傳丨山而望趙軍陰蔽也漢書同師古曰蔽隱于山間使敵不見

㨨 漢書五行志國人逐丨狗征例反

偈 漢書揚雄傳度三巒兮丨棠梨讀曰憩

挈 漢書溝洫志令內史稻田租丨重注收田租之約令也苦計反口計反

擠 漢書杜欽傳排丨英俊隊墜也子詣反補遺史記項羽紀漢軍却爲楚所丨音濟排也

瘱 漢書丁姬傳平帝后王莽女爲人婉丨有節操丨靜也烏計反

紲 漢書揚雄傳票禽之丨隃與跇同

朅 漢書司馬相如傳丨輕舉而遠遊丘例反

泄 漢書嚴助傳歐丨霍亂之病弋制反

殺 漢書韋玄成傳親疎之丨漸降揚雄傳事罔隆而不丨所例反

補遺史記禮書以隆丨爲要

補遺

濟 史記宋世家曰雨曰丨曰涕曰霧

泲 漢書董仲舒傳黎民未丨古濟字

弟 漢書武帝紀朕嘉孝丨力田

離 史記莊子傳善屬書丨辭指事類情無音當讀曰儷

灑史記周紀其罰倍丨孔安國曰倍倍百爲二百鍰也索隱曰丨音戾徐廣曰五倍曰蓰音所解反

泥史記屈原傳自流濯汙丨之中必計反漢書藝文志丨于小數

繫史記五帝紀賛五帝德及丨姓漢書董仲舒傳孔子作春秋先正王而丨萬事

翳史記鄭世家秦嬴姓伯丨之後秦紀伯翳

挈史記司馬相如傳丨三神之歡漢傳同張湯傳受而著讞法廷尉丨令詩爰丨我龜

滯史記樂書無惉丨之音索隱曰本又作怗懘省也按禮記沾丨沾昌廉反丨昌制反又昌制反

説史記殷紀阿衡負鼎俎以滋味丨湯漢書高帝紀或丨沛公

厲史記高祖功臣侯表泰山如丨梁孝王世家削丨工漢書功臣表同砥礪石也鄒陽傳厎丨

厲 漢史嚴安傳民不夭丨注病也

厲 史記孟嘗君傳非所以丨士民而彰君之善聲也漢書武帝紀勉元元丨蒸庶宣紀丨精更始

餟 史記武帝紀其下四方爲丨食竹芮反封禪書作醊漢書郊祀志作腏古字通

抴 史記司馬相如傳丨獨繭之揄袘音曳漢書作曳

兊 史記天官書三星隨北端丨漢書天文志耑銳

蓺 史記五帝紀藝五種一本作丨夏紀汶嶓既丨

蓺 史記封禪書論說六丨漢書宣帝紀朕不明六丨又材丨

獘 史記周紀是以丨高都而得完周也漢書元帝紀重以周秦之丨

敝 史記始皇紀安土息民以待其丨高祖紀贊忠之丨小人以野漢書景紀贊周秦之丨

瘞 史記封禪書丨理漢書武帝紀丨玄王

十四泰

泰 漢書爰盎傳盎以丨常使吳 補遺史記始皇紀初一丨平孝武紀丨一律書丨簇漢書首食貨志收丨半之祖郊祀志丨泧揚雄傳丨陰

遰 漢書王莽傳依諸將之丨據相扶之勢丨圍繞也音帶

厲 史記老子傳丨鄉音賴苦縣城東有丨鄉祠老子所生也

癘 史記曹相國世家子襄病丨歸國音賴

匃 漢書文帝紀丨以啟告朕丨乞也

愒 漢書五行志玩歲丨曰口蓋反

駔會 史記貨殖傳子貸金錢千貫節丨丨徐廣曰上祖郎反下馬儈也漢書音義曰會亦儈也五宗世家賈人權丨音儈

補遺

大 史記五帝紀文祖者堯丨祖也漢書禮樂志丨伯王季相如傳丨山揚雄傳玉衡正而丨階平

泰 漢書地理志藪曰丨野即大野

厲 史記南越傳戈船下丨將軍讀曰瀨

糲 漢書司馬遷傳丨粱之食音瀨

厲 史記范雎傳漆身爲丨豫讓傳同音賴今字作癩

沛 史記齊世家逐獵丨丘即左氏傳貝丘

沸 漢書司馬相如傳水蟲騎波鴻丨口蓋反史傳同無音

會 史記楚世家丨人索隱曰鄶國也

十五卦十六怪十七夬

詿 漢書文帝紀丨誤吏民音卦

絓 史記律書丨禍於越漢書敘傳不丨聖人之網與挂同

解 漢書武帝紀祗而不丨讀曰懈詩夙夜匪丨補遺史記高祖紀秦軍丨因大破之

阸 史記律書擁兵阻丨戹賣反漢書諸侯王表至虖丨隘河洛之間于懈反狹也

睚眦 漢書杜鄴傳報丨丨怨上音厓下即皆字補遺史記聶政傳以感丨丨之意

厓眥 漢書孔光傳丨丨莫不誅傷上五懈反下仕懈反厓舉眼也眥目尼也

誡 史記越世家有如病不宿丨敕也與戒同

朩 史記建元年表傳丨音介

介 漢書陳湯傳以纖丨之過與芥同

裓 史記律書兵丨尤所重本從木今從衣

韰 漢書循吏龔遂傳令種一樹榆百本丨與薤同

蔕 史記司馬相如傳其于胸中曾不丨芥毋界反漢書同

責 漢書淮南王欽傳負丨側懈反謂假貸人財物未償者春秋左氏傳西鄰丨言

補遺

介 漢書諸侯王表丨人惟藩詩作价人

艐 史記司馬相如傳糾蓼叫奡蹋以丨路兮至也古界字漢傳作艐音同

懘葪 史記賈生傳細故丨丨上士介反下音介漢傳蔕芥

蹛 史記匈奴傳大會丨林音帶又多藍反案李牧傳大破匈奴襜襤音相近

濆史記司馬相如傳滂丨浦拜反

喝史記司馬相如傳傍人歌聲流丨烏邁反漢傳同言悲嘶也一介反

蕢史記孔子弟子傳丨瞶與蒯同漢書高帝紀踰丨山

祭史記吳世家餘小漢書古今人表丨公側介反

十八隊十九代二十廢

𨓐史記樂書君子以嗛丨爲禮與退同

妃史記外戚世家丨匹之愛音配詩丨耦　補遺漢書匡衡傳丨匹之際

負史記晉世家丨父之命正義音佩補遺首高祖紀丨約索隱音佩

偝 漢書南粤傳注負山險阻負丨也

倍 漢書賈誼傳下無丨畔之心讀曰偝 補遺史記周紀丨韓攻梁始皇紀丨約丨盟魯仲連傳智者不丨時而弃利音同

誖 漢書濟北王傳丨人倫布内反 補遺史記三王世家或丨其心漢書首律歷志事則不丨

瑁 漢書西域傳贊賭犀象瑇丨則建珠厓七郡音妹

毒冒 漢書郊祀志丨丨犀玉即瑇瑁 補遺舊表下字今增

誶 漢書賈誼傳而丨語音碎

沬 漢書律歷志王乃洮丨水即頮字呼内反從本末之末者亦同音淮南厲王傳蒙霜霧丨風雨丨洗面也

字從干未之未　補遺史記司馬相如傳丨若水音妹又音未漢傳同

茀　史記武帝紀有星丨于東井齊世家丨星將出漢書息夫躬傳角星丨于河鼓與孛同布内反

凷　漢書律歷志墼人舉丨而與之集韻苦會反說文或作塊

裁　史記張儀傳雖大男子丨如嬰兒言音在謂形體也

概　史記季布傳感慨字或作概音同

薆　漢書律歷志眛丨于未薉也音愛

能　漢書食貨志丨風與旱晁錯傳其性丨寒讀曰耐嚴助傳中國之人不丨其土水也

倈　漢書平當傳舉當刺史二千石勞丨有意者勞丨皆去聲讀

來 漢書司馬相如傳馳騖往丨盧代反詩勞丨還定安集之 補遺史記周紀日夜勞丨定我西土漢書首宣帝紀勞丨不怠

祓 漢書外戚衛后傳帝丨霸上禊也音廢 補遺首地理志丨縣音廢

魁 漢書東方朔傳丨然無徒讀曰塊

艾 史記殷紀巫咸治王家有成作咸丨封禪書天下丨安漢書郊祀志同讀曰乂五行志從作丨

艾 史記樂書推己懲丨音刈漢書傳介子傳不誅亡所懲丨讀曰乂

艾 漢書五行志國未丨也讀曰刈絶也

艾 漢書項羽紀斬將丨旗賈誼傳若丨草管然讀曰刈 補遺史記天官書爲斬丨事

艾 漢書王褒傳俊丨將自至讀作乂

壘 漢書李陵傳下丨石盧對反

蕺 漢書武帝紀東夷丨君南閭等古穢字

濊 漢書蕭望之傳以行汙丨不進與穢同

回 漢書趙充國傳千里丨遠迂也胡悔反　補遺史記河渠書故道多阪丨遠李廣傳東道丨遠漢書首食貨志渭漕丨遠遶也酷吏傳即有避丨並胡內反

塞 漢書郊祀志冬丨禱祈先代反謂報其所祈補遺史記武帝紀丨南越禱祠泰一后土

佁儗 漢書司馬相如傳仡以丨丨上丑吏反下魚吏反又音態礙

汮漢書賈誼傳丨淵潛以自珍音昧

補遺

曶漢書司馬相如傳丨奭音忽史記索隱引漢傳丨奭未明也埋蒼云早朝也音妹

郿漢書地理志吕封紂子武庚與邶同

昧漢書地理志丨益州縣名音昧

靁漢書鼂錯傳具藺石布渠荅注藺石城上丨石也來内反渠荅鐵蒺藜也

北史記五帝紀分丨三苗尚書同如字又音佩

怫史記太史公自序五家之文丨異音悖一音扶味反

沬 史記管晏傳桓公背曹丨之約音妹刺客傳曹丨亡葛反左氏傳作劌〻字聲相近而字異耳

概 史記楚世家夫丨吳世家夫丨伯夷傳其文辭不少丨見

概 史記范雎傳意者臣愚不丨于王心邪一作漑音同

二十一震二十二稕

振 漢書文紀其議所以丨貸之旨諸丨救丨贍皆同從貝者非 補遺史記周紀以丨貧弱萌隸

廟諱 漢書武帝紀海外肅丨莫不來賀與愼同 補遺史記虞卿傳王丨勿予

仞 漢書儒林傳喜因不肯丨注丨亦名也音刃

儐 漢書主父偃傳相與排丨不容于齊讀作擯 補遺史記平準書乘字牝者丨不得聚會

薦紳 史記五帝紀丨丨先生難言之即搢紳也古字假借耳

進賷 漢書高帝紀蕭何主進注會禮之財字本作賷作贐古字假借轉而爲丨丨又才忍反 補遺史記高祖紀同呂不韋傳進用不饒讀爲賷

陳 漢書刑法志善師者不丨本因陳列爲名末代改從車非經史本文春秋左氏傳爲魚麗之丨穀梁傳善丨者不戰 補遺史記律書顓頊有共工之丨吳世家夾水丨

閵轔 漢書司馬相如傳丨躒來各反史記轔鹿音玄王商傳蹂躪 補遺閵玄鶴二史四字通

遴 漢書高惠功臣表丨柬有章與吝同魯恭王傳晚節丨音吝猶貪嗇也杜欽傳不可以丨

填 史記周紀是陽失其所而丨陰也孝文紀丨撫諸侯天官書丨星漢書高帝紀丨國家與鎮同

堇 漢書地理志豫章出黄金然丨丨注少也與僅同 補遺史記貨殖傳長沙出連錫然丨丨

廑 漢書賈誼傳其次丨得舍人丨丨如黑子之著面與僅同 補遺史記夏紀帝丨立音覲又音勤

殣 漢書禮樂志丨冀親以肆章音覲言我乃得覲見冀以親附之

瞚 史記扁鵲傳目眩然而不丨音舜

眴 漢書項籍傳梁丨籍曰可矣動目使之也音舜 補遺史記項羽紀同屈原傳丨兮窈窕音舜

鬊 漢書天文志黑雲狀如猋風亂丨音舜

駿 史記商君傳殘傷民以丨刑音峻詩丨極于天

陖 史記禮書豈令不嚴刑不丨哉司馬相如傳俓丨赴險

葰 漢書司馬相如傳實葉丨楙音峻 補遺史傳丨茂

雋 漢書太史公傳薦天下豪丨讀曰儁 翟方進傳外有丨材

侚 漢書五行志始皇大臣丨二十人皆車裂以丨即狥字

諄 漢書五行志丨丨然如八九十者之閏反重頓之貌

胂 漢書司馬相如傳倏丨式刃反疾貌

補遺

振 史記五帝紀丨驚朕衆始皇紀丨威天下人丨恐趙奢傳武安屋瓦盡丨案史漢丨震多互用

振 史記荊軻傳禍必不丨矣救也蒙恬傳過可丨而諫可覺也

振 史記淮南王傳以令名男子若丨女

蜄 史記律書辰者言萬物之丨也音振忽作娠漢書律歷志振羨于辰

震 史記晉世家辰嬴賤班在九人之下其子何丨之有

縉 史記儒林傳丨紳先生漢書郊祀志丨紳即與搢同

賓 史記周紀不顯亦不丨滅楚世家丨之南海蘇秦傳必長丨之音擯

蜄蠯 史記天官書海旁蜄氣樓臺漢書天文志同字作蠯

眞 史記魯世家丨公濞音慎

洒 漢書東方朔傳丨埽之職師古音信又山豉反

徇 史記宋世家丨民用章

晙 史記宋世家丨民用章尚書作俊民

駿 史記屈原傳誹丨疑桀與俊同

雋 漢書禮樂志進用英儁伍被傳招致英丨

二十三問二十四焮

闇 漢書律歷志丨學褊隘韋賢傳顯德遐丨詩聲丨令丨

馴 史記五帝紀堯能明丨德古訓字又五品不丨又教丨皆同音

醞 漢書匡張孔馬傳贊傳先生語其丨藉可也于問反 補遺首薛廣漢傳温雅有丨藉

温 漢書酷吏義縱傳少丨籍于問反籍才夜反醞藉也

二十五願二十六慁二十七恨

㤪 史記封禪書百姓丨其法

圂 史記陸賈傳無久丨公爲也與慁同

湓 漢書溝洫志河水丨溢普頓反

滿 漢書廣陵王胥傳王憂丨音滿又音悶石顯傳憂丨不食音悶

懣 漢書霍光傳光憂丨音滿音悶

孫 史記晉世家公曰鄭不丨漢書禮樂志奢泰則下不丨而國貧讀曰遜語奢則不丨

敦 漢書律歷志歲名困丨音頓 補遺史記歷書同漢書匈奴傳闐丨地音頓又音對

頓 史記賈生傳莫邪爲丨漢書陳平傳頑丨嗜利讀曰鈍又遲丨嚴助傳不丨一戟

遯 漢書匈奴傳丨逃竄伏古遁字敘傳攜手丨丨秦古遯字

曼 漢書高帝紀丨丘臣姓丨丘名臣與毋丘本一姓語有緩急耳音萬 補遺史記宋世家頭丨立音萬漢書禮樂志世丨壽

曼 漢書王莽傳延丨與蔓同

補遺

曼 史記樊噲傳擊陳豨與丨丘陳軍

慁史記范睢傳是天以寡人丨先生亂也音溷

二十八翰二十九換

顮史記西南夷傳常丨略通五尺道音案

濺史記藺相如傳以頸血丨大王音贊

抏史記扁鵲傳案丨音玩

𥂦史記周紀還西周公于丨狐音憚補遺漢書地理志梁注丨狐聚

掔漢書郊祀志海上燕齊之閒莫不搤丨游俠傳搤丨而游談古手腕字補遺别本或作掔

半漢書李陵傳一丨氷讀判大片也

畔 漢書高紀丨逆魏豹傳絶河津丨賈誼傳下無倍丨之心與叛同 補遺史記夏紀諸侯丨之

讕 漢書藝文志丨言十篇音爛

笮 史記吴王濞傳上方與鼂錯調兵丨軍食

段 史記鄭世家少子叔丨即段字

耎 史記天官書是謂耎晉灼曰退之不進奴亂反漢書劉輔傳精銷丨弱也乃喚反

煗 漢書武帝紀坐畏丨棄市如椽反又乃館反息夫躬傳小大丨臣之徒

壇曼 漢書司馬相如傳案衍丨丨揚雄傳平原唐其丨丨徒旦反莫幹反 補遺史記相如傳同

酇 漢書高祖紀相國丨侯音贊或云何封沛郡丨縣才何反 補遺史記同

補遺

扞 漢書賈誼傳所以爲蕃丨及皇太子所恃者師古曰蕃翰宜得則皇嗣安固

案 史記周紀丨兵毋出始皇紀各丨署不移徙高祖紀丨堵酈生傳丨劍漢書禮樂志丨撫戎國又披圖丨諜灌夫傳丨夫項令謝

散 漢書翟方進傳王道離丨

灌 漢書地理志引詩溱與洧方丨丨兮胡貫反詩作渙渙

讚 漢書百官表謁者掌賓丨受事

毌 史記田世家伐衛取丨丘音貫古國名今作丨字殘缺耳

捥 史記封禪書莫不搤丨荊軻傳搤丨索隱曰字亦書作掔

潘 漢書地理志上谷郡丨普半反

拌 史記龜策傳石丨蚌音判

泮 史記陸賈傳天地剖丨

半 漢書揚雄傳羨漫丨散蕭條數千里外

三十諫三十一襇

貫 漢書賈誼傳習丨如自然工宦反孟子我不丨與小人乘

環 漢書高帝紀章邯守濮陽丨水音宦史記無音陳湯傳四面丨城音患

嫚 漢書高帝紀陛下丨而侮人武帝紀單于待命加丨與慢同 補遺史記高祖紀丨罵之

謾 史記魏其傳乃丨自好謾丞相乃爲慢易之辭而好謾丞相漢書文帝紀相約而後相丨音慢董仲舒傳桀暴丨 補遺史記首孝武紀後世丨怠

姍 漢書諸侯王表丨笑三代王尊傳倨嫚丨上古訕字

閒 史記武帝紀丨者河溢歲數不登 補遺首五帝紀書缺有丨矣漢書高帝紀步從丨道走軍

眩 漢書張騫傳犛軒丨人讀與幻同 補遺史記西域傳國善丨漢書首元紀丨于名實胡盼反

辨 史記秦紀倚丨于上又項梁常爲主丨

辯 漢書食貨志天子始出巡郡國東度河河東守不意行至不丨自殺讀作辨

幕漢書西域傳罽賓國
錢文丨爲人面音漫

補遺

還史記楚世家丨射圉之東音患漢書司
馬相如傳柴池茈虒丨乎後宮音宦

三十二霰　三十三線

薦漢書張湯傳丨數終軍傳北胡
隨畜丨居讀作荐詩天方丨瘥

練漢書路温舒傳鍛丨
而周内之讀作鍊

燕史記張蒼傳昌嘗丨時入奏事謂上宴時漢
書五行志除喪而丨與宴同詩逍遥游丨

綫漢書高惠高后文功臣
表不絕如丨今線縷字

羡 史記平準書以致富丨音衍貨殖傳時有奇丨漢志弋戰反詩四方有丨 補遺漢書溝洫志河災之丨溢與衍同藝文志漫丨而無所歸弋戰反

嬗 漢書文帝紀縱不能博求天下賢聖而丨天下 補遺史記秦楚之際月表號令三丨古禪字

襢 漢書武帝紀脩天文丨異姓諸侯王表舜禹受丨古禪字 補遺史記孝武紀升丨肅然

傳 史記外戚世家與扶丨舍中索隱音轉謂郵亭傳置之舍

傳 史記文帝紀張武等六人乘丨漢書乘六乘丨張戀反

攣 漢書外戚李夫人傳上所以丨丨顧念我音戀又力全反

婘 史記樊噲傳呂須丨屬音眷

勸 漢書嚴助傳歷歲經年士卒罷丨亦倦字 補遺首韓信傳丨敝之兵

咽 漢書蘇武傳丨之音宴

徧 漢書宣元六王贊丨有天下古遍字詩徧爲爾德 補遺史記禮書三者丨亡音遍

補遺

先 史記武帝紀見神于丨後宛若音去聲即今妯娌也漢書郊祀志同

淒 史記司馬相如傳儵眒丨浰七見反漢傳作情

燕 史記樂書宋音丨女溺志注歡也

禪 史記五帝紀萬國和而鬼神山川封禪與爲多焉始皇紀議封丨注闡廣土地也除地爲墠後改爲丨漢

書武帝紀
修封丨

鱓 史記晉世家子丨代桓叔是爲曲沃莊伯時戰反音善又音驙

泯 漢書司馬相如傳視眩丨而亡見音眄目不安也史傳作眠

玄湣 漢書司馬相如傳紅杳眇以丨丨音炫麪

冥眴 漢書揚雄傳目丨丨而亡見上莫見反下音縣

叀 漢書游俠陳遵傳一旦丨礙爲党所轠丨上絹反党上浪反

傳 史記始皇紀推終始五德之丨張戀反三代世表終始五德之丨音囀

腃 史記屈原傳丨顴楚國

弁 漢書東方朔傳丨嚴子即卞莊子

弁 漢書酷吏傳吏皆股丨注撫手也即與拚同

卞 漢書哀紀贊時覽丨射武戲注手搏爲丨角力爲武

三十四嘯三十五笑

調 史記爰盎傳丨爲隴西都尉徒釣反漢書同補遺首夏紀丨有餘補不足

噭咷 漢書韓延壽傳丨丨楚歌上音叫下音滌師古下下釣反

嘄 史記樂書丨噭之聲漢書息夫躬傳如使狂夫丨謼于東厓音叫

关 漢書薛宣傳壹丨相樂古笑字

咲 漢書諸侯王表姍丨三代史丹傳上黙然而丨古笑字

宵 漢書刑法志人丨天地之貌讀作肖

陗 史記鼂錯傳丨直刻深漢書師古曰與峭同 補遺首李斯傳丨塹之勢異也音峭

嚼 史記游俠傳與人飲使之丨子妙反盡酒也與漢傳釂同

譙 史記萬石傳子孫有過失不丨讓漢書高帝紀噲因丨讓羽才咲反黥布傳丨讓在笑反

噍 史記司馬相如傳丨咀芝英才笑反咀才與反

剽姚 史記霍去病傳爲丨丨校尉漢書作票姚服虔音飄摇師古曰票頻妙反姚羊召反勁疾之貌荀悦漢紀作票鷂去病後爲票騎將軍尚票姚之字今讀音飄摇則不[illegible]其義也正義引師古注爲證史

記作驃騎眺召匹妙二切集韻云勁疾貌漢以名兵官有票鷂校尉　補遺漢書武帝紀張騫傳亦作驃騎

幼眇　漢書元紀贊窮極｜｜音要妙儒林傳谷永疏嚴然總五經之｜讀曰妙　補遺史記貨殖傳雖户說以｜論音妙

眇　漢書律歷志究其微｜細也莫小反又音妙

約　漢書禮樂志治本｜讀曰要周禮萬民之有｜劑者藏焉

癄　漢書禮樂志纖微｜瘁之音子笑反

溺　史記范雎傳醉更｜雎年吊反酈生傳溲｜漢書酈食其傳輒解其冠｜其中讀曰尿

削 漢書貨殖洒丨刀劍室也先召反補遺史記梁孝王世家丨厲工

尞 漢書禮樂志靁電丨古燎字郊祀志丨堂下

轑 漢書杜欽傳欲以熏丨天下讀曰燎假借用字

補遺

踔 史記司馬相如傳丨稀閒託釣反漢傳掉希閒徒釣反

擢 史記司馬相如傳捷鰭丨尾漢傳作棹徒釣反

邵 史記李斯傳贊不然斯之功且周丨列漢書諸侯王表周召相其治即召字此從邑

曜 漢書刑法志以類天之震丨殺戮

橋 漢書揚雄傳萬騎屈丨其召反

驕 史記司馬相如傳丨驁居召反漢傳同

蜩蟉 漢書司馬相如傳丨丨偃蹇上徒釣反下盧釣反

稠嶅 漢書揚雄傳天地丨丨動搖貌上徒弔反下五到反

躈 史記貨殖傳馬蹄丨千苦弔反漢傳蹏丨

票 漢書髙惠功臣表連敖丨客頻妙反五行志崇聚輕丨無誼之人匹頻妙反

矯 漢書叙傳賈生丨丨合韻音轎

漂 漢書地理志沛郡丨陽音票

繚 漢書地理志清河郡丨自笑反

三十六效

佼 史記趙世家空爲上丨而今乃抵皋音効功勞也

覺 史記高帝紀後人至高祖丨音敎漢紀功効反楚世家王枕其股而臥丨而弗見詩尚寐無丨

頦 漢書刑法志凢人宵天地之丨古貌字

皃 漢書王莽傳丨佷古貌字

濯 史記司馬相如傳丨鷁牛首直敎反持檝櫂船也牛首池名漢傳門漢書百官表輯丨音同

橈 史記留侯世家謀丨楚權女敎反漢書高帝紀師古曰弱也其字從木春秋左氏傳師徒丨敗

訬 漢書叙傳江都丨輕初教反

補遺

斆 史記張釋之傳豈丨此嗇夫諜諜利口捷給哉漢傳作效

學 漢書叙傳古之文丨合韻下教反

訊 史記周紀惟丨有稽索隱曰依尚書音貌

奅 史記建元年表南丨侯衛青傳南窌侯漢書功臣表南丨並普教反

三十七號

耗 漢書宣帝紀匈奴畜産大丨呼到反

秏 漢書景帝紀不事官職丨亂者丞相以聞莫報反與眊同

眊 漢書武帝紀哀夫老丨古耄字

旄 史記春申君傳後制于李園丨矣音耄

冒 漢書雋不疑傳芛黃丨所以覆冒其首讀作帽補遺史記絳侯世家太后以丨絮提文帝音同

鷔 史記樂書齊音丨辟驕志禮記作敖漢書田蚡傳諸侯稍自引而怠丨音傲

敖 史記天官書箕爲丨容音慠調弄也漢書禮樂志簡而無丨補遺史記首孝文紀入盜甚丨

鑿 漢書劉向傳羊入其丨在到反謂所穿冢藏周禮冬官量其丨深

趮 漢書天文志靜吉丨凶與躁同禮羽殺則丨補遺首子侯表東昌丨侯古躁字

道 漢書文帝紀各率其意以丨民讀曰導地理志亦皆作丨 補遺史記夏紀沱涔已丨又丨荷澤又汶山丨江皆讀曰導

纛 史記南越傳黃屋左丨音導又音獨 補遺首項羽紀漢書高帝紀並同

埽 漢書外戚傳共洒丨于帷幄先到反

勞 史記楚世家使王孫滿丨楚王郎到反詩郇伯丨之春秋左氏傳自郊丨至于贈賄 補遺首周紀日夜丨来漢書高后紀令謁者持節勞章文紀丨賜三老

補遺

浩 漢書地理志丨亹音合又音誥趙充國傳丨亹音誥

温 史記周紀繆王得驥丨驪索隱音盜竊也竊淺青色趙世家盜驪騂騮

三十八箇三十九過

左 漢書律歷志以丨右民讀曰佐易以丨右民補遺史記五帝紀置丨右大監監于萬國

和 漢書藝文志百藥齊丨鄭當時傳趨丨胡臥反

莝 漢書尹翁歸傳使斫丨斬芻也千臥反 補遺史記范雎傳置豆其前

挫 漢書王莽傳使虎賁以斬馬劍丨忠讀作剉

銼 史記楚世家兵丨藍田祖臥反

嫷 漢書兩龔傳丨謾亡狀古惰字

憜 漢書韋賢傳供事靡丨古憜字

坷 漢書揚雄傳坎丨口賀反不平貌

補遺

个 漢書刑法志負矢五十个貨殖傳竹竿萬丨讀曰箇

硰 史記灌嬰傳丨石音沙又千臥反漢書周勃傳丨石赤坐反地名

碆 史記楚世家出寶弓丨新繳音播徐廣音波

隋 史記司馬相如傳不敢怠丨即與惰同

拕 漢書兩龔傳加朝服拕紳土賀反揚雄傳紆青丨紫

四十禡

伯 史記秦紀齊桓公丨于鄄漢書異姓王表適戍彊于
五丨讀曰霸國語若入必丨諸侯　補遺史記首周
紀賜齊桓公爲丨漢書首
高帝紀丨者莫于齊桓

藉 史記[illegible]侯世家臣請丨前著爲大王籌之音借漢書
高帝紀陳餘田横丨助兵借也春秋左氏傳丨除于
臧氏　補遺史記首陳涉世家丨第
令毋斬李斯傳丨寇兵而齎盜糧

耤 漢書郭解傳以軀
丨助報仇古藉字

赦 漢書王尊傳贊張敞
縱丨有度讀曰舍

橐 史記伍子胥傳會之丨皐音柘在廬
州漢書地理志音柘姑九江縣名

㢠 漢書地理志琅琊靈門注高丨山即柘字

䠶 漢書韓安國傳弧矢丨獵讀曰射補遺首郊祀志少君乃言與其大夫游丨處

咤 漢書王吉傳口倦乎吒丨亦吒字補遺史記淮陰侯傳喑噁叱丨

侘 史記韓長孺傳以丨鄒縣折亞反夸也

姹 漢書司馬相如傳子虛過丨烏有先生讀作詑史傳作詑

賈 史記循吏傳市不豫丨漢書成紀丨級千錢毋將隆傳丨賤請更平直讀曰價語求善丨而沽諸禮展成奠丨補遺首平準書鐵器苦惡丨貴蘇秦傳齊紫敗素也而丨十倍

輅 史記晉世家虢射爲右丨秦五嫁反迎也春秋左氏傳丨秦伯

夸 漢書諸侯王表丨州兼郡音跨

吴 漢書郊祀志引絲衣詩不丨不敖無音案詩胡化反讀作吴非

華 漢書司馬相如傳丨楓胡化反即今之皮貼弓者也

補遺

霸 史記封禪書丨産長水灃澇漢書郊祀志丨産豐澇

柘 漢書禮樂志泰尊丨漿司馬相如傳諸丨史傳作諸蔗

貫 漢書功臣表丨陽侯劉纏史記項羽紀封項伯爲射陽侯

舍 漢書高帝紀去豨黃來歸者皆丨之又與綰居去來歸者赦之朱博傳姦以事君常刑不丨 師古注曰

舍置
也

射 漢書武帝紀僕丨古今人表
狐丨姑又夷丨姑並音夜

誇 漢書外戚傳丨
布服糲食音夸

御 漢書叙傳昔衛叔之丨昆
今五駕反詩曰百兩丨丨之

吁 漢書高帝紀釁鼓注釁
丨火亞反史記注作罅

四十一漾四十二宕

養 漢書百官表合共丨弋亮反詩不得丨其父母補
遺首昭帝紀共丨省中史記周紀丨由基又因以應
爲太后
丨地

饟 史記高帝紀老弱罷轉丨漢書食貨志不足糧丨古餉字詩其丨伊黍

倡 史記禮書壹丨而三歎書禮記同漢書禮樂志肅丨和聲陳勝傳誠以吾衆爲天下丨讀曰唱

鬯 漢書律歷志靡不條丨該成讀作暢禮樂志清明丨矣古暢字

掠 史記高祖紀毋得丨鹵正義音諒天官書胡格數侵丨李斯傳搒丨千餘漢書高帝紀丨鹵力向反宣帝紀丨昝春秋左氏傳禁侵丨

亮 史記魯世家丨闇三年不言與諒同尚書無逸篇同

涼 漢書五行志盡丨陰之哀讀曰諒信也一説謂居喪之廬力羊反

鄉 史記晉世家晏嬰如晉與叔丨語世本叔向 補遺漢書刑法志晉叔丨非之

張 史記高祖紀復留丨飲三日張亮反田叔傳共丨不辨音帳漢帝紀同成紀無共張繇役

鄉 史記秦紀非及丨時之士高祖紀丨者夫人嬰兒皆以君漢書同文帝紀西丨南丨讀作嚮詩夜丨晨

補遺史記首周紀見丨者見後宮童妾所弃妖子

嚮 漢書揚雄傳丨曶如神與嚮同

卬 漢書食貨志丨以給澹涉傳費用皆丨冨人長者牛向反

兄 史記呂后紀呂祿以爲酈丨不欺音況漢書尹翁歸傳字子兄讀曰況詩倉丨塡兮

況 漢書武帝紀拜丨于郊禮樂志天地竝丨賜也

補遺史記司馬相如傳不遠千里来丨齊國

誆 史記鄭世家解揚丨楚令宋毋降音誑

臧 漢書王吉傳吸新吐故以練五丨補遺別本或書作藏翼奉傳猶人之五丨六體

亢 漢書揚雄傳鄒衍以頡丨取世資胡浪反

亢 史記魏其傳諸侯莫敢與丨禮漢書項籍傳贊不丨于九國之師與抗同春秋左氏傳丨大國之討補遺史記首始皇紀見尉繚丨禮漢書首高帝紀令丞與丨禮音同

炕 漢書五行志君丨陽口浪反王莽傳贊丨龍

炕 漢書揚雄傳丨浮柱之飛欀與抗同 補遺舊前注下令表出又搤其咽丨其氣

竝 漢書趙充國傳虜竝出讀如字又步浪反 補遺首郊祀志北丨勃海

並 史記始皇紀丨河以東音傍漢書武帝紀丨海讀曰傍 補遺史記首秦紀丨陰山

旁 漢書溝洫志丨南山步浪反 補遺首食貨志丨北邊以歸

廲 漢書元帝紀衆僚久丨古曠字

壙 漢書韋元成傳五世丨僚注五世無官丨空也外戚傳丨久與曠同

攘 漢書禮樂志盛揖丨之容藝文志堯之克丨太史公傳小子何敢丨古讓字

搒 漢書司馬相如傳丨人船人也音謗又方孟反 補遺史傳同

補遺

瀁 史記夏紀嶓冢道丨東流爲漢尚書作漾

養 漢書地理志隴西氐道注丨水字本作漾或作瀁

亢 史記孫臏傳批丨擣虛苦浪反言敵人相丨拒也

伉 漢書宣帝紀選丨健習騎射者師古曰丨彊也

傷 漢書李夫人傳方時隆盛年天丨兮合韻式向反

卬 漢書東方朔傳萬民所丨足牛向反

鞅 漢書高帝紀心常丨丨于亮反不滿足也

上 漢書刑法志孫吳者丨埶利而貴變詐趙辛傳贊高丨勇力

尚 漢書古今人表丨毋讀曰鄉晉叔向母也

狼 史記始皇紀至武陽博、丨沙中無音留侯世家作博、浪漢書張良傳博、丨音浪地理志滎陽注丨湯渠音

浪蕩
音宕

藏
漢書藝文志
五丨六府

四十三映四十四諍四十五勁

卿
史記天官書是
謂丨雲音慶

橫
漢書淮南王傳
遺史記灌夫傳

盟
史記夏紀東至于丨津古孟
字漢書地理志丨津讀曰孟

秉
漢書五行志殺生之秉彼命反
補遺史記天官書
二十八舍主十二州斗丨秉之絳侯世家持國丨音
柄漢
傳同

咏 漢書禮樂志歌丨言古詠字

詗 漢書淮南王傳爲中丨長安丨有所候伺也丑政反西方人以反間爲偵

補遺

請 史記吴王濞傳使人爲秋丨音淨陳丞相世家杜門不朝丨漢書成紀賜宗室朝丨者才性反

靜 漢書揚雄傳爰清爰丨游神之廷合韻才性反

爭 史記殷紀爲人臣者不得不以必死丨漢書王陵傳面折庭丨謂當朝廷而諫丨

境 漢書叙傳寇侵邊丨合韻音竟

明都 史記夏紀道荷澤被丨丨音孟豬

并 史記五帝紀贊余丨輪次秦紀初丨天下漢書高帝紀項羽殺宋義丨其兵又三秦易丨之計

四十六徑

廷 漢書高紀丨中吏無所不狎侮郡府之中音定田儋傳從少年之丨欲謁殺奴史記正義無音

補遺

徑 史記司馬相如傳丨陵赴險漢傳徑峻

寧 史記始皇紀贊丨越賈生傳甯越酷吏傳丨成漢書甯成丨當讀作甯

四十七證四十八嶝

椉 漢書地理志丨丘魯莊公敗宋師于乘丘即此地也

補遺

承 漢書諸侯王表丨鄉侯音證地理志東海縣名

恒 漢書叙傳潛神默記丨以歲年音竟亘之亘又工贈反

貽 史記滑稽淳于髡傳目丨不禁與瞪同丑甑反

甸 漢書地理志丨氏道音縢又食證反白水出徼外至葭萌

四十九宥五十候五十一幼

右 漢書律歷志以左丨民與佑同補遺史記五帝紀置左丨大監

右 漢書韋元成傳丨饗讀曰祐

齅 漢書叙傳不丨驕君之餌古嗅字

畜 史記天官書北夷之氣如羣丨穹閭許救反漢書尹翁歸傳掌丨官

捄 史記春申君傳魏之兵雲集而不敢丨漢書董仲舒傳何以丨溢扶衰古救字

鍑 漢書匈奴傳鬴丨薪炭丨音富

褏 漢書淮南厲王傳自丨金椎椎之古袖字補遺史記滑稽淳于髡傳注帣收衣丨也

褎 漢書揚惲傳拂衣而喜奮丨位卬古袖字詩羔裘豹褎

讎 史記高祖紀高祖每酤留飲酒丨數倍漢書高帝紀同地理志嫁取無所丨讀曰售

啄 史記天官書柳爲鳥丨丁救反漢書東方朔傳鸐俛丨竹救反

噣 史記趙世家人面鳥丨竹冑反補遺首楚世家射丨鳥于東海音畫

繇 漢書文帝紀注占謂其丨文救反本作籀

宿畱 史記武帝紀丨丨海上漢書郊祀志同五行志其丨丨告曉人以備具深切上先就反下力救反補遺舊表下字今增

竢 史記賈生傳丨罪長沙正義云古俟字待也補遺漢書賈誼傳無音

袤 史記楚世家廣丨六里音茂

楙 漢書律歷志補遺食貨志

霿 漢書五行志咎丨莫豆反

湊 漢書賈誼傳輻丨並進而歸命天子 補遺史記張儀傳四通輻丨 貨殖傳繈至而輻丨

奏 漢書王莽傳四海輻丨靡不得所

走 史記蕭相國世家諸將皆爭丨金帛財物之府分之音奏趨向之也 漢書高帝紀從間道丨軍音奏 補遺史記首項羽紀漢軍皆南丨山

族 漢書律歷志二曰大丨千豆反

族 漢書嚴安傳使有節丨音奏

赱 漢書司馬相如傳荷兵而丨史記作走上去聲

逗 漢書匈奴傳丨留不進音豆又與住同 補遺史記韓安國傳丨撓

漏 漢書匈奴傳仲舒之言丨於是矣讀作陋

紬 漢書司馬遷傳丨石室金鐀之書音冑謂綴集

補遺

猶豫 史記高后紀丨丨未決以獸反漢紀同索隱曰崔浩云丨猿類卬鼻長尾性多疑說文丨獸名多疑故比之也按狐性多疑度水而聽水聲解者又引老子丨予冬涉川則是狐類無疑

就 漢書匈奴傳生奇材木箭竿丨羽丨大鵰也

復 史記衛世家越山踰河絕韓上黨而攻彊趙是丨闕與之事扶富反

殠 漢書揚敞傳得漢美食好物謂之丨惡

守 史記秦紀晉人皆城丨不敢出 漢書高帝紀乃閉門城丨音狩

祝 史記文帝紀丨謝漢書同

福 史記龜策傳邦丨重寶音副藏也

注 史記歷書西至于丨天官書柳爲鳥丨丁救反與咮同漢書天文志作喙

糅 史記屈原傳同丨王石漢書劉向傳邪正雜丨汝救反

訽 史記趙世家置無卹爲能忍丨伍子胥傳剛戾忍丨鄒氏作詬太史公自序能忍丨火候反

講 史記甘茂傳樗里子與魏十丨罷兵讀曰媾和也亦如字

呴 史記殷紀飛雉登鼎耳而丨

茂 漢書董仲舒傳書云｜｜哉尚書作懋

區 漢書五行志｜霿無識者口豆反

屚 漢書地理志苟｜與漏同交趾縣名

瀆 史記齊世家遂殺子糾｜笙｜音豆溝瀆笙本作莘聲相近又執太子牙子句｜之丘

五十二沁

浸 史記王子侯者年表扶｜音浸

浸 漢書劉向傳灾異｜甚

浸 漢書嚴延年傳｜｜日多漸也

㴊 史記河渠書此渠皆可行舟有餘則用漑丨

寑 史記佞幸傳久之丨與中人亂

寖 漢書成帝紀黨與丨廣漸也溝洫志西南出丨數百里古浸字

寖 漢書禮樂志載王吉疏恩愛丨薄古浸字

寖 漢書哀帝紀末年丨劇地理志丨孫叔敖子所邑世祖改名固始子衽反又丨曰五湖廣陵王胥傳丨信須等古浸字

喑 史記淮陰侯傳項王丨噁叱咤千人皆廢于禁反漢傳作意烏猝嗟

補遺

寖 漢書外戚恩澤侯表丨廣傳矣劉向傳又患衆口之丨潤

寖 史記酷吏傳替官事丨以秏廢

寑 漢書郊祀志丨丨于泰山矣猶漸也與浸同

任 漢書趙倢伃傳生昭帝號鉤弋子丨身十四月迺生

吟 史記淮陰侯傳雖有舜禹之智丨而不言不如喑聾之指麾也巨蔭反又音琴

陰 漢史霍光傳贊闇于天理丨妻邪謀叙傳丨妻之逆師古曰謂覆蔽之雖無音當讀爲蔭庇字

五十三勘五十四闞

感 漢書張安世傳何丨而上書歸衞將軍富平侯印胡闇反春秋左氏傳于蔡爲丨音憾

晻 漢書元帝紀三光丨昧與暗同

闇 史記律書丨于大較越世家愚者丨成事與暗同補遺漢書終軍傳明丨之微

儋 史記淮陰侯傳守丨石之祿正義作擔都濫反漢書蒯通傳丨石貨殖傳漿千丨丁濫反一丨兩甖人丨之也

啖 漢書王吉傳婦取棗以丨吉補遺史記穰侯傳秦割齊以丨晉楚啗同

⿰口闇 史記樂毅傳約趙惠文王別使連楚魏令趙丨秦與啗同

惔 史記秦紀未能恬丨

監 史記封禪書東平陸丨音闞補遺舊設在五十八陷今移漢書郊祀志同無音

補遺

淦 漢書地理志豫章郡新丨音紺又古含反案廣韻與灨通

監 史記田世家田常成子與丨止俱爲左右相即闞止

𨫸 漢書匈奴傳不丨費者不永寧

餤 史記趙世家故以齊丨天下

五十五䊭五十六㮇五十七釅

掞 漢書禮樂志長麗前丨光耀明即光炎字音䊭

炎 史記天官書天狗止地類狗所墮及丨火望之如火光丨丨衝天漢書天文志濫丨妄起藝文志其氣丨

以取之並與餤同丁姬傳
開丁姬椁户丨出四五丈

饜 漢書叔孫通傳通知
上益丨苦之與猒同

猒 史記孟嘗君傳士不丨糟糠與饜
同范雎傳丨天下辯士與猒同

阽 漢書文帝紀丨於死亡服虔音反坫之
坫孟康音屋檐之檐師古曰二音並通

替 漢書王子矦表或
丨差失軌讀曰僭

澹 漢書食貨志猶未
丨其欲古贍字

補遺

厭 史記平準書貧者或不丨糟糠伯夷傳糟
糠不丨飫也漢書鮑宣傳貧民菜色不丨

嗛 漢書郊祀志今穀丨未報鼎焉爲出哉苦簟反少意也

塹 史記秦紀丨河旁漢書高帝紀深丨而守

壍 史記司馬相如傳隤牆

五十八陷五十九鑑六十梵

氾 漢書武帝紀河水決濮陽丨郡十六賈誼傳丨虜若不繫之舟敷劍反 補遺史記賈生傳同

氾 史記司馬相如傳丨濫衍溢敷劍反漢書伍被傳丨愛蒸庶與泛同

補遺

渢 史記吳世家丨丨乎音馮又音泛

氾史記高祖紀即帝位于丨水之陽三代世表以爲丨從布衣匹夫起耳漢書高帝紀同敷劍反今案集韻

禮部韻劍字皆在五十七釅而

廣韻劍字在六十梵今從舊表

班馬字類第四

班馬字類 第五卷入聲

宋板影寫

第伍册

班馬字類第五

入聲 補遺附

一屋

僕遬 漢書息夫躬傳｜｜不足數上步木反下古速字

暴 史記蕭相國世家｜衣露蓋蒲毒反淮陰侯傳｜其所長音僕露也春秋左氏傳｜骨以逞孟子秋陽以｜之補遺漢傳同

敕 史記杞世家子｜立是爲出公音速

遬 史記禮書輕利剽｜漢書宣紀匈奴呼｜累單于古速字

匵 漢書楊王孫傳竅木爲丨即櫝字 補遺首
五行志乃丨去之梁平王傳龜玉毀於丨中

谷 史記匈奴傳左右丨蠡王
音鹿蠡漢書宣帝紀同

復 漢書郊祀志丨道讀曰複 補遺史記始皇紀
爲丨道自阿旁渡渭漢書首高帝紀從丨道上

録 史記蕭相國世家丨丨未有奇節平原君傳毛遂曰
公等丨丨音祿說文丨丨隨從之皃漢書蕭曹贊師
古曰猶鹿鹿言在凡庶之中也灌
夫傳帝在即丨丨注猶碌碌也

復 漢書郊祀志匡衡罷祠不應
禮或丨重扶目反與複重同

復 漢書高帝紀丨而勿租稅又皆丨終身方目反除其
賦役也集韻作復通作丨 補遺史記始皇紀皆丨
不事十歲

虙 史記封禪書丨羲封泰山漢書司馬相如傳青琴丨妃讀作伏史記作宓　補遺漢書首五行志丨羲氏繼天而王

宓 史記趙世家丨戲神農教而不誅漢書百官表易叙丨羲神農音伏字本作虙轉寫訛謬耳

服 史記賈生傳有鴞飛入賈生舍止於坐隅楚人命鴞曰丨漢傳丨飛入誼舍讀作鵩

繆 史記魯世家太公召公乃丨卜徐廣曰古書穆字多作丨孟子魯丨公　補遺首秦紀造父以善御幸於周丨王漢書異姓王表章文丨獻

宿 漢書哀帝紀丨夜憂勞讀作夙

目宿 漢書西域傳罽賓國有丨丨大宛國有善馬耆丨丨讀作苜蓿　補遺舊表下字今增

蹵 漢書賈誼傳｜其芻者有罰千六反董仲舒傳以迫
｜民子育反補遺史記燕世家王｜之以足音同

叔 漢書昭帝紀三輔太常得以｜粟當賦讀
作菽天文志戎｜爲孟康曰胡豆成也

鬻 漢書文紀吏禀當受｜者
或以陳粟之六反與粥同

孰 史記六國表西方物之成｜樂書亨｜蘇秦傳｜計
之漢書律歷志物成｜可章度也讀作熟高五王傳
灌將軍｜視
笑曰云云

畜 漢書景帝紀｜積賈誼傳｜亂宿毈讀曰蓄 補遺
史記周紀居者有｜積樂書思｜聚之臣貨殖傳民
好｜藏
讀曰蓄

稸 史記蔡澤傳力田｜積漢
書貨殖傳｜足功用音蓄

毓 漢書五行志孕｜根核與與育同

僇 史記文紀異章服以爲｜漢書五行志執而｜之與戮同季布傳贊云古戮字 補遺史記首夏紀不用命｜于社

粥 史記五帝紀北逐燀｜音育漢書谷永傳薰｜

粥 史記孔子世家｜羔豚者弗飾賈與鬻同周禮巫馬馬死則使其賈｜之

鞻 漢書藝文志蹵｜巨六反枚乘東方朔傳作蹵鞠霍去病傳蹋鞠

奥 漢書五行志厥罰恒｜王莽傳南岳太傅典致時｜於六反 補遺史記宋世家曰｜曰寒

補遺

鹿 漢書翟義傳沙丨之右元后傳元城東有五丨之虛即沙丨也餘作沙麓

角 史記留侯世家丨里先生秘記作祿里漢書王貢傳丨里先生無音案廣韻音祿漢四皓名

偪 漢書古今人表福陽子即丨陽子

睦 史記司馬相如傳昄昄丨丨漢傳作穆穆

垘 史記天官書川塞谿丨音服漢書天文志同注洑流也

犕 史記鄭世家周襄王使伯丨請滑音服即伯服也

敦 漢書王子侯表臨樂丨侯師古曰丨字或音弋灼反又作敫古穆字

宵 史記三王世家毋邇丨人索隱音謏亦小人也漢書廣陵王胥傳同無音

戚 史記高祖紀走至丨將毒反又如字又千笠反

朒 漢書五行志縮丨不任事音忸怩之忸

僇 漢書季布傳贊奴丨苟活而不變古戮字

鬻 漢書禮樂志熏丨殛

粥 漢書古今人表楚丨拳音鬻

鬻 史記樂書毛者孕丨注生也

玉 史記武紀公丨帶上黄帝明堂圖索隱曰或音肅姚氏語録反説文音畜漢書郊祀志讀如字

穀 漢書王莽傳其夕丨風迅疾從東來師古曰即谷風也

阸 漢書地理志汧注芮丨與鞠同詩芮鞠之即韓詩作芮丨

鞫 史記荆軻傳丨武音麴又如字

奥 史記夏紀四丨既居尚書作隩皆墺字

二沃三燭

毒 史記西南夷傳身丨國音篤索隱曰身音捐音乾丨音篤即天竺也所謂浮圖胡也

屬 史記天官書雲氣下丨地者三千里漢書高帝紀乃以丨吏並之欲反

趨 漢書高帝紀令丨銷印讀作促補遺史記天官書丨兵音促

趣 漢書高帝紀因丨丞相急定功行封讀曰促 補遺史記項羽紀使使丨齊兵樂書衛音丨數煩志田蚡

傳局丨効轅下駒

皸瘃 漢書趙充國傳手足丨丨上音軍下竹足反

谷 史記樊噲傳破豨胡騎横丨音欲貨殖傳用丨量馬牛爾雅水注谿曰丨補遺漢傳同無音

補遺

借 史記三代世表帝丨即嚳字

緑 史記周紀騄耳趙世家丨耳漢書郊祀志丨耳

屬玉 漢書宣帝紀丨丨觀晉灼曰水鳥鵁鶄以名觀也司馬相如傳駕鵞丨丨史傳鴐鵝鸀鳿

攆 史記夏紀山行乘丨已足反又紀録反漢書溝洫志山行則揭居足反謂以鐵如錐頭長半寸施之履下

攫 史記田敬仲世家騶忌子曰丨之深醳之愉者政令也己足反以爪持也詳見九魚韻愉字下

四覺

觳 史記李斯傳方作丨抵優俳之觀駰案丨抵即角抵音角

較 史記律書闊於大丨刺客傳其立意丨然音角貨殖傳此其大丨也猶言大略漢書孔光傳丨然甚明詩猗重丨兮

古岳反

捔 漢書李廣傳數與虜丨音角

補遺別本或書作确其義同

搉 漢書五行志丨戚夫人眼口角反謂敲擊去其睛也

榷 漢書武帝紀初丨酒酤如淳音較

藐 漢書韋賢傳既｜下臣與邈同

齱 史記酈生傳握｜初角反漢書同急促皃

⿰𧾷齒 史記司馬相如傳豈特委瑣握｜握｜委瑣細碎也握｜局促也 補遺漢書申屠嘉傳｜｜廉謹

踔 漢書孔光傳非有｜絶之能竹角反 補遺史記貨殖傳上谷至遼東地｜遠音卓又敕教反

嗽吮 漢書鄧通傳文帝病癰通爲上｜｜之上山角反下自兖反

補遺

轂 史記始皇紀雖監門之養不｜於此音學又古學反

逴 史記霍去病傳｜行殊遠與卓同

娖 史記張蒼等傳皆以列侯繼嗣丨丨七角反漢書作齱齱

濯 史記始皇紀咸化廉清大治丨俗

嶽 史記五帝紀四丨夏紀丨易尚書皆作岳漢書武帝紀至于中丨地理志丨陽

搦 史記扁鵲傳丨髓腦漢書叙傳丨朽摩鈍女角反

駮 史記司馬相如傳駠丨之駟漢傳駠駮又赤瑕丨犖

樸 漢書文帝紀示敦朴爲天下先元帝紀質丨

五質六術七櫛

厀 史記商君傳不自知丨之前於席也漢書吳王濞傳丨行王褎傳駕齧丨讀作膝

桼 漢書賈山傳丨塗其外讀作漆貨殖傳陳夏千畝丨

趣 漢書梁孝王傳出稱警入稱丨與蹕同 補遺史記世家出言丨

拂 史記夏紀予即辟女匡丨予始皇紀輔丨漢書東方朔傳丨主之邪孟子入則無法家丨士音弼

抶 漢書五行志使其徒丨趡而奪之丑失反今韻作敕栗反

栗 漢書宣帝紀戰戰丨丨 補遺史記周紀齊丨

㮚 漢書叙傳郡中震丨讀作慄

失 漢書地理志漢中淫丨讀曰泆杜欽傳言丨欲之生害也讀曰佚與逸同 補遺首五行志魯夫人淫丨於齊

佚　漢書刑法志男女淫丨李廣傳士丨樂梅福傳丨民不舉與逸同　補遺史記周紀作多士無丨樂書丨能思初

軼　史記五帝紀其丨乃時時見於他說燕世家樂丨漢書王褒傳有丨材與逸同

軼　漢書地理志丨爲滎與溢同出也　補遺舊在前字注今別表出

溢　漢書禮樂志千童羅舞成八丨與佾同

溢　史記陳丞相世家賜金三十丨漢書食貨志黃金以丨爲名與鎰同　補遺史記首平準書同

術　史記樂書識禮樂之文能丨又丨者之謂明丨作謂也禮記作述漢書賈山傳丨追厥功讀作述今史記别本有作述者後人改也

絀 史記平準書先行義而後丨恥辱焉黜字也補遺首五帝紀三考丨陟殷紀既丨夏命

率 史記孝武紀後丨二十歲得朔旦冬至平準書丨十餘鍾致一石丨約數也又大丨莊子傳大抵丨寓言並音律 補遺漢書陸賈傳丨不過三四過李廣傳諸將多中首虜丨為侯者

欥 漢書叙傳丨中龢為庶幾兮古聿字

疋 漢書諸侯王表子弟為丨夫

補遺

帥 漢書高帝紀父老乃丨子弟共殺沛令景武功臣表蠻夷丨服五行志丨由舊章

泆 史記夏紀丨為滎尚書作溢

佚 史記樂書沈丨淫丨魯世家誕淫厥丨尚書作泆

窋 史記孔子弟子傳丨不齊字子賤漢書藝文志宓子十六篇注名不齊師古曰讀與伏同案廣韻虙房六切引說文虙子賤是也而此丨字無音今附本字韻

𠧪 漢書敘傳丨取予于追吉古栗字

茀 漢書古今人表丨肸即佛肸並音弼

拂汩 漢書司馬相如傳澴其丨丨丨普密反下于密反

㠥 漢書司馬相如傳隱轔鬱丨音律史傳作㠥

軋 史記賈生傳坱丨無垠坱若央反丨若乙反漢傳坱圠

矞 漢書禮樂志丨皇史記司馬相如傳滈湟神名也

秫 史記趙世家惠齒雕題却冠丨絀徐廣曰戰國策作丨縫絀亦縫紩之別夕鉥者綦鍼也古字假借故作丨絀言女功鍼鏤纚拙也

秫 史記晉世家西乞丨即秦紀西乞術

沭 漢書地理志寖曰沂丨師古曰出東莞音術

壹 史記高祖紀丨敗塗地封禪書三年丨用太牢又丨丨統天地漢書武帝紀不貢士丨則黜爵藝文志大丨兵法

八勿九迄

𪌘 漢書諸侯王表奉上璽丨音弗翟義傳赤丨綖

黻 史記秦紀黼丨音黼見九麌韻

拂 史記韓非傳大忠無所丨辭悟言無所擊排音佛漢書杜欽傳丨心逆旨音怫

詘 史記高祖紀坐上坐無所丨劉敬傳大眞若丨索隱音屈嚴助傳大臣數丨補遺史記首周紀支左丨右樂書丨信俯仰漢書首天文志丨抑委曲又丨如環陳湯傳丨指

屈 漢書揚雄傳游觀丨奇瑰瑋

屈 史記陸賈傳丨彊於此郡丘勿反漢書其勿反韓信傳力丨音同　補遺漢書古今人表禽丨釐揚雄傳萬騎丨撟音同

絀 史記老子傳世之學老子者則丨儒學正義音詘索隱音黜

宛 史記倉公傳丨篤不發又丨氣愈深憂勿反心所鬱積也

佛 漢書李尋贊仿丨一端與髴同補遺史記司馬相如傳若神仙之仿丨

補遺

𢎘 漢書韋賢傳黼衣朱紱注爲朱裳畫爲丨文丨古弗字故謂之紱字又作黻其音同

紼 漢書邴吉傳上將使人加丨而封之音弗繫印之組也

沸 漢書司馬相如傳丨乎暴怒音拂

滑 史記十二諸侯表鄭武丨突丨一作搰並胡勿反

茀 漢書揚雄傳香芬丨以窮隆

茀 漢書景十三王傳内丨鬱憂哀積音拂

拂 漢書王莽傳必躬載丨音拂所以擊禾者今謂之連枷

弗 漢書溝洫志魚丨鬱兮柏冬日音佛史記河渠書作沸鬱無音

掘 漢書揚雄傳洪臺丨其獨出兮其勿反特皃也

忔 史記周紀丨如巨人之志

十月十一沒

粵 漢書異姓諸侯王表外攘胡丨與越同 補遺史記周紀丨詹雒伊楚世家伐庸揚丨音越漢書首高帝

紀百丨之兵

鈌 漢書淮南王傳法二千石丨古闕字補遺史記高祖紀後有鈌補之漢首律歷志書丨樂弛

鈌 漢書揚雄傳辟歷列丨電也

伐 史記高祖功臣侯年表明其等曰丨積日曰閱漢書車千秋傳無丨閱功勞讀作閥

韈 漢書趙后傳帝向晨縛絝丨武伐反補遺史記張釋之傳吾丨解顧張廷尉爲我結丨

物 史記王翦傳贊以至丨身音没

物 史記張蒼傳其心冀幸丞相丨故正義音没

潡 史記封禪書在丨海中潡字或從文

敎 史記河渠書入于丨海 漢書武紀東臨丨海

卒 史記高祖紀項羽丨聞漢軍楚歌漢書平帝紀倉丨時横賦斂者償其直儒林張山拊傳丨然終讀作猝孟子丨然問曰

覈 漢書陳平傳亦食糠丨耳音紇史記音核

忽 史記司馬相如傳芒芒怳丨漢書作怳丨

昒 漢書郊祀志冬至丨爽音忽

曶 漢書古今人表中丨司馬相如傳丨爽揚雄傳神心丨怳又蠁丨如神時人皆丨之並與忽同

吶 漢書鮑宣傳臣宣丨丨鈍於辭音訥補遺首李廣傳口丨丨少言亦訥字

堀漢書鄒陽傳伏死丨穴巖藪之中與窟同

螖漢書揚雄傳西厭月丨音窟　補遺別本或作蝟

補遺

戉漢書天文志東井西曲星曰丨即鉞字又斧丨用梁王懼

厥漢書古今人表丨黨童子即闕黨

厥漢書古今人表丨由即蹶由

撥史記孔子世家於旄羽祓矛戟劍丨鼓噪而至音伐大楯也

㕹史記蘇秦傳革抉丨芮與瞂同音伐楯也

廢 漢書禮樂志續舊不丨合韻音發

茀 漢書司馬相如傳晻薆咇丨音勃史傳晻曖苾勃

怫 史記太史公自序五家之文丨異音悖又扶物反亦悖也

勃 漢書揚雄傳丨解之鳥即渤澥同

勃 史記天官書熒惑爲丨亂

浡 史記司馬相如傳鴻水丨出

滑 史記孔子世家丨稽漢書五行志丨夫三川之神音骨

對 漢書叙傳儀遺讖以臆丨合韻丁忽反

詘 史記曹相國世家擇郡國吏木丨於文辭厚重長者李斯傳辯於心而丨於口古訥字多作丨

十二曷十三末

害 漢書翟義傳王莽效尚書作文予丨敢不於祖宗云云讀作曷詩丨澣丨否

愒 史記蘇秦傳務以秦權恐丨諸侯呼曷反

猲 漢書王子侯表葛魁侯坐縛家吏恐丨受賕平城侯禮坐恐丨取雞集韻云相恐怯也王莽傳恐丨良民訶曷反

閼 史記淮陰侯傳破代兵禽夏說丨與音遏余上黨沾縣有丨與聚漢書同音遏預

閼 漢書朝鮮傳欲上書見天子又擁丨不通中山靖王傳今臣雍丨不得聞烏葛反

補遺史記首天官書

擁丨甘茂傳公仲且躬率其私徒以丨於秦烏葛反

制 漢書王吉傳中心丨兮古怛字

殺 漢書谷永傳末丨災異先曷反掃滅也補遺史記倉公傳望之丨然黃蘇曷反

昧 史記楚世家韓公子丨莫葛反與末同漢書高帝紀鍾離丨從本末之末 補遺史記首高祖紀鍾離丨吳世家餘丨注即左氏穀梁夷末

衊 漢書文三王傳汙丨宗室音秣集韻云血也汙也

盋 漢書東方朔傳置守宮盂下注今之丨盂也讀作鉢音撥

拔 漢書禮樂志丨蘭堂丨舍止也步曷反

掇 漢書王嘉傳丨去宋弘讀曰剟竹劣反削也詩薄言丨之都奪反

兊 史記趙世家龍丨地名在易州音奪樊酈傳作龍脫正義亦音奪漢書酈商傳戰龍脫無音

大 漢書地理志會稽郡丨末讀如闥

補遺

曷 漢書司馬相如傳張樂乎膠丨之宇史記作轇輵

輵轄 史記司馬相如傳跮踱丨丨音遏曷漢傳作蠖亦音曷

昧蔡 史記大宛傳丨丨漢書李廣利傳丨丨爲宛王上音末下千曷反

鶡 史記蔡澤傳魋顔蹙丨無音案集韻與頞同阿葛反

按 史記白起傳趙軍長平以丨據上黨民音遏

喝 史記蘇秦傳恫疑虛丨呼曷反本亦作猲

末 漢書外戚傳丨如命何丨無也

刮 史記始皇紀采椽不丨音括自序同李斯傳及漢書太史公傳並作不斲

拔 史記黥布傳贊何其丨興之暴也白曷反疾也

十四黠十五鎋

秸 史記封禪書席用葅丨丨讀如戛漢書郊祀志其席藁丨音戛

介 史記張耳傳獨丨居河北音戛特也 補遺漢傳同音

抶史記魏世家秦丨我襄城讀作拔

𩐋史記天官書衿北一星曰丨古鎋字與轄同漢書天文志同詩載脂載丨

補遺

歇史記始皇紀北擊趙王丨漢書高帝紀同烏轄反

頡漢書王子矦表羹丨矦信音戛擊之戛史記無音

選漢書蕭望之傳有金丨之品音刷字本作鋝即鍰也

率史記周紀其罰百丨即鍰也音刷舊本亦作選

詧史記秦紀問其地形與其兵勢盡丨

揳 史記貨殖傳趙女鄭姬設形容丨鳴琴揄長袂躡利屣無音案玉篇丨古八切亦作戛集韻丨擊持也

十六屑十七薛

戳 史記蘇秦傳陸斷牛馬水丨鵠鴈即截字漢書宣帝紀海外有丨司馬相如傳巀嶭音截

臷 漢書孔光傳犬馬齒丨讀作耋

臷 漢書地理志四丨 補遺志引秦詩車轔四丨小戎之篇案今詩作車隣駟鐵此丨字當音鐵舊在前注今別表注

佚 漢書揚雄傳爲人簡易丨蕩音鐵讜

軼 史記封禪書丨輿丨裒田結反春秋左氏傳懼其侵丨我也 補遺首始皇紀世不丨毀

⿰言失 漢書禮樂志丨蕩蕩讀如迭

絜 漢書項籍傳贊度長丨大謂圍束之下結反 補遺史記始皇紀贊同

⿰飠訇 漢書賈山傳祝丨在前古饐字今作噎 補遺别本或書作⿰飠訇

觖 史記盧綰傳羣臣丨望音决别之決漢書同孫寶傳故擿丨以揚我惡擿它歷反丨音決

蔽 史記刺客荊軻傳跪而丨席匹結反拂也

禼 漢書異姓王表乃縣丨稷 補遺史記三代世表丨爲殷祖别本書作禼

契 漢書五行志商祖丨讀曰偰 補遺史記五帝紀稷丨

𢍺 漢書東方朔傳丨爲鴻臚與禼同字本作偰後省耳

媟 漢書枚乘傳丨黷貴幸狎也詩丨近小人補遺首五行志不嚴茲謂丨

蕞 史記叔孫通傳爲緜丨野外在會反漢傳同師古曰丨與蕝同子悅反史記正義蕝又子芮反

𢇍 漢書路温舒傳丨者不可復屬古絕字

揲 漢書揚雄傳丨之以三策食列反

掘 史記貨殖傳田農丨業徐廣曰古拙字亦作丨

孽 史記龜策傳妖丨數見漢書劉向傳丨火燒宮災也

焫 漢書禮樂志丨膋蕭人悅反今作爇儒劣反

悊 漢書刑法志聖人既躬明丨之性讀作哲

喆漢書叙傳聖丨之治音哲

軼史記文紀冠蓋相望結丨於道音轍 補遺田世家伏式結丨音姪車轍也徒結反一本作徹

徹漢書文帝紀結丨於道陳平傳門外多長者車丨讀作轍

迣漢書鮑宣傳男女遮丨古列字

列史記賈生傳丨士殉名漢書同王莽傳丨風雷雨弗迷與烈同

說漢書高帝紀大丨王襃虞丨耳目虞與娱通丨音悦詩我心則丨補遺史記殷紀大丨周紀怡丨傳丨韓丨並同

缺史記孟荀傳齊尚修列士大夫之丨與鈌同 補遺漢書叙傳戊實淫丨

歠 漢書揚雄傳溷漁父之餔丨兮昌悅反

桀 史記高祖紀沛中豪丨吏漢書同又陳勝傳號召三老豪丨會計事與傑通

批 史記孫吳傳丨亢擣虛白結反荊軻傳欲丨其逆鱗哉漢書司馬相如傳丨巖王莽傳丨難步結反莊子丨大郤

奊 漢書賈誼傳丨詬無節胡結反詬音后

剟 漢書賈誼傳丨寢户之簾音輟謂割取之王嘉傳掇去讀曰丨削也　補遺史記張耳傳吏治搒笞數千刺丨丁劣反漢傳作埶

補遺

佚 史記十二諸侯年表四國丨興更爲伯主

蔑 史記司馬相如傳蔑蒙踊躍漢傳丨蒙揚雄傳浮丨蠓以撇天

絜皐 史記封禪書通權火注狀如井丨丨漢書郊祀志井桔槹

泄 史記屈原傳井丨不食易作井渫

渫 漢書食貨志粟有所丨先列反散也

緤 漢書賈誼傳係丨之先列反

哲 漢書于定國傳贊哀鰥丨獄鄭氏曰當言折獄師古曰知獄情也

絜 史記五帝紀丨誠以祭漢書高帝紀擇寬惠脩丨者即與潔也

徶㣯 史記司馬相如傳媥姺丨丨 漢書作便姍嫳屑嫳先結反

泥 史記屈原傳丨而不滓索隱音涅滓音淄又竝如字

蛪 史記天官書其丨者類闕旗五結反亦作蜺字同

蜺 漢書天文志抱珥䖟丨音齧

決 史記李斯傳譬猶騁六驥過丨隙也

稅 史記禮書終乎丨音悅

烈 漢書揚雄傳舉烝丨火即與列同

襒 史記孟子傳側行丨席

棳 漢書地理志益州郡毋丨毋音無丨之悅反

橇 史記夏紀泥行乘丨音茅蕝之蕝他書或作蕝河渠書泥行蹈毳索隱毳亦作丨同昌芮反尸子曰行險以撮子芮反又同蕝子絕反漢書溝洫志泥行乘毳形如箕行泥上師古讀如本字

十八藥十九鐸

櫟 史記項羽紀嘗有丨陽逮漢書高帝紀都丨陽音藥補遺史記首秦紀丨陽今萬年是也

趯 漢書李尋傳涌丨邪陰讀曰踊躍

爵 史記趙世家探丨鷇而食之漢書鄭當時傳設丨羅補遺漢書首宣帝紀神丨集泰山公孫弘贊燕丨西域傳孔丨

噍 史記司馬相如傳咀丨芝英正義才笑反漢書才弱反

燿 漢書藝文志丨金爲刃與鑠同謂銷也

焯 漢書揚雄傳丨爍其陂古灼字爍式藥反

繳 史記留侯世家雖有矰丨音灼漢書之若反蘇武傳能紡丨檠弓弩音斫

淖 漢書揚雄傳閨中容競丨約兮音綽

婥 史記司馬相如傳便嬛丨約音綽

勺 史記司馬相如傳丨藥之和具而後御之讀曰芍漢書師古曰藥草名根主和五藏合蘭桂五味以助諸食因呼五味之和爲丨藥詩贈之以丨藥注香草

勺 漢書禮樂志丨言能丨先祖之道讀曰酌又丨椒漿又武王作武周公作丨

著 史記天官書長庚如一疋布丨天漢書賈誼傳廑如黑子之丨面直略反

郤 史記三代世表時有嬰兒主丨行車去虐反漢書高帝紀迎門丨行立略反 補遺史記首孝武紀丨老方

郄 史記天官書雲氣兊而卑者丨本或作郤

屩 史記孟嘗君傳聞孟嘗君好客躡丨而見之音脚字或作蹻作僑草履也

蹻 漢書卜式傳布衣屮丨而牧羊居略反本作屩王褒傳離蹝釋丨

蒦 漢書律歷志尺者丨也音約

斮 漢書劉向傳丨陳漆其閒斬也側略反

度 漢書元帝紀贊善丨曲大各反 補遺史記五帝本紀丨四方

魄 史記酈生傳家貧落丨音託漢書音薄 補遺索隱亦音薄

柘 漢書揚雄傳何爲官之丨落也音託不耦也 補遺別本字或從才

楴 漢書貨殖傳抱關擊丨丨土各反與柝同

雒 史記秦紀東從丨邑漢書五行志丨出書與洛同 補遺史記首夏紀踰于丨漢書首高帝紀戰丨陽東

落 漢書李尋傳王道公正則百川理丨脉通讀作絡 補遺首藝文志血脉經丨

落 漢書李廣傳從丨中與絡同謂經絡而下也西域傳贊丨以隋珠和璧 補遺溝洫志以竹丨長四丈大

九圍盛以小石

格 史記酷吏傳置伯丨長古村落字伯音陌街陌屯落皆設督長

格 史記平準書見知之法生而廢丨沮誹窮治之獄用矣梁孝王世家竇太后義丨音閣漢書吾丘壽王傳善丨五淮南厲王傳丨明詔音閣、補遺漢書首食貨志廢丨

搏 史記魏其傳夫醉丨甫音博謂擊之春秋左氏傳晉侯夢與楚子丨

莫 史記李牧傳皆輸入丨府崔浩云古者出征將帥無常處以幕帟爲府署故曰丨府丨當作幕古字少耳漢書李廣傳丨府省文書

厝 漢書地理志五方雜丨古錯字補遺首五行志茲謂下丨用子各反

筰 漢書張延壽傳長楊五丨與柞同

咢 漢書律歷志丨布於午音愕

鄂 漢書霍光傳羣臣皆驚丨失色丨者阻礙不依順也後字作愕其義同惟天文志作遌廣韻云心不欲見而見曰遌 補遺史記五帝紀舜往見之象丨不懌田蚡傳武安丨謝

諤 漢書天文志太歲在酉曰作丨爾雅作噩

補遺

籥 史記蕭相國世家贊何以信謹守管丨漢書同

敫 史記田世家法章變名姓爲莒太史丨家庸音躍又音皎田單傳莒人求湣王子法章得之太史嬓之家

嫐字無音

芍 漢書地理志灊丨陂音酌又音鵲

杓 史記項羽紀沛公不禁桮丨漢書息夫躬傳將行於杯丨與勺同

繛 漢書司馬相如傳便嬛丨約音綽

嫋 史記司馬相如傳娬媚姌丨音弱姌乃冉反

若 漢書地理志丨即春秋鄀也

落 史記歷書巴丨下閎運筭轉歷漢書公孫弘贊洛下閎

跅 漢書武帝紀泛駕之馬丨弛之士音柘丨落無檢局

格澤 史記天官書||星音鶴鐸司馬相如傳建||之脩竿漢書天文志及相如傳並同上胡各反下大各反

駱驛 漢書王莽傳||道路

路 漢書楊雄傳虎|三嵏音落

駱 史記天官書大荒|歲爾雅作落

擽 漢書司馬相如傳|蜚遽音洛史傳|蜚虡無音

頟 史記建元侯者年表龍|侯韓説韓王信傳拜爲龍頟侯漢書昭帝紀龍|矦宣帝紀龍雒矦|崔浩音洛師古謂依字讀今案史傳及宣紀即洛音是

旁䰎 漢書司馬相如傳｜｜四塞步各反

溥 史記夏本紀外｜四海尚書同蘇秦傳心搖搖然如縣旌而無所終｜漢書異姓諸侯王表東帶江湖｜會稽

薄 史記封禪書亳人謬忌亦｜也下爲｜忌漢書郊祀志同又亳忌地理志山陽郡｜注湯所都

鄚 漢書地理志涿郡｜音莫

鄗 史記封禪書｜上之泰音霍漢書王子侯表｜呼各反郊祀志｜音臛

鶮 史記始皇紀乇留蒲｜古鸖字

畔 史記吴世家夫子獲罪於君以在此懼猶不足而又可｜乎索隱曰左氏傳曰而又何樂乎此｜字宜讀

曰樂

措 史記燕世家賛北近蠻貉内丨齊晉丨交雜也

越 史記禮書大路丨席户括反禮記同

莫 漢書賈誼傳丨邪為頓即與鏌同

幕 史記匈奴傳益北絶丨漢書武帝紀絶丨王莽傳沙漠

笮 史記貨殖傳邛丨西南夷傳自筰以東漢書作莋

咢 漢書韋賢傳丨丨黃髮注直言也

咢 漢書王褒傳越砥歛其丨即與鍔同蕭望之傳厲鋒鍔

咢 史記楚世家熊丨音鄂亦作噩

鄂 史記趙世家徒聞唯唯不聞周舍之丨丨商君傳千人之諾諾不如一士之諤諤

鄂 史記天官書作丨歲

鄂 漢書揚雄傳攢并閭與茇苦兮紛被麗之亡丨注垠也

膈 史記樂書縣一鍾尚拊丨音格氏音膊蓋依大戴禮鄭注搏拊

髆 漢書武帝紀皇太子丨音博說文為肩丨字

二十陌二十一麥二十二昔

伯 史記酷吏傳置丨格長音陌落漢書食貨志阡丨之閒成羣讀曰陌地理志開阡丨莫白反

佰 漢書匡衡傳以閩丨為界莫客反

霸 漢書律歷志旁死丨古䨣字

柏 史記河渠書魚沸鬱兮丨冬日讀作迫漢書溝洫志同

矺 史記李斯傳十公主丨死於杜與磔同謂裂其支躰而殺之

滜 史記天官書其色大圜黃丨音澤補遺首歷書秭鴂先丨與澤同

䓇 史記黥布傳賁丨上肥下赫姓名也

奭 史記竇嬰傳有如兩宮丨將軍音赫怒也　補遺漢傳同

假 史記殷紀丨人元龜古𩔖字燕世家丨于皇天集韻云通作格　補遺漢書孔光傳書曰惟先丨王正厥

事尚書竝作格

額 漢書衛青傳韓説封爲龍｜侯字或作額霍光傳燋頭爛｜爲上客書圖畫夜｜｜

措 史記梁孝王世家李太后與爭門｜指爭格反索隱音迮說文迫也漢書梁平王襄傳同壯格反王莽傳迫｜青徐盜賊集韻｜追捕也

齰 漢書灌夫傳｜舌自殺鄧通傳上使太子｜齰齧也仕客反　補遺史記鄧通傳唶吮之

郄 史記田敬仲世家與齊悼公有｜補遺首高祖功臣侯表留侯解上與項羽之｜

郤 漢書孫寶傳與紅陽侯有｜與隙同　補遺史記項羽紀居外久多內｜又令將軍與臣有｜

㨿 史記呂后紀見物如蒼犬｜高后掖音戟

撠 漢書五行志物如蒼狗丨高后掖音戟 補遺史記孫臏傳救鬬者不搏丨音戟

筴 史記五帝紀迎日推丨與策同周紀尹佚丨祝留侯世家善畫計丨

⿰莢刂 史記龜策傳諸靈數丨莫如汝信音策字或作莿

冊 漢書趙充國傳此虜在境外之丨與策同 補遺史記秦紀贊因遺丨漢書首諸侯王表武帝施主父之丨董仲舒傳乃復丨之

脈 史記樂書動盪血丨與脉同

適 史記秦紀丨治獄吏不直者築長城漢書文帝紀丨見于天張革反酈食其傳令丨卒守成臯並讀曰謫 補遺漢書項羽傳賈誼論適戍之衆不亢於大國之師讀曰謫

覈 史記陳丞相世家亦食糠｜耳音核漢書音紇

礉 史記韓非傳慘｜少恩胡革反

鬲 漢書五行志｜閉門户地理志｜絶南羌又千乘郡｜戾太子傳｜塞不通與隔同

阸 史記宋世家君子不困人於｜漢書張良傳贊數離困｜與厄同 補遺漢書首元帝紀凶｜無以相振

戹 史記范雎傳散家財物盡以報所嘗困｜者音厄漢書季布傳兩賢豈相｜哉 補遺漢書首武帝記免其｜者律歷志易九｜

阸 漢書翟義傳以成三｜古厄字

潟 史記貨殖傳地｜鹵徐廣音昔鹵鹹地 補遺首夏紀海濱廣｜

澤 史記河渠書漑｜鹵之地音昔

扼 漢書郊祀志方士嗔目｜掔音扼

搤 史記劉敬傳不｜其肮即扼字漢書郊祀志海上燕齊之士莫不｜掔與扼同 補遺史記首周紀釋弓｜劒

刺 史記陳丞相世家乃解衣臝而佐｜船七亦反 補遺漢傳同

借 史記周紀秦｜道兩周之閒精夕反春秋左氏傳願｜助焉音迹

籍 史記陸賈傳名聲｜甚漢書同又江都昜王傳國中口語｜｜｜字或作籍

輅 史記劉敬傳脫輓｜行格反漢書音涷洛之洛又胡格反師古曰二音同

蹟　史記三代世表姜嫄見大人丨而履踐之亦跡字

䳭　漢書東方朔傳客難譬若丨鴒飛且鳴讀作鶺詩脊令春秋左氏傳引詩䳭鴒

澤　史記武帝紀振兵丨旅徐廣曰古釋字周禮冬官有時以丨

郝　史記虞卿傳使趙丨約事於秦音釋靳歙傳趙將賁丨音釋　補遺漢書功臣表衆利矦丨賢呼各反又式亦反

醳　史記管蔡世家楚圍鄭鄭降楚楚復丨之音釋魏世家與其以秦丨衛不如以魏丨衛

跖　史記伯夷傳盜丨日殺不辜與蹠同　補遺漢書賈誼傳謂丨蹻廉

𨂂　漢書賈誼傳又苦丨盭古蹠字

石 漢書匈奴傳丨畫之臣丨大也又堅也或作碩

射 史記李將軍傳還丨音石　補遺首楚世家還丨圍之東漢書元紀上幸長楊丨熊館食亦反

擿 史記刺客傳荊軻引其匕首以丨秦王古擲字　補遺漢書史丹傳　帝自臨軒檻上隤銅丸以丨鼓中嚴鼓之節持益反

𦳣 漢書百官公卿表丨作朕虞古益字

嗌 漢書昌邑哀王傳我丨痛不能哭喉咽也音益

澤 史記孝武紀祭黃帝冢橋山丨兵須如音亦謂飲畢上酒也須如地名

釋 漢書王尊傳姦邪銷丨音懌

辟 史記項羽紀人馬俱驚丨易數里漢傳頻亦反

辟 漢書文帝紀野不加丨讀曰闢詩日丨國百里補遺史記五帝紀四門丨又益主虞山澤丨

辟 史記齊世家秦穆公丨遠不與中國會盟漢書高帝紀丨陋之地禮樂志隅丨曰遠淮南王安傳安行邪丨皆讀曰辟孟子放丨邪侈詩民之多丨 補遺史記首五帝紀共工果淫丨

辟 漢書霍光傳五丨之屬即五刑也詩無自立丨補遺史記殷紀紂乃重丨刑有炮烙法頻亦反

辟 漢書賈誼傳又類丨服虔曰病癖不能行師古曰足病音璧

薜 漢書揚雄傳陿三皇之阸丨亦僻字補遺别本或書作薜

液 漢書王莽傳丨庭媵未充讀作掖

補遺

栢 史記秦紀丨翳漢書人表丨奮丨虎丨譽丨益丨樂皆讀作伯

柏 漢書地理志丨益亦與伯字同

獏 漢書司馬相如傳丨犛史傳獏犛

適 史記蘇秦傳丨燕者曰以膠東丨趙者曰以膠西丨魏者曰以華蔡音宅責也

魄 漢書西域傳珊瑚虎丨

齰 史記灌夫傳必內愧杜門丨舌自殺士白反

躆 漢書叙傳超忽荒而丨顥蒼音戟

摶史記張儀傳此所謂兩虎相丨徐廣曰或音戟

卮史記太史公自序亞夫駐於昌邑以丨齊趙即與巵同

索史記項羽紀京丨間音栅漢書高帝紀同

阸史記漢興以來年表東其丨塞地利即與阨同

核漢書刑法志其審丨之務準古法

檗漢書司馬相如傳丨離朱楊史傳檗離

濩漢書地理志河東郡丨澤烏號反

耤史記司馬相如傳故空丨此三人爲辭音積假借也漢書高帝紀從田横丨助兵師古曰借也

躪 史記司馬相如傳人民之所蹈丨

舃 漢書地理志丨鹵溝洫志丨鹵兮生稻粱

掖 史記呂后紀據高后丨商君傳千羊之皮不如一狐之丨漢書五行志撠高后丨皆與腋同

赤 史記唐世家虜秦將丨索隱曰丨即斥也謂斥候之人也按春秋左氏傳晉伐秦獲秦將諜彼諜即此丨也

昔 史記田世家弓膠丨幹所以爲合也索隱曰考工記作析幹丨析音相近

昜 漢書食貨志殖於疆丨即與場同

昜 漢書揚雄傳出愷弟行簡丨合韻弋赤反

澤 史記太史公自序昌生無丨漢傳作無釋並音亦

夕 史記曹世家丨姑音亦即射姑

亦 漢書古今人表曹嚴公丨姑即射姑

繹 史記大宛傳爲發道丨抵康居漢書張騫傳爲發譯道

涕 史記宋世家曰雨曰濟曰丨曰霧索隱音亦

䠶 漢書五行志鑄無丨鍾

射 史記律書無丨漢書律歷志六曰亡丨

厝 漢書地理志清河郡丨趨亦反

齖 漢書婁敬傳羸丨老弱讀曰癠

躩 史記司馬相如傳丨以連卷起碧反漢傳鉅縛反

酈 漢書高帝紀攻析丨音蹢躅之蹢持益反

辟 史記夏紀即丨女匡拂予樂書封君世丨漢書王莽傳安爲新嘉丨師古曰丨君也

辟 漢書古今人表丨方音璧

辟 漢書何武傳槃丨雅拜音闢猶槃旋也

二十三錫

慽 漢書王商傳居喪哀丨與戚同

慼 史記曹相國世家攻爰丨音寂縣名　補遺漢傳攻轅丨

辟歷 漢書天文志丨丨夜明讀作霹靂　補遺史記天官書同

眽 漢書揚雄傳丨隆周之大寧即覓字

鍉 漢書項籍傳贊銷鋒丨與鏑同　補遺史記陳涉世家贊同

悐 漢書王商傳卒無怵丨憂古惕字

翟 史記趙世家丨伐廧如讀作狄　補遺首周紀戎丨荒服漢書貨殖傳戎丨匈奴傳夷丨

適 漢書宣紀賜功臣丨後讀曰摘詩誰丨爲容　補遺史記殷紀太甲成湯丨長孫也

適 史記晉世家楚成王以丨諸侯禮待之音敵田單傳贊丨人開戶亦音敵

擿 漢書趙廣漢傳發姦擿伏如神它狄反孫寶傳故欲擿觖以揚我惡 補遺首宣帝紀擿巢探卵劉向傳疾讒擿要谷永傳盜擿永令發去佗歷反

俶 史記魯仲連傳好奇偉俶儻之畫策司馬相如傳俶儻瑰瑋吐歷反 補遺漢書禮樂志俶儻

咷 漢書韓延壽傳噭咷楚歌音滌

鶂 史記宋世家六鶂退飛音鷁 補遺漢書五行志同

赫 漢書外戚傳赫蹏書鄧展曰音兄弟閱墻之閱應劭曰薄小帋孟康曰染紙素令赤師古曰令書本字或作擊

噭 史記樂書嘄噭之聲正義音擊與噭同

補遺

宿 史記吳世家將舍於丨宜讀爲戚衛世家二子怒如丨音戚左氏傳作戚

戚 史記萬石君傳其執喪哀丨甚漢書同

歷 史記丨書漢書武帝紀正丨以正月爲歲首後亦作曆

歷 史記滑稽優孟傳銅丨即與釜鬲同

歷 漢書梅福傳伏丨千駟即與櫪同

逿 漢書古今人表簡丨吐歷反即簡狄

玓瓅 史記司馬相如傳丨丨江靡漢傳作的皪

櫟 史記周紀惠王犇温已居鄭之丨晉世家秦取我丨音歷

櫟 史記楚元王世家嫂詳爲羹盡丨釜音歷謂以杓歷釜旁使有聲

轑 漢書楚元王傳丨釜服虔音勞師古音歷又音洛

適 史記周紀有五庶子無丨立漢書項籍傳欲立長無主也丨用與的同主也李廣利傳欲殺莫丨先擊丁歷反

二十四職二十五德

仄 漢書五行志旁丨賈誼傳丨閒屈原晁錯傳險道傾丨息夫躬傳見之丨目古側字

昃 漢書董仲舒傳日丨不暇食與昃同

嗇 史記殷紀舍我丨事讀如穡 補遺漢書成帝紀服田力丨

嗇 漢書律歷志稼丨蕃息讀作穡

澤 史記匈奴傳丨鹵非可居正義音息

飭 史記五帝紀信丨百官古敕字漢書高后紀高帝臣丨天下文帝紀丨兵厚衛與勑同

極 漢書溝洫志以相難丨居力反

𤭛 史記司馬相如傳徼丨受詘音劇或作𤮩漢書作𤭛音同 補遺別本或書作𤭛作𤮩

革 史記始皇紀不用兵丨音棘義猶兵革

意 漢書賈誼傳請對以丨師古曰合韻音億貨殖傳丨則屢中讀曰億 補遺史記始皇紀承順聖丨協韻

音憶

逼 史記司馬相如傳丨側泌瀄四音逼側筆櫛漢書作偪側泌瀄丨與逼同

偪 漢書賈誼傳以丨天子古逼字　補遺史記齊世家畏其丨也漢書首里姓王表丨於戎狄

愊 史記文帝紀福繇丨興漢書賈誼傳丨至渥古德字補遺漢書首五行志今周丨如二代之季地理志平原郡安丨

螣 漢書五行志螟丨徒得反

貣 史記王翦傳將軍之乞丨亦巳甚矣天得反從人求物也　補遺首孔子世家游說乞丨

服 史記蘇秦傳嫂委蛇蒲丨猶匍匐漢書霍光傳中孺扶丨叩頭蒲北反谷永傳引詩扶丨捄之

伏 史記范雎傳滕行蒲丨白北反
漢書匈奴傳扶丨稱臣蒲北反

墨 史記商君傳殷紂丨丨以亡賈生傳于嗟丨丨或作
墨應劭曰不自得意也漢書作默默田蚡傳竇嬰丨
丨不得意李陵傳
丨丨不應並讀作默

冒 史記韓王信傳匈奴丨頓大圍信音墨又莫報反漢
書趙充國傳丨渡湟水王吉傳朝則丨霧露李陵傳
丨白刃皆莫北反春秋左氏傳貪丨之民將致力焉
補遺史記首五帝紀貪於飲食丨於貨賄楚世家蚡
丨音
同

蜮 漢書東方朔傳人
主之大丨音或

或 漢書郊祀志明於天地之性不可丨以
神怪 補遺首昭帝紀燕王迷丨失道

補遺

脤臆　史記扁鵲傳嘘唏丨丨上皮力反下音憶

蝕　史記高祖紀從杜南入丨中音力按說文作蝕器名也地形似器故名之漢紀同

朸　史記建元王子侯表丨索隱音勒漢書地理志丨音力平原縣名

勒　史記悼惠王劉肥世家丨侯漢書作扐皆音力

食　史記秦紀日丨丨天官書日蝕漢書高帝紀日有丨之又日有蝕之漢書蕭望之傳今將軍規橅云若管晏而

仄　休遂行日丨至周召乃留乎注日昃不食

式　史記田世家伏丨結軾漢書周亞夫傳天子爲改容丨車李廣傳登車不下丨字或作軾

淢 史記夏紀致費於溝丨

冒頓 史記韓王信傳匈奴丨丨漢書天文志丨丨單于考二史諸家音注正義索隱頓字皆無音今按司馬文正公資治通鑑丨丨音墨特

貣 史記宋世家凡七丨五占之用衍丨尚書作忒

漢書韓王信傳旦暮乞丨蠻夷主父偃傳假丨並二得反

嘿 史記商君傳王丨然漢書成帝紀贊臨朝淵丨匡衡傳丨丨不自安

二十六緝

揖 史記始皇紀摶心丨志音集漢書郊祀志丨五瑞與輯同詩螽斯羽丨丨兮補遺史記首五帝紀丨五

瑞

輯 史記高祖紀韓信等丨河北與集同漢紀師古曰謂和合也禮樂志稍增丨晁錯傳和丨士卒並與集同春秋左氏傳羣臣丨睦

楫 漢書郊祀志風波舟丨之危百官表丨濯賈誼傳猶度江亡維丨音集又音接王莽傳度水不用舟丨補遺史記周紀與爾舟丨

溼 史記賈生傳長沙卑丨漢書律歷志銅爲物之至精不爲燥丨變節與濕同

瓡 漢書地理志北海郡丨即執字

什 漢書谷永傳天所不饗丨倍于前與十同

歙 漢書韓延壽傳郡中丨然音翕
補遺史記武信侯靳丨音翕

翖 漢書張騫傳布
就丨侯與翕同

急 史記周紀襄
王告丨于晉

邑 史記商君傳安能丨丨待數十百年漢書杜鄴
傳忿丨非之丨於丨也師丹傳哀帝常内丨丨

補遺

輯 漢書朱雲傳勿易因
丨之以旌直臣音集

颯 史記司馬相如傳莅丨卉翕音立
漢書同又游俠陳遵傳劉丨音立

闟 史記商君傳持矛而操丨戟者從
所反反索隱曰丨亦作鈒音同

嗡 漢書揚雄傳丨清雲之流瑕兮飲若木之露英

煜 漢書叙傳猋飛景附丨霅其間于及反又音育

汁 史記高祖功臣表丨邡侯漢書功臣表丨防侯地理志廣漢郡丨方音十

二十七合二十八畫

帀 漢書高帝紀遲明圍宛城三丨

摺 漢書揚雄傳范雎折丨古拉字　補遺史記魯世家丨其脅春申君傳折頸丨頤

集 史記晁錯傳上令公卿列侯宗室丨音雜集也

内 史記陳丞相世家予酒肉之資以丨婦漢書地理志賦丨總音納孟子若己推而丨之溝中　補遺史記

首始皇紀百姓丨粟千石拜爵一級
漢書首高后紀持節矯丨勃北軍

補遺

合 漢書王子矦表丨陽矦
喜諸侯王表郃陽矦喜

蓋 漢書蕭望之傳致白屋之意
謂白丨之屋以茅覆之音合

浩 漢書地理志金城郡丨
亹音合門師古音誥

躢 史記衞霍傳穿域
丨鞠即與蹋同

榻 史記貨殖傳丨布皮革吐合
反漢書作荅布皆云白疊也

荅遝 漢書司馬相如傳丨丨離
支史傳搭採茘支音同

於邑 史記聶政傳乃｜｜曰其是吾弟與無音漢書成紀贊言之可爲｜｜上音烏下烏合反

濕 漢書王子矦表｜成矦忠它合反

闒 史記匈奴傳休養卒馬世世昌樂｜然更始音榻

盍 史記曹相國世家｜公吉盍反荆軻傳與｜聶論劒去臘反漢書曹參傳同

二十九葉三十帖三十一業

猒 史記高祖紀以｜當之一涉反當丁浪反漢書｜塞也 補遺史記别本或書作厭音同

厭 漢書辛慶忌傳折衝｜難一葉反馮奉世傳抑｜而不揚一涉反春秋左氏傳以｜之也

䀹 史記扁鵲傳流涕長潸忽忽承｜音接 補遺即睫也

輯 漢書元后傳丨濯越歌與楫同濯與櫂同皆所以行船吳楚人呼橈音饒

庚 史記衛世家子丨伯立音捷

攝 漢書嚴助傳天下丨然奴協反安也

執 漢書陳咸傳豪強丨服讀曰慹之涉反

慹 漢書朱博傳豪傑丨服之涉反

籋 漢書禮樂志丨浮雲音躡言天馬上躡浮雲也

沾 史記魏其傳丨丨自喜耳正義音帖自整頓也補遺或音憺尺占反漢書音他兼反

諜 史記張釋之傳豈斅此嗇夫丨丨音牒漢傳喋喋多言也

喋　漢書文帝紀新丨血京師大頮反史記作啑正義音歃廣雅云蹀履也師古曰本字當作蹀謂履涉之　補遺史記魏豹彭越傳贊丨血乘勝

叶　漢書五行志丨用五紀古叶字

俠　漢書禮樂志丨嘉夜與挾同嘉夜芳草也言懷挾芳草叔孫通傳丨陸數百人　補遺史記剌客傳韓相丨累古挾字叔孫通傳同

唊　史記朝鮮傳將軍王丨音頰　補遺漢傳同

㥦　漢書文帝紀天下人民未有丨志音篋滿也快也

倢　漢書外戚傳丨伃音接　補遺首昭帝紀趙丨伃

補遺

慴 史記項羽紀一府中皆丨伏之涉反

楪 史記西南夷傳北至丨揄音葉漢傳作葉

嶕嶫 漢書司馬相如傳嵯峩丨丨音捷業史傳作礁礏上音雜下五合反埤倉上士刼反下魚揖反字林上才匝反下五帀反

諜 史記三代世表余讀丨紀又譜丨音牒漢書揚雄傳靈宗初丨伯僑兮

墊 漢書地理志巴郡丨江音重疊之疊

摺 漢書古今人表夷王丨音爕

慊 史記樂毅傳自五伯已來功未有及先王者也先王以爲丨於其志故裂地以封之雖無音當讀作愜

三十二洽三十三狎三十四乏

陿 漢書景帝紀郡國或磽丨磽瘠薄也丨褊隘也音狹　補遺別本書作陿

陜 漢書地理志注南山松丨水所出下夾反補遺史記南越傳將精卒陷尋丨破石門

陿 漢書司馬相如傳赴隘丨之口史記作陜趙充國傳注山峭而夾水曰丨音陜詩魏地丨隘補遺首刑法志其人民也丨阸食貨志丨小漢家制度

袷 史記匈奴傳服繡丨綺衣音裌言天子自所服以繡表綺爲裏

唼 漢書王陵傳始與高帝丨血而盟所甲反

嗹 史記孝文紀今已誅諸呂新丨血京師古歃字補遺首呂后紀始與高帝丨血盟使接反或作啑又丁牒反

函 漢書溝洫志舉丨爲雲甃也補遺史記始皇紀自持築丨

押 漢書息夫躬傳羽檄重足而丨至音狎言相因而至也

厭 漢書五行志地震隴西丨四百餘家一甲反

頰 漢書五行志丨谷之會音夾

補遺

柙 漢書平帝紀義陵寢衣在丨中匱也語虎兕出於丨

甶 漢書司馬相如傳雜丨史傳雜甶

揷 史記田單傳身操版丨與士卒分功

陜 史記李斯傳逮秦地之丨隘漢書郊祀志谿谷中陜丨

匩 漢書文三王傳虎兕出於丨語作柙

瀴 漢書董仲舒傳其對音有明丨

班馬字類第五

門生三山潘介校正

字鑑五卷

◎

〔元〕李文仲撰

清初毛氏汲古閣影元抄本

呂三十　始　謌　正 止 出 後不

伯英李君酷嗜古書旁捜遠紹作類韻　卷閱
十載甫脫稾用心良苦余爲敘其　末未及鋟梓
而伯英下世矣余懼其齎志九京其傳泯泯一日
忽其猶子文仲　余出字鑑一編謂伯父無恙時
常在左右繙閱舊書講求遺事伯父器之類韻備
矣韻内字畫有未正者伯父欲正之未及畱以遺
後人今以説文箴增韻之誤以六書明諸家之失
以卒伯父志子旣敘類韻矣盍併及今編所由作

有

可乎余觀歐陽公集古録原父楊南仲所書韓城
鼎銘愛其篆籀以今文古文参之喜形䟦㞒重致
意焉信哉字學之所當深究也今子用志字編以
續伯父之書昔人所謂芝蘭玉樹欲其並生於庭
以其能增光先猷也以子之志爲子之書方今
聖朝崇重儒道持此以往隨和在褏將　所遇矣
於是乎書

日　顔堯煥書

參

梅軒處士李君嘗訓其子伯英曰吾聞經典中用字類多假借非止一音凡有疑必須究諸字書參之訓詁毋怠伯英謹受敎故其平日所讀經史傳記諸子百家之書遇有字同而音異者未嘗不深求博采遠引傍證必使音義瞭然而後已如是者有秊手抄成帙於是箸爲一書名曰類韻示不忘先訓也至治改元甫脫稾鄉先生前進士顏公敬學爲之敘未幾而伯英歿其猶子文仲求韻內字

之未正者正之爲字鑑一編復求顏先生敘之所
以卒伯父之志也吁醫不三世不服其藥蓋以夫
人有所傳授察脈明而用藥審是以服之無疑不
然則否今夫類韻之作始於梅軒翁終於伯英至
文仲而大備更三世而成一書信乎其能傳遠矣
梅軒之卒先子嘗爲誌其墓伯英由儒入吏終漕
府令史其兄弟子姪皆與余游故樂爲之書
五十又一日吳郡干文傳書

古之小學有六藝焉學之者必自數而書而樂而射御而禮其爲法至詳且密其爲事又皆有次第而無敢以捷疾取朝夕之效士生其時自幼至于成人非是六物者不以役於四體接於心思磨礲長養之有其素故其進而博之以大學之敎咸有以成其材而就其實詩所謂成人有德小子有造者也小學之廢已久近世大儒始采古經傳緝以爲書學者誦其言徒知有六藝之目而未嘗身習

其事其習焉而不廢者書而已而又昧形聲事意轉借之辨迷文字子母音聲之原然則雖書亦廢矣聖賢之託於簡策以傳者魯魚亥豕其存幾何後生小子方且玩思空言高談性命而以爲資身譁世之具切近之意微誇傲之氣勝此士之所以成材就實如古者少也吴郡李生文仲年未弱冠本說文作字鑑若干篇誠有志於小學者豈不猶行古之道哉雖然此小學也以生之有志於古又

能弗失其爲學之次第如此則夫從事於大人之
學以成就其材實者無患乎不古若也子夏曰君
子之道孰先傳焉孰後倦焉予於生則有望矣庸
識諸篇端以爲之序云金華黄溍

於 凡於依書當如此

蓋生之世父伯英甫嘗撰類韻以明六書假借之用而於文字之僞謬
未及有所考正生之爲是所以備一家之學云爾

冝

此作冝誤始毛氏而不知辨正也

黃帝史倉頡仰觀天文奎星圓曲
之象俯察地理萬物之宜遂爲鳥迹蟲魚之書由
是文籍生焉上古之書代莫得聞蓋世之遐雖有
存者而不能論也周禮保氏掌養國子以道教之
六書一曰指事指事者視而可識察而可見上下
是也二曰象形象形者畫成其物隨體詰詘日月
是也三曰形聲形聲者以事爲名取譬相成江河
是也四曰會意會意者比類合誼以見指撝武信

刪

是也五曰轉註轉註者建類一首同意相受考老
是也六曰假借假借者本無其字依聲託事令長
是也六者制字之本雖蟲篆變體古今異文離此
則謬周宣王太史籀著大篆十五篇與古文或同
或異秦丞相李斯頗刪籀文謂之小篆因政令之
急職務之繁小篆不足以給下邽程邈始變篆文
而作隸書以趣約易後漢和帝命賈逵修理舊文
於是許慎集篆籀古文諸家之書質之於逵作說

文解字體包古今首得六書之要其於字學處說文之先者非說文無以明處說文之後者非說文無以法故後學所用取以爲則歷代諸儒精研箴究寧免闕遺宋紹興間三衢毛晃增註禮部韻略因監韻字畫差謬斟酌古今裁較點畫辨正點俗特爲詳舉以今參之珠纇玉瑕尚存指摘如衮諡之類是也衮說文从衣公聲增韻从口作袞誤諡時利切說文行之迹也从言从兮从皿增韻作謚誤謚音益笑皃夾漈鄭氏發明六體可謂備矣然俗

字混殽學者罕能留心承謬襲譌去眞愈遠六書之法遂隱經典之文益差愚不自量雅尚古典本之說文增韻參以諸家字書以說文箴增韻之誤以六書明諸家之失因作字鑑遺諸同志以玆正體施之高文大冊

奏章箋表與夫經典碑碣則辭翰俱美偏旁同者不復廣出凡所未盡觸類而長所正之字隨韻收入遞互研攷謂如耆字說文收入老部从老省旨聲俗書中从變匕字下从日月字今

收正字之外又於旨字匕字甘字互皆收入
如此者衆庶使久後雖多傳寫有證據務
必
明

字鑑卷第一

吴郡學生李文仲編

平聲上

一東　二冬　三鍾
四江　五支　六脂
七之　八微　九魚
十虞　十一模　十二齊
十三佳　十四皆　十五灰

十六咍　十七真　十八諄

十九臻　二十文　二十一欣

二十二元　二十三魂　二十四痕

二十五寒　二十六桓　二十七删

二十八山

一東

叢 祖紅切說文聚也从丵取聲丵仕角切草丨生貌上从丵直畫兩長兩短俗作叢

豐 敷中切說文豆之丨滿者从豆象形與豐字不同豐音禮凡酆豔之類从丨

隆 良中切說文豐大也从生降聲隸省作｜俗作隆

悤 倉紅切說文多遽｜｜也从心从囪囪古窻字凡總傯蔥驄之類从｜俗作怱忩

充 昌中切滿也上从去音他忽切俗作充

衷 陟隆切方寸所蘊也說文从衣中聲五經文字云作衷衷譌

㚇 祖紅切鳥飛斂足說文从夂兇聲夂音綏凡騣椶猣鯼之類从｜

空 苦紅切說文竅也从穴工聲穴胡決切俗作空

童 徒紅切奴也說文从辛重省聲辛音愆俗下从里誤

筩 徒紅切說文斷竹也从竹甬聲五經文字云作筒非筒音洞通簫也

瞢 莫紅切說文目不明从苜音末从旬丫音寡旬音縣凡夢甍𧁳蔑之類皆从丨省俗作瞢

蒙 莫紅切覆也說文从艸冡聲冡音同上从冃音莫保切俗作蒙蒙

二冬

冬 都宗切說文四時盡也下从冫音冰

三鍾

鍾鐘 並諸容切上酒器又量名从輕重之重下樂器也鐘鼓也从童僮僕之童

丰 敷容切滿也說文作丯草盛貌與怪韻丯字不同丯音界凡夆邦之類从丨監本作丯誤

从 疾容切說文相聽也从二人今通作從凡韱僉旅幷之類从丨

邛 渠容切說文地名从邑工聲與卭字不同卭音昂从匕从節

凶 許容切說文惡也象地穿交陷其中也凡匈兇之類从凵與离字上不同俗作凶

四江

逄 皮江切姓也左傳齊有丨丑父从辵从夅夅下江切與逢遇字不同孟子逄蒙學射於羿當从此正傳寫作逢誤降絳字與此同俗作逄

邦 悲江切說文國也从邑丰聲丰音峯五經文字云从手作邦者譌

尨 莫江切說文犬之多毛者从犬从彡俗又加犬作狵非

雙 疎江切偶也說文隹二枚也从雔又持之又古右手字俗作雙雙

窻 楚江切說文通空也从穴悤聲古作囱象形又作囪如曾會黑熏等字从囪俗作窓牕

舡 許江切船名與僊韻船字不同船淳緣切佩觿曰帆丨之丨爲舟船其順非有如此者

五支

支 章移切持也分也與屋韻攴字異攴音撲凡伎豉芰妓屐技岐之類諧聲者从丨

枝 章移切說文木別生條也从木支聲俗作枝非枝古枚字音梅从攴擊攴之攴

祗 章移切說文敬也从示氐聲亦作秖與祇衹異祇音祁神祇从名氏字衹音低衹裯短衣从衣

夂 楚危切行曳足與夊字異夊陟侈切凡夋夏畟夋麦致憂愛慶履夌夓夔後退舛之類从丨

匙 常支切說文匕也从匕是聲匕音比俗作匙

垂 是爲切說文遠邊也下从土與垂字異垂池僞切罌也下从缶凡郵睡唾捶之類从丨俗作垂

趍 陳知切說文丨趙久也从走多聲俗以爲趨字非佩觿曰奔丨丨之丨爲進趨其順非有如此者

卑 班麋切說文賎也从ナ从甲ナ音左與畀畀字異畀音庇畀音忌凡脾庳埤婢睥渒之類从丨

藣 班麋切草名从艸从罷俗下从羆誤

离 鄰知切說文山神獸也从禽頭从内内古蹂字俗下从内作离皆誤

氂 鄰知切十豪曰丨說文氂牛尾从犛省从毛上从午未之未凡氂嫠斄等上與此同俗从牛誤

隨 旬爲切說文從也从辵隨省聲上从左从肉五經文字云作隨譌

糜 忙皮切說文糁也从米麻聲俗下从木誤

羲　後漢岐

罙　民卑切說文周行也詩丨入其阻从罒米聲罒音罔俗作罙罙

羈　居宜切馬絡頭亦作羇上从罒音罔俗作覊

羲　虛宜切太昊氏說文氣也从兮義聲俗下从秀作羲誤

岐　翹移切山名又旁出道漢張堪傳麥秀兩丨謂一莖兩穗如路丨之二達也左从山俗作歧

奇　渠宜切說文異也从大从可俗作竒餘放此

欹　於宜切歎辭从欠伸之欠毛氏曰凡由口出者从欠若吹歌欹歔歐歎是也俗以爲傾攲字誤

攲　去奇切不正說文从支奇聲古作攲亦从支持之支增韻从擊攴字作敧攲監本从欠皆誤

禕　於宜切美也珍也从示與褘字不同褘音暉蔽膝也从衣

俗作羊

夔 渠惟切說文神魖也如龍一足从夊象有角手
人面之形夊音綏俗中从几誤

頯 渠惟切說文權也从頁𢍰聲𢍰音同上从肉監
本从旦夕字誤

貔 頻脂切說文豹屬猛獸也書如虎如丨从豸㓙
聲㓙偏旁毗字凡棍膍篦鎞等與此同俗作貔

丕 篇夷切說文大也从一不聲又姓左傳有丨鄭
凡秠駓之類从丨俗作丕

七之

甾 莊持切說文作甾東楚名缶曰丨隸作丨凡缾
畚盧建之類義同者从丨偏旁亦作甾如盧𪏆
之屬从由增韻併作甾誤

甾 莊持切說文不耕田也與菑同从巛从田巛音
災凡菑榃錙緇輜鶅鯔淄之類諧聲者从丨與

甾缶字不同而增韻皆併作丨又於鶅字下註
云凡从丨者下从由案說文丨下从田野之田
甾缶字雖不从田然隸變與田無異但上从巛
以別之爾巛音川偏旁俗混从甾缶字誤

蚩 充之切丨尤人名說文从虫㞢聲㞢古之字凡
嗤媸之類从丨與𡴀字異𡴀音蔵俗作𡴀蚩誤

絲 新茲切說文蠶所吐也从二糸糸音覓偏旁亦作
𢆶如聯濕之類是也俗作絲

玆 津之切此也說文黑也从二玄孳滋嗞慈从丨
與草茲字異茲音同草木多也上从艸俗作玆

辭 夕茲切說文訟也又文辭也从𤔔从辛𤔔音亂
俗作辞或以爲辤讓字誤

辤 夕茲切說文不受也从辛从受受辛宜丨之也
籒文作辝俗作辞揚脩傳以此爲文辭字誤

𦣝 盈之切說文顄也象形凡姬頤宧熙賾茝之類
从丨偏旁作𦣞誤

作微微微。

从文

圯 盈之切說文東楚謂橋曰丨从土从辰巳之巳與圮毀字不同圮音嚭从戊己之己

諆 居之切謀也又丘其切說文欺也从言其聲監本作諆誤

疑 魚其切說文惑也从子从止从匕矢聲俗下从疋誤

其 渠之切指物之辭从甘从六甘古箕字隸作甘非甘美字六音基俗作其或下从六皆誤

朞 渠之切說文博丨从木其聲俗作碁

八微

微 無非切細也說文从彳敚聲敚音同从人从文从耑省人今作几微字从此省俗作微微微微

肥 符非切說文多肉也从肉从卩音節俗作肥

幾 居希切說文微也从𢆶从戍戍春遇切俗作㡬

歸 居韋切說文女嫁也从止从婦省𠂤聲𠂤音堆籀文作㱕俗作歸帰

衣 於希切丨服凡衷裏褱褻初裕卒雜之類从丨偏旁作衤俗作ネ誤

韋 于非切熟曰丨生曰革說文从舛口聲口音圍舛古舛字俗作韋或作韦皆非

九魚

於 衣虛切語辭上从出入之入下从二俗作於扵

虛 丘於切說文作𡹬大丘也又休居切空也从丠虍聲丠古丘字虍音呼隸作丨亦作虚俗作虗

雎 千余切說文王丨也从鳥且聲或从隹與雎字異雎音翾規宣隹二切仰目視貌又姓左从目

疋 山於切說文作𤴓上口不合俗以爲匹字誤偏旁作疋與手足字異凡胥䟎楚旋淀疏踈从丨

疏 山於切說文通也从㐬疋亦聲疋音同非手足字踈字與此同俗作疏

初 楚居切始也从衣从刀俗作䄘

豬 專於切說文豕而三毛叢居者从豕者聲五經文字云从犬作猪者譌

菹 專於切說文酢菜也从艸沮聲或作蕰旁从水俗作葅

鉏 牀魚切說文立薅所用也从金且聲五經文字云作鋤譌

十虞

于 雲俱切說文作亐於也从亐从一凡虧粤夸跨雩杅之類从亐隸作丨如迂盂釪竽吁盱芋紆

目裒也

汙字等字从丨案偏旁篆文皆从亏至隷變則有从古从今者皆从其便也

杇　雲俱切浴器禮記出丨又音烏說文所以塗也从木亏聲亏古于字或書作杅案从亏者古文从于者今文也韻書不明此以杅爲盤丨以丨爲塗丨音烏而不知亏于本一字故併之

⿰⿻大頁斗　恭于切說文挹也从斗⿻大頁聲⿻大頁音同目裒也俗从⿻大頁从奭皆誤

朐　權俱切說文脯脡也从肉句聲與朐字不同朐从日月之月音吁句吁玉二切

臾　容朱切須丨也說文从申从乙隷作丨凡㥚諛庾瘐之類从丨俗作史

鳧　逢夫切說文舒丨鶩也从鳥几聲几音殊俗从几案之几作鳧皆誤

無　微夫切說文作𣞤亡也从亡橆聲今作丨毛氏曰案丨本是蕃橆字音武借爲有丨之丨變林

爲四點非撤火也當作無偏旁蕪廡字从橆者今皆从丨亦作无通於元者虛无道也王育說天屈西北爲无俗作旡非旡音暨既炁等字从之

毋 微夫切說文止之也从女从一與父母字不同母从女中有二點象兩乳形凡毒毐之類从丨

須 孫趨切說文面毛也从頁从彡徐鉉曰今借爲所丨之須俗作鬚非丨與湏字不同湏火外切佩觿曰湏爛之湏爲斯丨其順非有如此者韻會別出鬚字誤

需 孫趨切說文頿也遇雨不進止頿也从雨而聲凡儒襦之類从丨俗作需誤

芻 窻俞切說文刈草也象包束草之形中从二屮卽屮字也俗又加艸非

殳 慵朱切擊也上从几音同凡役設殺發殿聲毅般之類从丨與殳字異殳音没唯没殁字从殳

襦　㦘朱切說文短衣也从衣需聲監本从示誤

廚　重株切說文庖屋也从广尌聲广音儼尌音樹五經文字云俗从厂从豆作廚譌

尃　芳無切說文布也从寸甫聲與專字不同專音塼凡敷傅溥博膊縛賻誧聲者从丨俗作専

莩　芳無切說文草也从艸孚聲與餓芆字不同芆婢小切下从受經典以丨爲餓芆字蓋受轉爲孚信之孚傳寫譌爾增韻以此又音婢小切誤

膚　芳無切皮也此本籀文臚字音力居切今轉爲丨从肉从盧盧音盧从甾缶字俗下从胃誤

俞　容朱切姓也說文从亼从舟从巜亼音集舟偏旁作月巜音澮隸作二直畫非从刀也俗作俞

十一模

盧 龍都切說文飯器也从皿𥁕聲𥁕音同中从甾缶字今作甴俗中从田作盧誤

鑪 龍都切火器說文方丨也从金盧聲徐鉉曰今俗別作爐非是

麤 倉胡切說文行超遠也从三鹿俗作麁麄⿱分鹿皆非

吳 謌胡切說文姓也又郡名从口从夨夨音仄俗作呉

穌 孫租切說文把取禾若也一曰死而更生曰丨集韻云俗作甦非是

𪏰 戶吳切說文黏也从黍古聲或作粘俗作糊非

十二齊

齊 前西切整也說文作亝隸作丨凡齋齎齏齌之類从丨俗作齊偏旁或脫二畫誤

俗作棃

西 先齊切東丨之丨凡煙湮諲迺茜洒之類从丨與襾襾二字不同襾呼訝切覆覈賈覂等字从之唯西字篆文三體隸變其一若栗粟字上从卣音條票䙴要等字上从𠧪無音覃字上从卤音虜隸皆作西凡丨襾西偏旁各从其類俗書多混

齎 箋西切說文持遺也从貝齊聲俗作齎賫皆非

黎 憐題切黑也說文从黍𥝩省聲𥝩古利字棃犁字上與此同俗作棃

劦 憐題切姓也六書略云裂也从三刀會意與劦字異劦胡頰切凡茘珕栛䬉之類諧聲者从丨

稽 堅奚切說文畱止也从禾从尤旨聲禾音同木之曲頭非禾黍字稽字與此同俗作稽稭

醯 馨兮切說文酸也作丨以䰜以酒从䰜酒並省从皿皿器也五經文字云作醯者俗

谿 弦雞切反戾也莊子婦姑勃丨从谷从奚谷音噱與谿澗字不同谿从山谷字俗作谿

巂 奚圭切丨子鳥名从隹从屮音徹从冏女滑切下與雋字異雋音吮俗从山从冂作嶲誤

攜 奚圭切說文提也从手巂聲巂音同五經文字云作攜攜擕擕皆非

隄 都黎切防也左从阜與堤字不同堤音邸滯也佩觿曰堤滯之堤爲丨防其順非有如此者

蹏 杜兮切說文足也从足虒聲虒音斯嗁鳴字與此同俗作蹄嗁

十三佳

鞵 戶佳切說文革履也从革奚聲俗作鞋

十四皆

懷 乎乖切說文念思也从心褱聲褱音同中从眔壞字與此同俗作懷

乖 公懷切說文作菲戾也从𦍌而𠧢𠧢古文別字隸作丨俗作乖

薶 謨皆切說文瘞也从艸貍聲俗作埋

十五灰

灰 呼回切說文死火餘𤇯也从火从又又手也火旣滅可以執持俗作灰

回 胡瑰切說文轉也从口中象丨轉之形口音韋俗作囬非囬古面字

推 他回切盪也又尺隹切从手非从才能字佩𦢊曰丨有尺隹他回二翻俗別爲推其浮僞如此

十六咍

説文作丰

來 郎才切往丨中从二人凡賚麥之類从丨俗作来

栽 將來切種蒔从木从𢦏𢦏音同从戈才隸作𢦏與𢦏字異𢦏音尖鐵字从之凡哉栽載戴㦲等字與此同俗作𢦏

才 牆來切丨能也說文作才草木之初从丨(音衮)上貫一將生枝葉下一地也俗作才

臺 堂來切說文作臺觀四方而高者也从至从出从高省出古之字俗作壹

十七眞

眞 之人切說文僊人變形而登天也从匕音化从目从乚音隱从八所乘載也俗作真眞皆誤

珍 之人切說文寶也从王㐱聲王古玉字㐱音軫俗作珎

申 升人切辰名說文作申从臼音掬今文作丨凡神呻電奄曳之類从丨唯陳臾二字从古丨字

陳 池鄰切列也又姓說文从阜从木申聲申古申字旁作東與東東二字不同東音簡俗作陳

辰 丞眞切時也中从二古文上字凡辱脣之類从丨俗作𠨿

晨 丞眞切說文早昧爽也上从臼音掬與晨字異晨音同房星也上从日俗以晨星爲丨早字誤

臣 植鄰切說文事君也象屈服之形凡臧臥臨宦堅賢之類从丨偏旁俗作𦣞誤

人 而鄰切奇字作儿凡企佡㐱介頁寅黃吳臥飲死亟咎羌㰹欠兜兒宂亮禿戌之類从丨偏旁亦作几虎微从之又作亻增韻云側丨也危詹負色角魚等字所从是皆說文一體隸變不同若全翰榦斡尒於內訥等字上从出入之入俞僉等字从亼音集俗混从人誤

親 七人切說文至也从見亲聲亲音榛新字與此同李斯刻石省作親新

秦 慈鄰切國名又姓下从禾五經文字云从示作秦者譌

粦 離珍切說文作粦兵死及牛馬之血爲丨从炎从舛隸作丨凡粼麟之類从丨

鄰 離珍切說文五家爲丨从邑粦聲古作厸九經字樣云作隣者譌

豳 卑民切周始封國說文美陽亭即丨也从山从二豕俗作豳

十八諄

巡 松倫切說文延行貌从辵巛聲巛古川字俗作廵

脣 殊倫切說文口耑也从肉辰聲俗作唇非唇音眞驚也下从口

垔 伊眞切說文塞也从土西聲凡煙禋諲甄闉湮之類从丨俗作垔

夤 夷眞切說文敬惕也易曰夕惕若丨从夕寅聲又音夷俗上从肉作夤誤

紉 尼鄰切說文繟繩也離騷丨秋蘭以爲佩从糸刃聲刃而振切增韻从刅作紉誤

十九臻

二十文

文 無分切說文錯畫也凡產彥虔吝之類从丨俗作攵非攵音撲

熏 許云切說文煙上出也从中从黑隸作丨俗上从輕重字作熏或作燻皆非

軍 拘云切說文圜圍也从車从包省俗上从覆冖字作軍誤

二十一欣

筋 舉欣切說文肉之力也从力从肉从竹竹物之多丨者九經字㨾云作䈥譌俗又作觔誤

斤 舉欣切說文作[illegible]斫木斧也象形廣干祿字書云丨字中當闕俗作斤

堇 渠斤切黏土也凡謹槿勤等字从丨亦作𦰩漢難歎从之上从廿古疾字下三畫俗作菫𦰩

殷 於斤切大也說文从㐆从殳㐆音依从反身殳音殊俗作殷

二十二元

原 愚袁切說文作厵水泉本也从灥在厂下篆文作原隸作丨徐鉉曰作源非俗又作原皆誤

袁 于元切姓也說文从衣叀省聲叀音專下从幺省凡園遠之類从丨增韻中从口誤

蝯 于元切說文善援禺屬从虫爰聲徐鉉曰今別作猨非是俗又爲猿皆誤

冤 於袁切說文屈也从兔鹿之兔从冂一音覓俗作寃

番 符袁切說文獸足从釆从田釆音辨凡翻蟠番播之類从丨俗作畨

二十三䰟

䰟 胡昆切說文陽氣也从鬼云聲下形上聲也若作魂則右形左聲也如詞朗崩秋等字說文作詞朖崩秌今從隸變又召字以形在左則爲叨含字以聲在右則爲吟字畫稍改則爲別字韻書以羣蹙蟆峨之類或以聲在左在右在上在下皆非正文別爲一字附本字之下皆引經史以證之攷諸集韻但出正字於下云或書作某疑當時書經史者或从古从俗字體不一韻書因

而不改臨文之際援引經史諸書宜從正韻

昷 烏昆切說文仁也从皿从囚凡溫緼轀慍之類从丨俗作昷

昏 呼昆切說文日冥也从日从氐省氐者下也會意或从民作昬凡緍惛婚閽之類从丨增韻於婚緍字下云本作緍誤作緍今不敢去又五經文字云本从民先朝避諱改作丨案丨从氐省者會意从民者諧聲也二字皆通然說文本字从氐省於下註云一曰民聲增韻所謂誤者乃唐人避諱相沿至今也

飧 思魂切說文餔也从旦夕之夕从食朝食曰饔夕食曰丨增韻作飱誤

髠 枯昆切說文髠剔髮也从髟兀聲兀五忽切俗从几案之几增韻下从儿皆誤

尊 租昆切說文酒器从酋从寸从缶从木者後人所加五經文字云作尊者譌

屯 徒孫切聚也說文鈍頓等字皆以丨得聲又陟倫切難也从屮貫一一地也屈曲借爲丨聚字鄭氏曰借協音不借義佩觿以此音迍別出乇爲丨聚字誤

二十四痕

二十五寒

看 丘寒切說文睎也从手下目九經字樣云作看者譌

刊 丘寒切說文剟也从刀干聲俗从千百之千誤从千者音倩切也

單 都寒切丨複之對也从吅音喧丨又音善姓也俗書姓作單以別之非也下从甲賤字皆誤

丹　都寒切赤色偏旁作円凡青彤臒旃之類从丨中从一丶點俗作冊

闌　郎干切說文門越也从門柬聲柬音簡俗从東

戔　昨干切說文賊也从二戈凡箋殘之類从丨俗下脫點作戔誤

二十六桓

寬　枯官切廣也說文从宀萈聲萈音桓上从廾音寡下有一點非萈陸字監本从萈作寬誤

拌　鋪官切集韻引方言楚人凡揮棄物謂之丨从手从半俗作拚

㒼　謨官切說文平也从廿古疾字从㒳古兩字中从二入凡滿瞞之類从丨俗从廿从雨作䓣誤

謾　謨官切欺也上从曰音冒俗从日誤

耑 多官切說文物初生題上象生形下象其根凡豈微徵等字皆从丨省上从側山俗作耑

二十七刪

關 姑還切說文以木橫持門戶也从門𢇇聲𢇇音同下从丱古礦字俗作關閞

朌 逋還切大首貌又賜也从肉从分與朌字異朌音同賦也从日月之月

二十八山

閒 古閑切說文隙也从門从星月之月俗作間誤

字鑑卷第一

字鑑卷第二

吳郡學生李　文仲　編

平聲下

一先　二僊　三蕭
四宵　五爻　六豪
七歌　八戈　九麻
十陽　十一唐　十二庚
十三耕　十四清　十五青

十六蒸　十七登　十八尤

十九侯　二十幽　二十一侵

二十二覃　二十三談　二十四鹽

二十五添　二十六嚴　二十七咸

二十八銜　二十九凡

一先

俗作邉邉邉邉誤

从廌誤

韉則前切說文馬鞁具也从革薦聲監本从廌誤

縣胡消切說文繫也从系从県音梟徐鉉曰此本丨挂之丨借為州縣之縣俗又加心別作懸

邊 卑眠切說文行垂崖也从辵臱聲臱音眠中無點非从丘穴字俗作邉邊皆誤

祆 馨煙切說文朔方神也从示天聲與祅字不同祅於喬切祥也韻會作祆誤

幵 古賢切說文平也象兩手對構上平也又音牽凡刑幷枅開岍雃姸研之類从幵俗作开

弦 胡田切說文弓丨也从弓五經文字云琴瑟亦用此丨字作絃者非

肙 烏玄切說文小蟲也从肉口聲口音圍凡涓捐鵑絹稍狷之類从丨俗作肙非肙乃能字偏旁

秊 奴顛切說文穀熟也春秋傳曰大有秊从禾千聲千音阡

顚 多秊切說文頂也又倒也从頁眞聲眞音顚俗作顛非是

憐 靈田切說文哀也从心粦聲俗作怜非怜音靈慧也

俗作淵渊

淵 幺玄切說文回水也从水𣶒象形左右岸也中象水也會意古文作𣶒俗作淵渊

二僊

䙴 親然切說文作𨙏升高也从舁从巳囟聲巳音節隷作丨凡遷僊之類从丨俗从西从巳誤

次 徐連切說文慕欲口液也从欠从水亦作涎㳄盜字从此

然 如延切說文燒也又如也从火肰聲肰音同犬肉也俗又加火作燃非

廛 呈延切市中空地說文从广里八土广音儼凡纏躔之類从丨五經文字云作廛譌

辛 起虔切說文作辛辠也从干从二二古文上字上畫短與一二字異二上下兩畫齊等也如童妾言倿帝旁音章竟競龍亥辛商啇毅示辰永之類上皆从古上字若亯高亭亳豪亮亭享京

亠衣朿㐮立亢文交亦夜玄六亠广方齊雍等字上从入隸變作亠唯主音之屬上从丶音主又之市良隹等上从一點凡偏旁从二古字上从亠音入各隨其類齊雍等雖不从入隸與亠無異

愆 起虔切說文過也从心衍聲中从水五經文字云作僁諐俗又作愆誤也

虔 渠焉切恭也說文从虍文聲虍音呼俗作虔

緜 彌連切說文聯微也从系从帛五經文字云作綿者譌

宀 彌連切說文交覆深屋也與冖字異冖音覓冠冡冥字从之凡富憲宜官寫寇寤寐之類从丨

亘 息緣切說文求丨也从二从回回古回字隸作日中从一點與甘字偏旁同非日字也凡宣桓洹音完垣諸字諧聲者从亘與亙字異亙居鄧切中从舟若恒揯緪等諧聲者从亙俗混作亘誤

全 才緣切說文完也上从出入之入古作仝與仝字異仝音童上从人俗作全

専 朱緣切擅也說文從寸叀聲叀音同下从幺省凡傳摶轉團諯聲者从丨叀字亦从叀俗作専

蔦 余專切說文鷙鳥也从鳥从屰俗作鳶鳶增韻从艹从屮作蔦皆誤

員 于權切說文物數也从貝口聲口音圍俗作貟凡从丨者倣此

延 以然切說文長行也从延从丿丿音必與延字不同延諸盈切說文行也从正

鐫 子全切刻也說文从金雋聲雋音吮與鑴字不同鑴音觿俗作鐫

船 淳緣切說文舟也从舟㕣聲㕣音兗與舩字不同舩許江切俗作船舩

乾 渠焉切健也說文上出也又古端切从乙倝聲倝音榦佩觿曰俗別作乹非

旃 諸延切說文旗曲柄也所以丨表士庶从㫃从丹青之丹俗从舟作旃誤

三蕭

⿰庣斗 他彫切說文古田器从斗庣聲徐鉉曰說文無庣字疑厂象形兆聲厂音罕俗作⿸厂斛⿸厂斤鍪誤

雕彫凋 並丁聊切上說文鷻也从隹周聲籀作鵰中說文琢文也書峻宇彫牆从彡周聲下說文半傷也又凋瘁也語松柏後凋从仌周聲三字不同經典多以鷙雕爲彫琢以彫琢爲凋瘁蓋皆傳寫之譌後人因而不改宜從本文爲正

刀 丁聊切古者軍有丨斗晝炊夜擊又姓又都高切兵也賴解絕賦等从丨佩觿曰俗別作刁非

梟 堅堯切說文不孝鳥也日至捕丨磔之从鳥首在木上會意凡嘄⿰木梟之類从丨俗作梟

憿　堅堯切說文𡴘也从心敫聲丨𡴘之丨當从此正俗作儌僥譑又作儌非儌音同循也

幺　伊堯切說文作幺小也象子初生之形凡麼胤辭亂之類从丨俗作幺

堯　倪幺切陶唐氏號說文高也从垚在兀上會意垚音同从三土兀五勿切俗作尭尭

四宵

苗　眉鑣切說文艸生於田者从艸田會意俗作苗非苗音迪下从因由之由

朝　陟遙切說文作𦩍旦也从倝舟聲倝音榦隸作丨俗从日月之月及从早皆誤

鼂　馳遙切說文匽丨蟲名又姓从黽从旦夕之旦俗从日作鼂晁皆誤

䍃　餘招切瓶也說文以周切从缶肉聲肉偏旁作夕凡遙䬙搖謠愮徭瑤鷂之類諧聲者皆从丨

與䚻字不同䚻音同徒歌也从言从肉唯繇蘨傜从䚻餘皆从此俗作䍃[illegible]

窯　餘招切說文燒瓦竈也从穴羔聲俗作窑

夭　於喬切丨丨和舒貌又於兆切說文屈也从大象形凡枖沃喬笑𡗝之類从丨俗作夭夭

喬　巨嬌切說文高而曲也从夭折之夭从高省俗作喬

飆　卑遙切說文扶搖風也从風猋聲猋音同犬走貌俗从三火作飈誤

五爻

巢　鉏交切說文鳥在木上曰丨在穴曰窠从木象形中从臼音掬凡樔勦漅之類从丨俗作巢

六豪

豪 胡刀切豕名又十絲曰丨說文从豕高省聲俗作毫

高 姑勞切說文崇也象臺觀丨之形中从口音圍俗作髙

皐 姑勞切說文氣丨白之道也从夲从黑白之白夲音滔偏旁作𡴂俗作臯睾皆誤

羙 姑勞切羊子下从火亦作羔與甘美字不同美从小大字

鏖 於刀切說文溫器也从金麀聲麀音憂與鑣字不同鑣悲嬌切馬銜也从麃

敖 牛刀切說文游也从出从放隷作丨凡熬嶅嗷鼇慠贅之類从丨俗作敖

夲 他刀切說文進趨也从大从十偏旁作𡴂皐字从此俗以爲本末字誤

夒 奴刀切說文貪獸也一曰母猴从夊从頁从巳从止頁下从人俗从几誤

宜 魚奇切說文作宐所安也从宀之下一之上多省聲隷作丨凡誼疊之類从丨俗作宜

虧 驅爲切缺也說文氣損也从亏虍聲亏古于字虍音呼下从隹俗作虧虧皆誤

危 虞爲切說文在高而懼也从厃自節止之厃魚毀切㔾音節俗从辰巳字誤

六脂

隹 朱惟切說文鳥之短尾者與佳美字異佳从人从圭凡奮奪顧應之類从丨上有一點俗作佳

尸 式脂切說文陳也象臥之形凡尼殿屋居尺局叔段屬漏之類从丨左旁有闕俗作尸

衰 所追切微也又桑何切說文草雨衣从衣从冄冄而琰切俗作衰

私 相咨切不公也說文从禾厶聲俗作私厶同玉篇又音某厶甲也凡公篡鬼凨之類从厶又

台能矣允等字上从吕隸作厶音以弘強肱宏等字从乙音厷去法等字从厶音祛又弁字說文作𢍏隸作弁牟字牛鳴也从牛象其聲氣从口出又專惠轚叀等字中从幺省晉字隸變二厶瓜字内象形隸文俱與厶同是乃篆文數體隸變其一

雖 宣隹切設兩辭从虫从唯俗作雖

尼 女夷切孔子字仲尼說文從後近也从尸匕聲匕音比與𡰥字不同𡰥古仁字俗作𡰥

彝 延知切說文宗廟常器也从糸音覓从廾持米彑聲彑音罽俗作彛

龜 居逵切甲蟲之長說文从它象足甲尾之形它古蛇字俗作龜

耆 渠伊切說文老也从老省旨聲旨下从甘俗从老作耆者皆誤

巙奴刀切山名从山从夒夒音同俗从夔非夔音葵

逃徒刀切說文亡也从辵兆聲俗作迯

褒補刀切揚美也說文作𧜅从衣保省聲采古文孚字或作褎褒

梭蘓遭切說文船總名从木夋聲夋蘓后切徐鉉曰今俗別作艘非是

尻苦高切說文脽也从尸从八九之九與尻字不同尻古居字从几案之几

七歌

那奴何切何也說文朝丨縣名从邑冄聲冄而琰切俗作那郍

捼奴何切說文摧也从手委聲一曰兩手相切摩也俗作挼

鼉 唐何切說文似蜥蜴而長大从黽單聲單音丹俗中从田从一作鼉誤

跎 唐何切說文蹉丨也从足它聲它音拕凡駝鮀陀拕沱柁之類皆从它俗从㐌誤

訶 虎何切說文大言而怒也从言可聲俗作呵

八戈

禾 戶戈切稼之總名與禾字異禾木音稽木之曲頭稽䅶字从之凡秦稾豪褭歷曆之類从丨

譌 吾禾切說文丨言也从言爲聲詩民之丨言俗作訛

九麻

麻 謨加切苴麻說文从广从林音派凡磨靡之類从丨俗从林木字誤

夸 苦瓜切說文奢也从大亏聲亏古于字从一从丂誇侉姱匏瓠之類从丨俗作夸夸

瓜 古華切說文蓏也中从厶象形俗作瓜或作苽非苽音孤

査 莊加切姓也本作柤說文木閑也从木且聲俗从旦夕字作查誤

華 呼瓜切丨荂也又胡瓜切說文榮也佩觿曰丨有戶瓜呼瓜二翻俗別爲花其浮僞有如此

邪 余遮切說文琅丨郡从邑牙聲又疑辭也九經字樣云作耶者譌

叉 初牙切說文手指相錯也从又象丨之形俗作义

荼 除加切茗也又音徒說文苦丨也从艸余聲俗作茶蓋省文爾

爬 蒲巴切搔也韓愈進學解丨羅剔抉从爪牙之爪从巴形聲也俗从瓜果字誤

牙 牛加切說文作𤘗牡齒也象上下相錯之形俗作牙牙凡从丨者放此

十陽

昜 余章切說文開也从旦夕之旦从勿凡陽婸場腸湯碭諧聲者从丨與易字不同易音亦上从日如賜錫等字諧聲者从易偏旁俗混作昜誤或以腸場字从昜亦譌

暘 余章切說文日出从日昜聲與晹字不同晹羊益切日覆雲見也从日从月之易

匚 府良切器也凡匠匧匡匜匴匵匪𠥫𠤷𠥱𠥩匬匱匵匣匯柩匰匭之屬从丨與匸字異匸音徯

亡 無方切說文作亾逃也从入从乚音隱凡巟荒肓盲之類从丨亦作亾匄曷等字从之俗作亡

腸 仲良切說文大小丨也从肉昜聲俗作膓

商 尸羊切說文以外知內也从冏章省聲冏女滑切與錫韻商字不同商音的下从古

傷 尸羊切說文創也从人煬省聲中从旦俗作傷凡殤觴暘慯之類从傷省餘皆从古陽字

昌 齒良切說文美言也又日光也从日从子曰之曰俗作昌

嘗 辰羊切說文口味之也从旨尚聲俗作甞

梁 龍張切說文水橋也从木从水刅聲刅楚良切从刅兩旁有距非刃字也稻粱字同此俗作梁

量 龍張切說文稱輕重也从重省曏省聲俗作量

糧 龍張切說文穀也从米量聲五經文字云作粮譌

涼 龍張切微冷說文从水京聲俗从冰作凉誤

香 虛良切說文芳也从黍从甘隸作丨聲馥字从此俗作香

鄉 虛良切丨黨說文从𨛜皀聲𨛜兩邑相背皀音香隸作丨俗作鄉

羌 驅羊切說文西域牧羊人从羊从儿儿古人字俗作羗

強 渠良切說文蚚也从虫弘聲又與彊同增韻上从口作强誤

裝 側霜切說文裹也又飾也从衣壯聲俗作粧

莊 側霜切嚴也又丨舍也从艸壯聲从士夫之士五經文字云作庄非

牀 仕莊切說文安身之几坐也从木爿徐鍇曰丨即以安身也左傳曰薳子馮僞病掘地下冰而丨焉至今恭坐則榻也故从木爿則疒女革切之省象人衺身有所倚箸實不成字至於牆戕壯

牆之屬並當从丨省聲會意也俗作床

牆 慈良切說文垣蔽也从嗇牀省聲俗作墻

匡 去王切正也从匚从王匚音方避諱作匡

十一唐

唐 徒郎切國名又姓說文从口庚聲隸作丨俗作唐

糖 徒郎切說文飴也从米唐聲增韻作餹誤

穅 丘剛切說文穀皮也从禾从米省庚聲或省作康俗作糠

郎 魯堂切官名說文从邑良聲明朗字與此同俗作郎朗

倉 千剛切說文穀藏也从口从食省俗作倉

戕 慈郎切杙也从弋音翼與戕賊字不同戕音牆右从戈

岡 居郎切說文山脊也从山网聲网音罔凡剛綱諧聲者从丨俗又加山作崗罡皆非

卬 五剛切高也从匕从卩音節凡昂仰迎抑等从丨與卬字異卬音窮从工从邑俗作卬誤

尪 烏光切說文作尣曲脛也从大象形與尤異字不同或作丨凡尯尰尲尬之類从尣俗作尫

荒 呼光切說文蕪也从艸巟聲巟音同上从亡與疏流等字旁不同巟他骨切上从倒子俗作荒

黃 胡光切中央色說文从田炗聲炗古光字上从廿音集隸作丨俗作黄

十二庚

羹古衡切說文五味和丨也从羔羊之羔甘美之美古作鬻俗作羮

稉古衡切說文稻屬从禾更聲亦作秔俗作粳

衡何庚切權丨中从角从大音拱五經文字云从魚者譌

阬丘庚切說文閬也丨塹也从𨸏亢聲亢音剛俗作坑或作坈皆非

橕抽庚切說文作樘衺柱也从木堂聲或作丨俗作撐

卿丘京切公丨說文从卯从皀卯音丨又爲寅卯字皀音香俗作卿卿

明眉兵切說文照也从日月亦作朙俗作眀非眀音同玉篇視也从目

兵補明切說文械也从廾持斤幷力之貌廾音拱偏旁作六上非从丘岳字俗兵

京居卿切說文人所爲絕高丘也中从口音韋九
經字樣云作京譌

十三耕

爭甾耕切闘也說文从𠬪从厂𠬪平小切厂音曳
隸作丨凡箏諍靜淨之類从丨俗作争

罌於耕切說文缶也从缶賏聲賏音同俗作甖

十四清

幷卑盈切說文兼也从从幵聲从古從字幵音牽
隸作丨俗作并

成時征切說文就也从戊丁聲俗作成

餳徐盈切說文飴和饊者也从食昜聲昜音亦與
餳字異餳音唐與糖同增韻作餳誤

呈 馳成切說文平也从口王聲王音珽俗从王作呈誤

盈 餘輕切說文滿器也从皿从夃夃音沽从乛从夂夂音止乛古文及非从乃字俗作盈盈皆誤

睘 渠營切說文目驚視也从目从袁後漢石經作睘凡還鐶儇寰之類从丨增韻中从口誤

營 胡瓊切說文市居从宮熒省聲案丨从熒省者省冖火也如瑩縈止省火字與此不同俗作營

十五青

青 倉經切東方木色下从丹偏旁作円凡清精綪靜之類从丨俗从月誤

甹 普丁切說文亟詞也从丂从由凡娉聘俜騁之類从丨俗作甹甹

冥 忙丁切說文幽也从日从六冖聲冖音覓俗作冥冥

廷 唐丁切說文朝中也从廴壬聲壬音珽俗作廷

寧 奴經切安也說文作寍从丂寍聲寍音同隸作丨俗作寕寜

㓝 奚經切說文罰辠也从井法也與刑字不同刑音同剄也增韻以刑字爲法也亦作丨誤

型 奚經切說文鑄器之法也从土㓝聲㓝音同俗作型

鼏 涓熒切與扃同上从冂音丨與錫韻鼏字不同鼏音覓从冖

缾 蒲丁切說文㼛也杜林以爲竹筥揚雄以爲蒲器从甾缶之甾幷聲增韻从甾从田之甾作缾誤

十六蒸

蒸 諸仍切苣也說文从艸烝聲俗作蒸

承 辰陵切說文奉也从手从卩音節从廾音拱俗承

丞 辰陵切說文作𠀍翊也从廾从卩从山隸作丨

塍 神陵切說文稻中畦也从土朕聲俗又从土作塍非

冰凝 上筆陵切水凍也下魚陵切冰堅也古文冰作仌凝作冰後人以冰代仌以凝代冰冰偏旁作冫凡冬寒凍凓馮冷凋冶之屬从冫

憑 皮冰切依也古作馮俗作凴

徵 陟陵切說文召也从微省从𡈼音珽俗作徴

澂 持陵切說文清也从水徵省聲徐鉉曰俗作澄非

興 虛陵切說文起也从舁从同會意與釁字上異
俗作興

十七登

登 都騰切說文上車也从癶音撥从豆與登豆字
不同凡毲橙鄧凳諧聲者从丨偏旁俗从登誤

登 都騰切禮器詩于豆于登毛氏曰登降之登上从
癶音撥丨豆之丨从肉从又肉今作夕又古右
手字取祭肉于豆之義偏旁皆从登降之登非
从此丨字从旦夕字作登誤

毲 都騰切說文毲丨也从毛登聲增韻从登豆字
作毲誤

鐙 都騰切說文錠也从金登聲徐鉉曰錠中置燭故
謂之丨今別作燈非是俗又作灯皆誤

朋 薄登切同門曰丨說文古鳳字鳳飛羣鳥從以
萬數故借以爲丨黨字本作𠟁象鳳飛之形隸

變作丨非月非月非月非円故斜書之凡鵬堋
棚崩蒯之類从丨俗作朋

曾 才登切說文辭之舒也从七八之八从曰四聲
曰音越四古窗字俗作曾曾

棱 魯登切說文柧也从木夌聲夌音陵俗作稜楞

十八尤

尤 于求切說文作𠃓異也从乙又聲上有一點與
九字異九音汪从大而曲凡拋稽之類从丨

憂 於尤切愁也說文从頁从心从夊音綏隸作丨
俗作憂憂

畱 力求切說文止也从田丣聲丣古酉字俗作留

劉 力求切殺也又姓徐鍇曰說文無丨字偏旁有
之疑鐂即丨字也从丣音酉从金从刀刀字屈

曲傳寫誤作田爾俗作劉

州 之由切說文水中可居曰丨詩在河之州从重川徐鉉曰今別作洲非俗又从三刀三刂皆誤

舟 之由切船也偏旁作月中从二點與日月骨月冂青三字不同凡亙恒朕騰謄螣滕賸勝媵幐塍服俞朝前之類从丨亦作舟履字从之俗作舟

周 之由切說文密也从用口俗作周或作週皆非

酋 慈秋切說文繹酒也上从水半見與山谷字同凡尊奠鄭等字从丨

盩 張流切說文引擊也丨屋縣名从幸从攵从血幸尼輒切文音撲俗下从皿作盩皆誤

羞 思留切說文進獻也从羊从丑俗作羞

脩修並思留切上說文脯也又長也从肉下說文飾也从彡經典以脩短之脩爲修飾字誤

收尸周切說文捕也从攴丩聲丩音鳩五經文字云作収譌俗又作收誤

十九矦

矦胡鉤切說文春饗所射丨也从人从厂从矢俗作侯

句古矦切曲也中从口鉤軥字从之又九遇切句讀也古候切幹當也佩觿曰俗別爲勾非

裒蒲矦切聚也又取也易裒多益寡从衣从臼與裒裦二字異裒補刀切揚美也裦似救切袂也

兜當矦切丨鍪首鎧說文从兜从皃省兜音鼓俗作兠

餱乎溝切說文乾食也从食矦聲俗作糇

二十幽

觓 渠幽切說文角貌从角丩聲丩居虯切詩兕觵其丨與斗斛字不同斛胡谷切从升斗之斗

二十一侵

心 思尋切火藏凡憂愛慶寧甯恥之類从丨五經文字云又作小恭慕忝等字所从

尋 徐心切繹理也中从口九經字樣云作尋者譌

深 式針切淺深之對說文作㴱从水罙聲罙音同隸作丨探琛字與此同俗下从米从木皆誤

壬 如深切十榦名上下从一中畫長與𡈼字不同𡈼音珽从人在土上凡任衽妊紝飪荏諧聲者从丨監本从千百之千作壬誤

簪 緇深切說文作先首笄也从人从匕或从竹从
朁朁七感切下从子曰之曰俗作簪
沈 持林切没也又音審姓也說文从水冘聲冘音
淫从人出冂俗又作沉非五經文字云今人以
此字音審別作沉爲丨没之丨於義無據雖行
之久經典之文不可不正俗又加點誤
淫 夷斟切說文侵丨隨理也从水淫聲𡈼音同从
爪从壬音珽五經文字云作滛謡俗又作淫非
陰 於禽切說文闇也从阜侌聲侌音同从今从云
俗作隂
今 居吟切說文是時也从亼从乛亼音集乛古及字
凡含貪念鴒琴黔吟矜之類从丨俗作今今
參 疏簪切說文作曑參商星也又藥名从晶㐱聲㐱
音軫或作丨又倉含切趨承也丨謀也又蘇甘
切數名三音三義止此一字俗以此爲丨商之
丨而以倉含切别作叅爲丨謀又以蘇甘切作

叅爲數名誤凡驂傪摻縿之類从丨

二十二覃

覃 徒含切說文作𠧻長味也上从鹵音虜隸作丨凡潭譚簟蕈之類从丨俗下从畀賤字作覃誤

貪 他含切說文欲也从貝今聲俗上从號令字作貪誤

耽 都含切說文耳大垂也一曰樂也从耳冘聲冘音淫五經文字云从身作躭者譌

南 那含切火方說文从巿羊聲巿音潑羊音荏隸作丨俗下从午未之午作南誤

蠶 徂含切說文任絲也从䖵朁聲朁七感切从子曰之曰俗作蚕非蚕他典切寒蚓也

䳺 烏含切說文鶉屬从鳥酓聲俗作鵪

龕 苦含切說文龍貌从龍合聲增韻上从今古字誤

含 胡南切說文嗛也从口今聲俗上从號令字作含誤

函 胡南切容也說文作圅舌也从马象形马胡感切隸作丨下从杵曰字涵頤之類从丨俗作函

二十三談

甘 沽三切說文作甘美也从口含一隸作丨偏旁作曰内从一短畫左右俱縣字小者作一點以便之凡甛甚旨耆猒厭香某之類从丨俗作甘非甘古箕字其字从之偏旁作日月之日誤

二十四鹽

鹽 余廉切說文鹹也从鹵監聲俗作塩

銛 思廉切利也說文鍤屬从金从口舌之舌監本作銛誤銛古活切斷也右从舌音聒

韱 思廉切說文山韭也从韭𢦔聲𢦔音尖从从持戈凡纖瀸懺讖之類从丨俗作韱

潛 慈鹽切說文涉水也从水朁聲朁七感切五經文字云潛譌

黏 尼占切說文相箸也从黍占聲俗作粘

僉 千廉切說文皆也虞書曰丨曰伯夷从亼从吅从从俗作僉

匳 力鹽切鑑丨又盛香器从匚音方說文作籢干禄字書云作奩非

二十五添

甛 徒兼切說文美也从甘从口舌之舌俗上从千百字作甜誤

兼 古嫌切說文并也从又持二禾俗作兼

二十六嚴

杴 虛嚴切臿屬方言青齊呼意所好爲丨俗作忺

二十七咸

喦 魚咸切說文山巖也从山从品與葉韻喦字不同喦尼輒切多言也从品相連

鹹 胡喦切鹽味說文从鹵咸聲鹵音虜五經文字云作醎譌

毚 鉏咸切說文狡兔也从兔音吐从㲋音逴㲋从兔頭鹿足凡讒纔之類从丨俗从二兔作毚誤

二十八銜

銜 乎監切說文馬勒口中从金从行俗作銜

二十九凡

凡 符咸切說文最栝也从二从ㄱㄱ古及字若鳳凰風佩汎梵之類从丨五經文字云作凢者譌

字鑑卷第二

字鑑卷第三

上聲

一董　二腫　三講

四紙　五旨　六止

七尾　八語　九麌

十姥　十一薺　十二蟹

十三駭　十四賄　十五海

十六軫　十七準　十八吻
十九隱　二十阮　二十一混
二十二很　二十三旱　二十四緩
二十五潸　二十六產　二十七銑
二十八獮　二十九篠　三十小
三十一巧　三十二晧　三十三哿
三十四果　三十五馬　三十六養
三十七蕩　三十八梗　三十九耿

四十靜　四十一迥　四十二拯
四十三等　四十四有　四十五厚
四十六黝　四十七寑　四十八感
四十九敢　五十琰　五十一忝
五十二广　五十三豏　五十四檻
五十五范

一董

總作孔切說文聚束也从糸悤聲俗作総揔

二腫

宂而隴切忙也說文从宀从儿宀音緜儿古人字俗作冗或以爲丘穴字非穴胡決切下从八

冢知隴切說文高墳也从勹豕聲勹音包豕丑六切與冡字不同冡音蒙俗作冡冢

勇余隴切說文氣也从力甬聲湧踴字从此俗下从男作勇誤

恐丘隴切說文懼也从心巩聲巩音拱隸省作巩俗作恐

三講

蚌步項切蛤屬从虫从丰滿之丰俗从草丰字作蚌誤

四紙

紙 諸氏切楮藉說文絮一苫也从糸从名氏之氏與紙字不同紙音低絲滓也从氏

尒 忍止切語辭从入从小凡爾爵舜愛从丨舜愛字本非从此隸與丨同俗作尓尒

爾 忍止切說文作𡔔爾丨丨猶靡麗也从冂从㸚尒聲㸚力几切隸作丨俗从四人作爾誤

豸 丈尒切蟲無足凡貓貍貛貉豺貙貌豹貐之類从丨上从夕音肉俗作豕豸

骫 於詭切說文骨耑丨𡙈也从骨从九徐鉉曰九屈也音桓增韻从九誤

弛 施氏切說文弓解也从弓也聲案施字亦从也聲說文迆貤杝酏等字皆从也俗从施省誤

豕 施氏切說文彘也象形凡豩毅豬豨之類从丨上从一俗作豕

蘂 如壘切草木華丨亦作蕊中从惢音聚惢糸切俗作蘂蕋

祪 古委切說文祔丨祖也从示危聲俗从衣誤

芊 緜婢切說文作芈羊鳴也从芈象聲氣上出芊古羊字上从丫音寡監本从艸从千作芊誤

夂 陟侈切說文從後至也凡夆夅盈處各冬之類从丨如夌复等字从夂音綏非从此也

五旨

旨 軫視切說文美也从甘匕聲甘偏旁作日匕音比凡稽嘗者指之類从丨俗作旨亩

底 軫視切平也致也說文柔石也从厂氐聲厂音罕與底字不同底音邸下也上从广音儼

水 式軌切凡黍黎浼滕益泰桼衍暴淒菹羨盜潔淨準梁滅潁滄沖涼況減決之類从丨容齋三筆云如沖涼況減決五字悉以丨部爲冰玉篇正收入丨部而冰部之末亦存之而皆云俗乃

知由來久矣唐張參五經文字亦以爲譌字法既祖說文經典之書不可不正㬥字篆文下从米隸省與丨同黍泰等字下偏旁與小字不同小偏旁心字如忝慕恭等字从之俗書多混

履 兩几切說文足所依也从尸从彳从舟从夊舟偏旁作⺝夊音綏或作履俗从往復字作履誤

耒 魯水切說文作耒手耕曲木也从木推丰丰音界隸作丨凡耕耦耡耤誄耜从丨偏旁俗作禾誤

唯 以水切說文諾也从口隹聲口苦厚切雖字从此五經文字云作唯譌

几 舉履切凭器與几字不同几音殊鉤挑者爲丨不鉤挑者音殊鳧几殳字从之凡處凭凳飢等从丨

軌 居洧切說文車徹也从車从八九之九又宄字音同姦也亦从九俗作軌或作軌皆誤

簋 居洧切說文黍稷方器从竹从皿从皀皀皮及切俗中从艮誤

啚 補美切說文嗇也从口从㐭音廩俗作啚或以
以爲圖字非

美 莫鄙切說文甘也从羊从小大之大俗下从火
作羙非羙古羔字

匕 畀履切匙也與變匕字不同匕音化凡卬頃旨
者尼匙牝鴇鹿迎昂仰抑之類从丨

圮 部鄙切說文毀也書方命圮族从土从戊己之
己與圯橋字不同圯音詒从辰巳之巳

否 部鄙切塞也又方九切說文不也从口不聲俗
作否非

死 想姊切殁也說文澌也从歺从人隸作丨俗从
變匕字作死誤

六止

齒 昌里切說文口齗骨也象口齒之形止聲凡齡
齩齔之類从丨俗作齒

市 上止切說文作𡴊買賣所之也从㞢省聲㞢古之字市有垣从冂音坰从乁古文及象物相及也隸作丨上一點與之字隸變同鬧字从此與末韻市字異市音潑中从一直畫肺沛等字从之俗書多混

士 鉏里切說文事也从一从十凡仕荘吉壯莊壻[illegible]墫之類从丨偏旁从地土字誤荘音辭縣名

柹 鉏里切說文赤實果从木朿聲朿音姊俗作柿非柹音廢削木札也从市音潑

耳 而止切說文主聽也象形俗作耳

枲 想里切說文麻也从朩台聲朩匹刃切俗下从草木字誤

巳 詳里切辰名又養里切語終辭止也畢也毛氏曰今俗以有鉤挑者爲終丨之丨音以無鉤挑者爲辰巳之丨是未知其意義也凡祀熙戺包[illegible][illegible]汜圯怡之類从丨與己巳巳三字不同己

居里切見下㔾胡感切與马同如犯範氾范諧聲者从之㔾音節若危卷之屬所从凡偏旁从丨从己从㔾从㔾各从其諧聲主義俗書不分混作丨誤

汜 詳里切說文窮瀆也詩江有丨从水从辰巳之巳與氾字不同氾音泛从㔾音胡感切

己 居里切說文中宮也與辰巳字不同凡紀記忌配杞起芑屺妃圯鄙部切之類諧聲者从丨

起 墟里切說文能立也从走己聲杞芑字同音皆从戊己之己俱諧聲也今本說文从辰巳之巳蓋傳寫之誤爾增韻亦从戊己字

恥 丑里切說文辱也从心耳聲五經文字云从止作耻譌

㠯 養里切因也說文作㠯用也从反巳偏旁作厶後加人作以凡台能矣允之類从丨俗作㠯

喜 許里切說文樂也从壴从口壴音樹嘉字上亦从壴俗作喜嘉

七尾

亹 無匪切丨丨不倦之意亦作斖五經文字收入夔部云經典相承未得六書之體俗中从同誤

鬼 矩偉切說文人所歸也旁从厶厶音私凡魅魃魁魋之類从卜偏旁脫厶字誤

朏 敷尾切說文月未盛之明从日月之月从出俗从肉誤

豈 去幾切非然之辭說文从豆微省聲俗从山誤

虫 許偉切蟲屬說文作𧈧象其臥形下从厶俗作虫虫

八語

巨　臼許切大也說文作巨从工象手持之俗作巨

苣　臼許切說文束葦燒从艸巨聲徐鉉曰今俗別作炬非是

敘　象呂切說文次第也从攴余聲攴音撲五經文字云作叙譌

鼠　賞呂切說文作鼠穴蟲總名象形上从杵臼字俗作鼠

呂　兩舉切姓也說文脊骨也象形亦作膂俗作吕凡从丨者放此

旅　兩舉切行旅山川祭名說文从㫃从从語季氏丨於泰山增韻以祣字註祭山川名非俗作旅

與　弋渚切說文黨丨也从舁从与音同說文賜予也一勺爲与今通作丨俗作與与

俎　壯所切說文禮丨也从半肉在且上指事也俗作俎

九麌

羽 王矩切說文作羽鳥長毛也隸省作丨凡翬羿習翠翟翏之類从丨俗作羽偏旁作彐彐皆誤

雨 王矩切說文水从雲下也一象天冂象雲水霝其間也凡雲雷漏霸之類从丨

甫 方矩切說文男子美稱从用从父凡尃傅溥薄博牖之類从丨俗作甫偏旁作亩皆誤

腑 方矩切臟丨通作府又符遇切集韻云六丨也或省作胕

釜 扶雨切說文作鬴鍑屬篆文作釜从金从父隸省作丨俗作釜

武 罔甫切文武威也說文止戈爲武俗作武

主 腫庾切君也宰也上一點本音丨俗作主非

豎 臣庾切說文丨立也从臤豆聲五經文字云从立作豎非

庾 勇主切說文水槽倉也又姓从广臾聲臾音俞俗作庚

十姥

魯 郎古切說文鈍詞也从白从魚白古自字俗作魯增韻中从四皆誤

虜 郎古切說文獲也从毌从力虍聲毌音官虍音呼俗下从男女字作虜誤

虎 火五切說文山獸之君从虍从儿儿偏旁人字俗作虎

古 公土切說文故也从十口識前言者也俗作古

羖 公土切說文羊牡曰丨从羊殳聲殳音殊俗作羖

鼓 公土切革音之器說文从壴从支持之支凡鼖鼙之類从丨五經文字云作皷非

鼓 公土切說文擊丨也孟子填然丨之从攴从壴攴音撲偏旁皆从鐘鼓字非从此也

戶 侯古切說文護也半門曰丨二戶爲門象形凡扉扇扁篇啓肇肩妒之類从丨上畫連俗作户

浦 滂古切說文大也从水尃聲尃音敷與溥字不同溥音團露貌从專

十一薺

米 莫禮切說文粟實象禾之形下與木字同體木匹刃切

豊 里弟切說文作豊行禮之器从豆象形隸作丨與豐盛字不同凡禮醴體鱧之類諧聲者从丨

體 他禮切說文總十二屬也从骨豊聲俗作躰或作体非体蒲本切麤貌又劣也

匸 胡禮切說文衺徑有所俠藏也从乚上有一覆之乚音隱與陽韻匸字不同匸音方上畫連合丨字上畫不合凡區匽匧匹医匿之類从丨偏旁俗混作匚誤

啓 康禮切說文敎也語不憤不丨从攴启聲启音同上从戶俗作启非

十二蟹

解 佳買切說文判也从刀判牛角俗作觧解

十三駭

十四賄

浼 母辠切說文汙也从水免聲又水流平貌詩河水丨丨孟子汝焉能丨我俗作浼

十五海

改 居亥切說文更也从攴从己身之己文音撲俗作攺非攺音以敊攺大剛卯也从辰巳之巳

毐 倚亥切說文人無行也从士从毋禁止之毋毐字从此增韻下从父母字誤

采 此宰切說文捋取也从木从爪後人加手作採與釆字不同釆音辨俗作釆

寀 此宰切說文同地爲丨从宀采聲與宷字不同宷古審字下从釆音辨

迺 曩亥切九經字樣云說文作卤音仍驚聲也从乃省卤聲卤籀文西字經典相承作丨俗作廼

十六軫

忍 爾軫切說文能也从心刃聲刃而振切从刃有距俗作忍

稛　苦隕切滿也从倉囷之囷與稛字不同稛苦本切从困倦之困

盡　慈忍切說文器中空也从皿𦘒聲𦘒上从聿音以律切賮字上與此同俗作盡賮

十七準

準　之尹切說文平也从水隼聲俗准

筍　聳尹切說文竹胎也从竹旬聲五經文字云作笋者譌

允　庾準切說文信也上从㠯偏旁作厶俗作𠃓

十八吻

抆　武粉切指拭也从手从文諧聲也俗从擊攵字作抆誤

十九隱

隱 於謹切說文蔽也从阜从爪从工从又从心俗作隱隱

巹 几隱切說文謹身有所承也从承从戊己之己俗下从巴作巹誤

巹 几隱切說文作巹蠡也一曰瓢也婚禮用之从豆蒸省聲增韻作巹誤

齔 初謹切毁齒說文男八月生齒八歲而｜女七月生齒七歲而｜从齒从七增韻从變匕字誤

二十阮

夗 於阮切說文轉臥也从夕从卩音節凡苑宛鴛怨之類从｜俗作夗夗

暅 況遠切日氣暴也从日从恒俗中从心作暅誤

憲 許建切說文敏也从心从目害省聲罒橫目也俗作𢡝憲

㫃 於幰切說文作㫃旌旗之斿从屮曲而下垂从入隸作丨凡旌旗旅旆族斿之類从丨

二十一混

壼 苦本切說文作壼宮中道从口象宮垣道上之形詩室家之丨集韻作丨增韻上从士作壺誤

稛 苦本切說文絭束也从禾从困倦之困與稛字不同稛苦隕切从倉囷之囷

袞 古本切龍章法服也說文从衣公聲增韻中从口誤

本 布袞切說文木下曰丨从木一在其下俗作夲非夲他刀切見豪韻

畚 布袞切說文蒲器𠀠屬所以盛種从甾缶之甾弁聲亦作畚由偏旁甾字俗下从田作畚誤

二十二很

貇 口很切說文齧也从豕艮聲凡懇墾之類从丨增韻从豸作貇懇墾皆誤

二十三旱

罕 許旱切希少也說文罔也从罒干聲罒偏旁罔字俗作罕

亶 多旱切說文多穀也从㐭旦聲旦得案切凡壇檀鸇擅之類从丨俗作亶亶

嬾 洛旱切說文懈也从女賴聲俗从心从頁作懶誤

二十四緩

款 苦管切說文意有所欲也从欠从𣪊省𣪊千外切上从出隷作丨俗从匕从矢作欵誤

滿 莫旱切說文盈溢也从水㒼聲㒼音瞞中从二入俗从艸从雨作蒲誤

卵 魯管切說文作𠨮凡物無乳者丨生从曰从八隸作丨俗作夘

煗 乃管切說文溫也从火耎聲耎音輭俗作暖或作煖非煖音萱說文丨也

盌 烏管切說文小盂也从皿夗聲夗音宛俗作碗椀

二十五潸

潸 數版切說文涕流貌詩丨焉出涕从水从林音派从肉俗从林木之林从日作潸誤

赧 乃版切說文面慙赤也从赤𠬪聲𠬪人善切从尸从又音羞俗作赧

二十六產

產所簡切說文生也从生彥省聲上从文俗作産

柬古限切說文分也从柬从八與東西字不同凡闌諫鍊練之類諧聲者从丨

二十七銑

丏彌殄切說文不見也象壅蔽之形凡麪沔眄之類从丨俗作丐

繭吉典切說文蠶衣也从糸从虫芇聲芇音蔄上从卝音寡或作䕒俗上从艸作繭蠒皆誤

犬苦泫切凡類奘獘倏臭戾昊闃㹜猌器突犮莽㱿獻哭然猒獄狀憖之類从丨偏旁混从大誤

二十八獮

雋徂兖切說文肥肉也从弓所以射隹與嶲字下不同嶲音攜下从冏音絅

善上演切說文作譱吉也从誩从羊篆文作譱隸省作丨俗作善善

舛尺兗切說文作舛對臥也从夊中相背凡舞舜粦韋舝之類从丨夊音綏俗从旦夕字作舛誤

耎乳兗切說文稍前大也从小大之大而聲凡㬉愞媆稬輭之類从丨俗下从犬誤

輭乳兗切柔也俗作軟

㕣以轉切說文陷泥地从口从水敗皃上與山谷字同非从七八之八凡沿船鉛兖之類从丨

兗以轉切廣韻州名俗作兖

遣去演切逐也說文作𨘢从辵𠳋聲𠳋音同隸作丨俗作遣

二十九條

鳥 丁了切說文作[篆文]禽總名也內从一點象目睛凡鳧島之類从丨唯梟字从鳥首在木上非从全文此比鳥字但多一點俗作鳥

朓 土了切說文晦而月見西方謂之丨从日月之月兆聲與朓字異朓音同祭也左从月

三十小

肇 直紹切說文擊也从攵肈省聲肈音同始也从戈从肁說文元有二字而監韻五經文字止收肇字以此爲俗非也

兆 直紹切說文作𠁥灼龜坼也从丨八象形古文作𠁥隸作丨

舀 以沼切說文抒臼也从爪从臼音舅凡滔韜蹈稻諧聲者从丨與臽字不同臽音陷俗作舀誤

褾 俾小切褭端从衣从票俗从示誤

芆 婢小切餓死曰丨亦作殍从艸从𠬪𠬪音同漢食貨志塗有餓丨又孟子塗有餓丨亦當作此與莩字不同莩音孚説文草也毛氏曰凡餓殍丨落字今从𠬪者蓋𠬪變爲孚信之孚轉寫譌爾經史承譌既久難遽釐改然高文大冊不可不正

三十一巧

卯 莫飽切辰名説文作丣从兩戶相背象開門之形隸作丨凡昴聊之類从丨丨本音卿唯卿字所从與申丣字不同丣古酉字如畱貿等字从之俗作夘

茆 莫飽切鳧葵从艸从卯與茆字不同茆音栁从申丣之丣

齩 五巧切說文齧骨也从齒俗作咬非咬古肴切哇也佩觿曰鳥鳴之咬爲丨齧其順非有如此

爪 側絞切凡爲爭隱受覓稱淫爬采爰之類从丨印虐字从側丨如爵舜愛等从尒非从此也

三十二晧

考 苦浩切說文老也从老省丂聲丂音同俗作考

寶 博浩切說文珍也从宀从王从貝缶聲王古玉字五經文字云作寶譌俗又作寳皆非

保 博浩切說文養也从人从采省采音孚古作呆从子从八象人抱子形俗作保

艸 采早切說文百卉今作草偏旁作艹凡蒙若苔蓋之類从丨與廿艹字不同廿音集如燕黃菫革等字所从艹音寡雚蒦敬夢寬昔等字从之偏旁从丨从廿从艹各从其屬俗混从丨誤

棗 子晧切說文羊丨也从重朿朿七賜切俗从約朿字作棗誤

蚤 子晧切說文齧人跳蟲亦作蝨上从叉古爪字凡騷搔之類从丨俗作蚤

阜 在早切橡也其房可以染黑故謂黑色爲丨五經文字云作皂譌

擣 都晧切說文手椎也从手壽聲俗作擣

腦 乃老切說文作匘頭髓从匕巛象髮囟音信象丨形今文作丨惱瑙字同此俗作腦

嫂 蘇老切說文兄妻也从女叜聲叜蘇后切俗作嫂㛐

稾 古老切說文稈也从禾高聲與槀字異槀苦浩切木枯也从木干祿字書云作藁非

三十三哿

我 五可切自己也說文从戈从手手古殺字俗从禾誤

左 臧可切丨右从屮从工屮音同篆作𠂇丨手也象形與ナ字異ナ與又同差隨字从此俗作左

三十四果

鎖 蘇果切說文門鍵也从金貨音同上从小大之小瑣字與此同俗作鎖鏁

隋 徒果切說文作陊落也从阜多聲丨本篆文隓敗字音許規切今文以隳代隓而以丨代陊本非其正然相承已久遽難改也

鰖 吐火切說文魚子已生者从魚隋省聲俗从隨誤

麼 忙果切說文細也从幺麻聲幺伊堯切俗作麽

叵 普火切說文作叵不可也从反可非从匚匸二字匚音方匸音徯

㛂 五果切說文婐丨也从女厄聲厄音同木節也从節从厂厂徐鍇音曳增韻从厄作㛂誤

三十五馬

夏 亥雅切大也下从夊音綏俗作夓

廈 亥雅切大屋也从广从夏广音儼俗从厂誤

斝 舉下切說文玉爵也夏曰醆商曰丨周曰爵从斗从吅冂象形吅音喧五經文字云作斚非

叚 格雅切說文借也左从尸音著凡遐霞葭假蝦暇諧聲者从丨與段字不同段音斷俗作叚段

寡 古瓦切說文少也从宀从頒隸作丨下从分俗下从力作寡誤

𦫳古瓦切說文羊角也偏旁作卝凡雚蒦舊寬敬夢備蔑昔繭之類从丨偏旁俗混作艸誤

瓦五寡切說文作瓦土器已燒之總名象形俗作瓦

寫先野切說文置物也从宀舄聲宀音緜舄音鵲俗中从手臼字作寫冩皆誤

三十六養

養以兩切說文供丨也从食羊聲俗作飬

象似兩切說文長鼻牙南越大獸象形俗作象象

兩良獎切二十四銖古作㒳中从二入俗从二人作兩誤

丈直兩切說文十尺从又十隸作丨案丨升尢土友氏曳閏究軌染等字說文俱無點俗加點非

罔 扶紡切丨罟又無也說文作网或作丨亦作網石經作罒與罒字異罒橫目也凡罝罘罳罔罦羅罹買賣罕罙罪罽署置詈罵罻罿罛罷罺罨罧䍙罩罾罟罶䍐羈罭等从罒俗从罒从冈皆誤

爽 所兩切說文明也中从㸚音邐俗从四人作㚃誤

往 羽枉切說文作㞷之也从彳㞷聲㞷音皇从之在土上隸作丨俗作徃

三十七蕩

黨 多曩切說文不鮮也从黑尚聲俗中从里作黨誤

儻 他曩切說文倜丨也从人黨聲俗作倘

榜 補曩切木片又標丨又補盲切說文从木旁聲俗作牓

莽 母黨切茂草可以毒魚从犬从茻茻音同隸作丨五經文字云作莽譌俗又作莽皆誤

三十八梗

永 于憬切說文作永水長也象水巠理之長丨也凡漾樣㨾下从丨俗作求从木者音橡

三十九耿

幸 胡耿切說文吉而免凶也从屰从夭凡婞緈諎聲者从丨經史作幸誤幸尼輒切乃報執圉睪等字偏旁與此字不同雖傳譌已久經典之文不可不正俗書儌丨字作倖倖皆非

黽 母耿切說文作黽鼃黽也从它象形隸作丨凡鼃黿蠅鼂之類从丨俗作黽

四十靜

潁 並庚頃切上水名潁川郡名从水从頃下禾
穎 末也又錐鈋从禾从頃俗皆从示作頴誤
檾 丘穎切說文枲屬从林熒省聲林音派俗下从林木字誤

四十一迥

迥 戶頂切說文遠也从辵向聲向音坰俗作逈誤
並 部迥切說文併也从二立九經字様云隸作丨普字从此
壬 他鼎切說文善也从人下土與壬癸字異凡徵望朢淫呈聖廷聽鐵之類从丨偏旁俗从壬誤
鼎 都挺切說文三足兩耳和五味之寶器也下象析木以炊俗作鼎或作鼎云象耳足形誤也

四十二拯

𨋱 之夌切說文軺車後登也从車丞聲俗作𨋱

四十三等

等 多肯切說文齊簡也从竹寺寺官曹之丨平也俗作等

四十四有

久 舉有切長久說文從後灸之象人兩脛後有距也凡玖灸畝羑柩疚之類从丨俗作久

臼 巨九切舂也下畫連俗作臼非臼音掬凡舂舅舊舀臽臿鑿兒臾毀鼠陧臬舃寫之類从丨

咎 巨九切說文災也从人从各各者相違也畧字从此从丨作咎誤

帚 止酉切說文糞也从又持巾埽冖內一音覓凡歸婦埽之類从丨俗作帚

丣　以九切說文古酉字从丣上畫連閉門象也丣古卯字凡畱劉桺窌貿駵諧聲者从丨俗作丣偏旁从寅卯字皆誤

茆　力九切蒲丨从艸从丣丣古酉字俗作茆非茆音卯鳧葵也

缶　俯九切說文瓦器象形凡寶匋陶鬱缺缸罄罌之類从丨俗作缶非缶乃卸字左旁从午从止

受　是酉切說文相付也从𠬪从冖俗作受非受音到集韻姓也下从丈尺字

壽　是酉切說文作𦒱久也从老省𠷎聲𠷎音疇隸作丨上从毛从人今作主俗上从士誤

阜　房缶切說文作𨸏大陸也隸作丨偏旁於左作阝凡陰陽陵陸隍阬之類从丨偏旁俗作阝誤

秠　匹九切黑黍又篇夷切說文一稃二米从禾丕聲監本从否誤

厹 忍九切說文獸足蹂地从厶音私九聲偏旁作
内凡萬禹禺禼离禽从丨俗作内偏旁作内誤

四十五厚

厚 胡口切說文作𠩺山陵之丨也从㫗从厂㫗音
同从反亯亯古享字隸作丨俗作厚

苟 舉后切丨且草率也上从艸與敬傍茍字不同
茍音棘上从丫

歐 於口切說文吐也从欠區聲亦作嘔與毆擊
字異毆音同右从殳音殊

口 苦厚切凡咠燕㕣船兌克唯雖句鉤輿卻單咢
喪襄囊之類从丨如員肙高臺膏豪亭亮亨享
淳郭京亭啚回或贏羸之屬从口音韋隸與丨
同類偏旁或有从厶者誤

母 莫厚切父丨說文从女中二點象兩乳形其中
直通者毋字音無凡每坶拇鴟莓誨聲者从丨

畝 莫厚切説文秦孝公制二百四十步爲丨从田从十从久音非或作晦俗作畆畂

某 莫厚切丨甫代名説文酸果也从木从甘美之甘俗作某

叜 蘇后切説文老也从又从灾凡潒㨿㛐颼之類从丨俗作叟

斗 當口切説文作毛十升也象形有柄隸作丨凡斟斝之類从丨上从二小畫俗作斗非

四十六黝

糾 吉黝切彈也説文从丩从糸丩音鳩凡虯收叫訆朻赳觓之類从丩俗从升斗字作紏誤

四十七寑

寑 七稔切堂室也又臥也説文从寢省𡨦省聲亦作寖上从宀音緜俗从穴作𥨊非

審　式荏切說文作宷悉也从宀从釆釆音辨與寀宷字不同篆文作丨俗中从米粟字作審誤

甚　常枕切說文尤安樂也从甘从匹俗作甚

葚　常枕切說文桑實也从艸甚聲俗作椹非椹知林切佩觿曰鈇椹之椹爲桑丨其順非如此

㐭　力甚切藏也說文从入从回或作廩凡亶稟啚圖鄙啚之類从丨俗作亩

稟　筆錦切說文賜穀也从㐭从禾俗作禀

朕　直稔切至尊之稱說文作䑞从舟从火从廾隸作丨偏旁作朕凡謄塍騰媵勝滕从丨俗作朕

四十八感

㔾　乎感切說文嘾也草木之華未發函然象形偏旁作㔾凡氾范笵[illegible]犯範硊諂聲者从丨偏旁

又作了若甬勇通函等字从之與巳字不同巳
音節如卷厄危之類所从

領 鎮 上戶感切顯領說文面黃也从頁含聲 下五
感切說文低頭也从頁金聲引春秋傳迎于
門者鎮之而已說文本二字音義俱異增韻止
收領字音戶感五感二切以鎮爲俗非也

朁 七感切說文增也从子曰之曰兟聲兟子林切
凡簪蠶潛僭之類从丨偏旁俗混作替誤

四十九敢

敢 古覽切說文作敢進取也从𠬪古聲籀文作𢽸
隷作丨

覽 魯敢切說文觀也从見从監凡欖攬之類从丨
俗中从目作覽皆非

五十琰

陝 失冄切說文地名从𨸏夾聲夾音同从二入俗从二人作陝非陝音峽隘也从夾輔之夾

冄 而琰切說文作𡭊毛丨丨凡袡那聃苒髯蚺之類从丨俗作冉唯再稱偁字乃从冓省非从此

奄 衣檢切說文覆也从大从申隸作丨凡淹掩之類从丨俗作奄

厭 衣檢切說文笮也䙴也又於輒切从厂猒聲猒音淹上从甘偏旁作日俗作厭

五十一忝

忝 他點切說文辱也从心天聲俗上从夭折字作忝誤

斂 力冄切說文收也从攴僉聲俗从欠作斂誤

五十二广

广 魚掩切說文因丨爲屋與厂字異厂音罕凡屋之類廳廂廨庋廛廁廚廏从丨偏旁混从厂誤

五十三豏

減 古斬切損也从水从咸俗作减

五十四檻

五十五范

犯 防檻切說文侵也从犬㔾聲㔾胡感切俗从辰巳字作犯誤

字鑑卷第三

字鑑卷第四

去聲

一送　二宋　三用

四絳　五寘　六至

七志　八未　九御

十遇　十一暮　十二霽

十三祭　十四泰　十五卦

十六怪　十七夬　十八隊
十九代　二十廢　二十一震
二十二稕　二十三問　二十四焮
二十五願　二十六慁　二十七恨
二十八翰　二十九換　三十諫
三十一襇　三十二霰　三十三線
三十四嘯　三十五笑　三十六效
三十七號　三十八箇　三十九過

四十禡　四十一漾　四十二宕
四十三敬　四十四諍　四十五勁
四十六徑　四十七證　四十八嶝
四十九宥　五十候　五十一幼
五十二沁　五十三勘　五十四闞
五十五豔　五十六㮇　五十七釅
五十八陷　五十九鑑　六十梵

一送

送 蘇弄切說文遣也从辵倂省聲倂音孕俗作送

鳳 馮貢切說文神鳥也从鳥凡聲俗作鳳

衆 之仲切說文作眾多也从乑从目乑音吟隷作丨俗作衆

二宋

宋 蘇綜切國名又姓說文从宀从木俗作宋

三用

用 余頌切說文作用可施行也从卜从中凡周備甬勇甫専敷甯庸牖之類从丨俗作用

四絳

巷 胡降切直曰街曲曰丨下从己音節俗从辰巳字作巷誤

五寘

豉 是義切鹽丨說文从豆支聲俗从繫文字作豉誤

陽 斯義切與賜同爾雅予也从日月之易與陰陽字異陽上从旦夕之旦

朿 七賜切說文木芒也象形與束縛字異凡刺策朿棘棘之類从丨

刺 七賜切說文直傷也又七迹切从刀从芒朿之朿與刺字不同刺音辣从束縛之束俗作刺

敡 以豉切說文侮也从日月之易與敭字不同敭古揚字

戲 香義切譃也說文从戈䖒聲䖒許羈切俗从虛實字作戲誤

六至

示 時利切說文天垂象也从二二古上字三垂日月星也凡神祇福祿祇祥社祋祐祕禠齋祈祀視祁之屬義同諧聲者从丨偏旁與衣字不同如初裕褾襦襜裾之類从衣偏旁俗混作礻誤

謚 時利切說文行之迹也从言从兮从皿增韻作謚誤謚音益笑貌

二 而至切說文地之數也从偶古作弍凡次匀竺些於亟同䑛斗等从丨斗雖不从丨隸與丨同

四 息利切說文陰數也象丨分之形从口从八口古圍字與罒四字不同凡泗駟之屬从丨四古罔字若羅羈買賣等字所从罒偏旁目字字旁辨誤云橫目也如夢蔑𡗨德等字从之又讀瀆等偏旁賣字音育中本从囧隸與丨無異凡丨罒四偏旁各从其類俗混作罒誤

次 七四切丨第說文不精也从欠二聲俗从冰作次誤

自 疾二切从也凡邊皀皐鼻之類从丨古省作白如魯習皆智者等字从之

邃 雖遂切說文深遠也从穴遂聲俗下从逐作邃誤

緣 徐醉切綬也所以連繫佩玉者从糸从彖監本从遂誤

椽 徐醉切陽丨木名說文羅也从木彖聲詩隰有樹丨增韻集韻作櫞字祖說文當从丨正

致 陟利切說文送詣也从夂从至夂音綏俗从擊文字作致誤

疐 陟利切說文礙不行也从叀引而止之也叀音專俗下从足作疐疐皆誤

類 力遂切說文種類相似唯犬爲甚故下从犬俗从大小字作類誤

棄 磬致切說文捐也古文作弃从廾推𠦒从去𠦒北潘切去他忽切中非从世增韻作棄誤

豷 虛器切說文豕息也从豕壹聲監本从犬作㹤誤

器 去冀切說文皿也象丨之口犬所以守之品阻立切五經文字云作噐譌

冀 几利切說文北方州也又欲也从北異聲俗作異

臮 巨至切說文衆詞與也引虞書丨臯陶今書作暨从㐺自聲㐺音吟增韻下从水誤

畀 必至切說文付與也下从丌音基鼻箅字从此與畁字不同畁音忌下从廾音拱

鼻 毗至切面之中部說文引氣自畀也从自从畀俗下从拱作鼻誤

箅 匹寐切說文蔽也所以蔽甑底从竹从畀畀見上與箄字異箄幷弭切簁箄竹器从卑賤字

祕 兵媚切說文神也从示必聲監本从禾誤

葡 平祕切說文具也从用从苟省苟音棘上从艹音寡凡備鞴犕糒之類从丨俗作葡

奰 平祕切說文壯大也从三大三四詩不醉而怒曰丨增韻上从三四字作奰誤

七志

志 職吏切說文作㞢意也从心㞢聲㞢古之字隸作志俗上从士夫字作志誤

廁 初吏切說文清也从广則聲俗作厠

飤 祥吏切以食食人說文糧也从人食俗作飼

忌 渠記切畏也上从戊己之己俗从辰巳字作忌誤

畀 渠記切說文舉也下从廾音拱與畀字不同畀必至切下从丌音基

八未

胃 于貴切說文作𦜬穀府也从肉囟象形隸作丨俗又加月於左此妄添耳

彙 于貴切說文蟲似豪豬者或作蝟上从彑音罽俗上从又作彙非

九御

據 居御切說文杖持也从手豦聲豦音蘧从豕从虍音呼俗作㨿非

去 丘據切說文作𠫭相違也从大𠫓聲𠫓音祛盧飯器以柶爲之象形隸作丨

覷 七慮切伺視說文拘丨未致密也从見虘聲虘昨何切俗从虛實字作覻誤

助 牀據切說文佐也从力且聲俗从眼目字作助誤

庶 商豫切衆也說文从广从炗炗古光字上从廿古疾字俗作庶

十遇

禺 元具切說文猴屬下从内古蹂字凡隅遇之類从丨俗作禺

具 衢遇切備也說文作𥄳从廾从貝省廾音拱隷作丨凡颶俱之類从丨俗作具

颶 衢遇切海中大風以其四面風俱至也永嘉人謂之風癡俗从貝讀若豹皆誤

裕 俞戍切寬也說文衣物饒也从衣谷聲俗从示作裕非

負 符遇切擔也孤丨也說文从貝从人又房九切俗从力从刀作負負皆非

務 亡遇切說文趣也从力敄聲敄音同从擊文之文俗上从夂作務誤

戍 春遇切說文守邊也从人持戈凡蔑幾之類从丨與戌亥字不同戌从一从戊己之戊

十一暮

步 蒲故切說文作歨行也从止少相背少音撻凡歲涉頻陟之類从丨俗下从少誤

蠹 都故切說文木中蟲从䖵槖省聲或作蠧增韻上从士作蠹誤

妒 都故切說文婦丨夫也从女戶聲俗作妬

兔 土故切說文獸名凡逸冤娩毚之類从丨有點者爲丨無點者爲解免之免俗作兎

互 胡故切差丨說文作笪可以收繩也从竹象形中象人手推握也或省作丨凡沍枑詣聲者从

丨俗作互以此音都兮切爲氐字偏旁誤

十二霽

替 他計切說文作㬱廢一偏下也或作替从兟从曰音越九經字樣云隷作丨與朁字異朁音慘

遞 大計切說文更易也从辵虒聲虒音斯與遰字異遰音同迢遰也俗書傳丨迢遰皆作遆誤

杕 大計切說文樹貌从木从小大之大監本从犬誤

麗 郎計切美也說文旅行也从鹿从丽丽古丨字俗从二日作麗誤

隷 郎計切僕丨說文作隸从隶柰聲篆文作隸今从篆省俗作隷隸誤

戾 郎計切說文曲也从犬出戶下會意凡淚悷䬆唳从丨俗作戻非戻徒蓋切輜車旁戶下从大

盻 胡計切說文恨視也从目兮聲又五禮切孟子使民丨丨然或音匹莧切者非佩觿曰丨恨之丨爲盻兮其順非有如此盻匹莧切顧視也从目从分

契 詰計切說文約也从大从㓞㓞恪八切从丯音界俗从刃作契皆誤

薊 吉詣切地名說文从艸魝聲魝古屑切五經文字云从角作薊者譌

髻 吉詣切說文總髮也从髟吉聲俗下从告作⿱髟告誤

繼 吉詣切說文續也从糸㡭一曰反㡭爲丨㡭古絕字象不連體絕二絲㡭字與此同俗作繼継

医 壹計切說文藏弓弩矢器也从匸从矢匸音徯凡醫翳繄嫕瞖⿱殹土之類从丨俗作医

十三祭

祭　子例切說文丨祀也从示从又持肉肉偏旁作夕凡蔡察穄瘵之類从丨五經文字云作祭譌

歲　須銳切說文木星也从步从戌越歷二十八宿宣徧陰陽十二月一次俗作歳

脃　此芮切說文小耎易斷也从肉从絕省絕从刀从巳巳音節五經文字云作脆譌俗又作胞皆非

彗　祥歲切說文帚竹也从又持甡甡音莘隸作丨凡慧嘒暳轊之類从丨俗作彗彗皆非

埶　倪祭切說文種也从坴丸持亟種也詩我丨黍稷後人加艸及云作蓺藝坴音陸丸音戟凡熱暬勢槸褻音薛摰音蟄慹音世之類諧聲者从丨與緝韻執字不同執音汁旁从幸音聶如蟄贄鷙縶墊𨁊謺𡣝褻音牒摯音至慹音汁之類諧聲者从執案說文祭屑薛韻內从丨至㯃緝帖葉五韻內从執持之執俗書偏旁不分混从執持字誤

𢤱　始制切情態也上从埶古藝字與慹字不同慹音執怖也从執執持之執

世　始制切說文作卋三十季爲一丨从卅而曳長之亦取其聲也凡貰葉紲泄之類从丨俗作世

忕　時制切習也从心从小大之大監本从犬誤

曳　以制切說文臾丨也从申丿聲丿音同隸作丨俗加點作曳誤

叡　俞芮切說文深明也从𣦵从目从谷省𣦵音殘古文作睿俗作叡

憩　去例切息也說文作愒經典作丨从口舌之舌从息俗上从千百之千作甜皆誤

獘　毗祭切說文頓仆也从犬敝聲亦作斃俗下从大誤

衞　于歲切說文作衞宿丨也从韋从帀从行隸作丨俗中从韋作衛誤

軎 于歲切說文車軸耑也从車象形凡轂擊繫之類从丨增韻从口作軎誤

彑 居例切說文豕之頭象其銳而上見也凡彘彖緣彔祿錄剝彙彝之類从丨與彐字不同彐偏旁又字如尋帚等字从之偏旁俗混作彐誤

十四泰

帶 當蓋切說文紳也男子鞶革女子鞶絲象繫佩之形丨必有巾从重巾俗作帶

賴 落蓋切說文贏也从貝剌聲剌盧達切凡嬾籟之類从丨俗作頼增韻从孤負字皆誤

賚 落蓋切說文賜也从貝來聲俗上从夾輔字作賫誤

柰 乃帶切說文果也从木示聲又丨何也俗別作奈非

貝　博蓋切說文海介蟲也从目从八與頁字下不同頁音頡下从人

祋　都外切說文殳也从殳示聲詩荷戈與丨俗从衣誤

兌　徒外切卦名說文說也上从㕣音兖凡說稅兖之類从丨俗作兊

旆　蒲蓋切說文繼旐之旗也从㫃市聲市音潑五經文字云从巾作旆者譌

𡫸　千外切說文塞也从宀从毇毇之芮切陸贄關中事狀儻有賊臣蹈丨廣韻从丘穴字作窾誤

蓋　居太切說文苫也从艸盍聲九經字樣曰丨字今或相承作盖者乃从行書艸如荅若之類並皆譌謬不可施於經典俗又作盖誤

匃　居太切說文乞也逯安說亡人爲匃曷字从之俗从匕首字作匄誤

會 黃外切說文合也从亼从四从子曰之曰亼音集四古窻字俗从由从日作會誤

襘 古外切說文帶所結也从衣會聲與禬字不同禬音同禬福祭也从示

外 五會切說文遠也从夕从卜或作外俗作外

害 下蓋切說文傷也从宀从口宀口言從家起也丯聲宀音緜丯音界俗作害

十五卦

挂 古賣切說文宣也从手圭聲俗作掛

畫 胡界切繪也又胡麥切界也佩觿曰丨有胡界胡麥二翻俗別爲畫其浮僞有如此

罣 胡界切丨礙罣也从网从圭俗作罫

派　普卦切水分流从水从𠂢𠂢古丨字俗作派或作泒非泒音孤水名

賣　莫隘切鬻物說文从出从買中从网與讀續等偏旁賣字不同賣音育俗中从橫目作賣誤

十六怪

怪　古壞切說文異也从心圣聲圣音窟亦作佐俗从所在字作恠誤

凷　苦怪切說文墣也从土一屈象形或作塊與古凷缶字不同凷莊持切

屆　居拜切說文行不便也又極也从尸凷聲凷音塊今作丨非从因由字俗作屆

丰　居拜切說文作丰草蔡也與丰盛字不同丰音峯凡害憲韧挌耒耜之類从丨

拜　布怪切說文首至地也从兩手从丅丅古下字

十七 夬

夬 古賣切說文分決也从又中象決形隸作丨俗作夬

十八 隊

對 都內切荅也古作對漢文帝以爲言多非誠故去口从士

退 吐內切說文卻也从日从夊音綏从辵俗作退

內 奴對切說文入也中从出入之入凡納訥之類从丨案丙向二字本从丨今文从人皆偏旁誤以入爲人者多矣如兩滿之類先儒皆已正之唯丙冋二字行之已久故經典多用之

十九 代

再 作代切說文一舉而二也从一从冓省俗作冄

愛 於代切慕也說文作𢛴从夊㤅聲夊音綏隸作丨俗上从爫作愛誤

二十廢

廢 放肺切說文屋頓也與篤癈字異癈音同疾也

二十一震

刃 而振切說文刃堅也从刀加鉅爲丨象形俗作刄

訊 思晉切說文問也从言卂聲卂音同與丸字異丸篆作丮音戟俗作訙誤

晉 卽刃切說文作𣈆進也易明出地上丨从日从日月之日臸聲隸作丨俗从二口作晋誤

趁 丑刃切說文䞶也从走㐱聲俗作趂

吝 良刃切說文恨惜也从口文聲凡恪賂之類从｜五經文字云作𠫱非俗又作𠯈誤

釁 許刃切說文血祭也从爨省从酉酉所以祭也从分五經文字云作舋非

胤 羊晉切說文子孫相承續也从肉从八象其長也从幺象重累也俗作𦙍胤

朩 匹刃切說文作米分枲莖皮也从中八象枲之皮莖也與草木字不同凡枲林麻𣏟潸朮殺余茶米釆深之類从｜米釆深字雖不从｜隸與｜同林音派釆音辨

憖 魚僅切說文問也謹敬也从心猌聲猌音同俗作憗

二十二稕

舜　輸閏切仁聖盛明曰丨說文作䑞草也楚曰葍秦曰蕒蔓生象形隸作丨俗上从爫誤

睿　私閏切說文深通川也从谷从𣦵𣦵五割切俗作睿

閏　儒順切說文餘分之月从王在門中俗从金玉字誤

二十三問

奮　方問切說文翬也从奞在田上詩不能丨飛奞息遺切五經文字云作奮者譌

二十四焮

二十五願

曼　無販切說文引也从又冒聲上从冂音冒凡漫蔓慢幔之類从丨俗上从日月字誤

劵區願切說文契也下从刀監本作券誤券古倦字下从筋力之力

獻許建切呈也說文宗廟犬名从犬鬳聲鬳牛建切俗作獻獻

二十六慁

巽蘇困切卦名說文作巺从六巳聲巳士戀切从二巳音節篆文作巺隸作丨俗从二巳作巽誤

媆奴困切弱也又而沇切說文好皃从女耎聲耎乳兖切俗作嫩

二十七恨

艮古恨切卦名說文从匕目隸作丨

二十八翰

翰侯旰切鳥羽書詞也說文从羽倝聲上从出入之入榦幹字與此同俗作翰誤

粲倉按切明也說文从米𣦼聲𣦼音殘亦作粲俗作粲

贊則旰切說文作贊明也从貝从兟兟音莘隸作丨後漢書作贊誤凡儹鑽欑酇之類从丨

炭他案切說文燒木餘也从火岸省聲俗下从灰誤

散先旰切說文作㪔離肉也从肉㪚聲㪚音同五經文字云後漢蔡邕石經作丨

二十九換

奐呼玩切說文取丨也从人在穴上增韻云側人也从廾音拱穴音越凡喚渙之類从丨俗作奐

貫古玩切說文錢貝之丨从毌貝毌音官穿物持之也與毋母二字不同俗作貫

館 古玩切說文客舍也周禮五十里有市有丨丨有積以待朝聘之客从食官聲俗作舘

雚 古玩切說文引詩丨鳴于垤从雚吅聲後人加鳥字凡觀歡權勸之類从丨上从卝俗从艸誤

爨 取亂切說文齊謂之炊丨臼象持甑冖爲竈口廾推林内火六書略云指事兼會意上从同皆指事與興字異也臼音掬廾音拱今作大凡爨亹之類皆从丨省俗作爨爨

段 徒玩切說文椎物也从殳耑省聲與段字不同段音假凡鍛碫腶等諧聲者从丨俗作段

亂 盧玩切理也說文从乙从𤔔𤔔音同中从幺音於堯切辭字與此同俗作亂乱

三十諫

宦 胡慣切說文仕也从宀从臣宀音緜五經文字云上从丘穴字作宦者譌

簒 初患切說文屰而奪取曰丨从厶算聲厶音私算音筭俗作簒簒

三十一襉

盼 匹莧切顧也說文引詩美目丨兮从目分聲俗作盻非盻胡計切恨視也詳見霽韻盻字下

莧 侯襉切說文丨菜也从艸見聲與寬闊字下莧字不同莧音桓上从卝下有一點

釆 蒲莧切說文辨別也象獸指爪分別也與采摘字不同凡番審釋悉奧粵之類从丨

三十二霰

敻 翾縣切說文營求也从旻从側人在穴上旻火劣切下从擊文之攵凡瓊藑之類从丨俗作𡕥

麪 莫見切說文麥末也从麥丏聲俗作麫麵

徧　卑見切說文帀也从彳音赤與偏字異偏紕連切不正也五經文字云作遍者譌

楝　郎甸切說文木名从木柬聲柬音簡與棟字不同棟音凍屋㮰从東西之東

奠　堂練切說文置祭也从酋酋酒也下其丌也禮有丨祭者六音基俗作奠下从六皆誤

三十三線

羨　似面切說文貪欲也从次从羊次音涎俗从次第字作羡誤

彥　魚戰切說文美士有文人所言也从彣厂聲彣音凡顏諺之類从丨俗作彦

面　彌箭切說文作[illegible]顏前也从百象人丨形百音首俗作靣非

弁　皮變切說文作覍冕也或作[illegible]隸作丨

變　彼卷切說文更也从𢿱攵之攵䜌聲俗作變

劵　逵眷切說文勞也从力卷省聲亦作倦與契券字不同券音勸下从刀俗作勸

三十四嘯

叫　古弔切說文嘑也从口丩聲丩音鳩亦作噭嘂俗從升斗字作𠮩誤

弔　多嘯切說文問終也从人持弓隸作丨俗作吊

三十五笑

笑　仙妙切喜而解顏啓齒也从竹从夭折之夭俗下从犬作笑誤

要　一笑切丨會也又於消切說文作𦟌从臼交省聲古作𡟠上與票䙴字同體隸作丨俗作要

尞 力照切說文作尞柴祭天从火从昚昚古愼字祭天所以愼也上从屮从火隸作丨俗作尞奈

召 直笑切說文評也从口刀聲凡昭招紹照之類从丨俗作名㕣皆非

邵 實照切說文晉邑也从邑與卲字異卲音同說文高也从卩音節增韻併作丨誤

三十六效

效 胡孝切說文象也又功也从攵交聲九經字樣云作効譌

孝 許教切說文善事父母者从老省从子俗作𡥈非𡥈乃教字偏旁音交

敎 居效切說文上所施下所效从攵从𡥈會意𡥈音交上从爻與孝弟字異九經字樣云作教譌

校 居效切說文木囚也从木交聲又相角也報也論語犯而不丨又胡孝切學校也校尉也案此

字元有二音借爲比挍字佩觿以此止音。胡孝切誤

窌 披教切說文窖也从穴从寅卯之卯與宥韻窌字不同窌力救切下从古酉字

三十七號

号 胡到切說文痛聲从口在丂上丂音考凡號咢之類从丨俗作号

秏 虛到切減也虛也說文稻屬从禾毛聲俗作耗

告 居号切啓也說文牛觸人角箸橫木所以丨人也从口从牛俗作告

奥 於到切深也从宀从釆音辨从廾音拱今作大俗中从米粟字誤

纛 徒到切以犛牛尾爲之上从毒案毒字从禁止之毋每从父母字增韻从父母之母作纛誤

盜 徒到切丨賊說文从次次欲皿者次音涎五經文字云从次第字作盜非

奡 魚到切說文嫚也又寒浞子名語丨盪舟从夰从百夰音豪百音首俗作奡

報 博冒切告也復也說文从幸从𠬝幸尼輒切𠬝上从卩音節俗作報

冃 莫報切說文頭衣也从冂从二冂音覓凡冒帽曼漫㝵冕冑最㝡勗之類从丨中从二左右俱不連與日曰二字不同偏旁俗混作曰誤

暴 薄報切晞也猛也說文日晞之丨作㬥疾趣之丨作㬥隸併作丨下非从恭敬字俗作㬥曝非

三十八箇

作 子賀切爲也造也增韻引韓愈詩方橋如此丨又即各切俗別爲做非做直信切

駄唐佐切說文負物也又音駝从馬大聲俗从犬作馱誤

三十九過

臥吾貨切說文休也从人臣取其伏也凡臨監之類从丨俗从卜北字作卧誤、

穤奴臥切稻之黏者可以爲酒亦作稬从禾从需俗作糯

四十禡

霸必駕切把也把持諸侯之權从雨从革从日月之月五經文字云作覇譌

襾呼訝切說文覆也从冂上下覆之冂音覓凡覀之覈覆賈之類从丨與東西字不同俗作西

匕呼跨切說文變也从倒人與匙匕字不同凡眞化老它之類从丨

卸 司夜切說文舍車解馬也从卩从午从止卩音節御字从此俗从畄缶字作𨰻誤

舍 式夜切說文市居曰丨从亼从屮从口隸作丨俗中从地土字作舍誤

四十一漾

㨾 餘亮切廣韻式也法也左从手俗作樣非樣徐兩切說文栩實从木羕聲

望 巫放切說文出亡在外丨其還也从亡朢省聲朢音同月朢也从月从臣从𡈼𡈼音珽俗作望

𤅢 子亮切說文醢也从肉从酉酒以和丨也牀省聲肉偏旁作夕案將字亦从此省俗作醬誤

將 子亮切丨軍師帥也又音漿說文帥也从寸𤅢省聲唯鏘蹡蔣嶈篍之類从丨如漿漿牆牂皆从丨省非从全文上从肉俗从爪作将誤

壯 側況切說文大也从士夫之士凡莊裝奘之類从丨俗从地土字作壯誤

刱 楚亮切說文造法丨業也从井田之井刅聲刅楚良切俗从兼幷字作剏誤

亮 力仗切明也下从儿古人字俗下从几案字作亮誤

況 許放切譬擬也左从水詳見水字下俗作况誤

四十二宕

喪 蘇浪切說文作𠷎亡也从哭从亡會意隷作丨俗作丧

四十三敬

競 渠映切說文作競彊語也从誩从二儿隷作丨與兢字不同兢居陵切懼貌俗作竞

慶 丘正切說文行賀人也从心夊吉禮以鹿皮爲摯故从鹿省夊音綏俗作慶

四十四諍

四十五勁

令 力正切說文發號也从亼音集从卩音節俗作令

四十六徑

聽 他定切說文聆也从耳从悳𡈼聲𡈼音珽俗从地土字作聽聽皆誤

甯 乃定切姓也說文所願也从用寧省聲俗从必作寗誤

佞 乃定切說文巧諂高材也从女从信省五經文字云作佞譌

四十七證

賸 石證切益也餘也又音孕說文物相增加也从貝朕聲集韻云俗作剩非是

稱 昌孕切權衡又處陵切說文銓也从禾爯聲爯亦處陵切从爪从冓省俗作稱或作秤皆非

四十八嶝

亙 居鄧切通也說文从二从舟與僊韻亘字不同亘音宣凡揯恒縆之類諧聲者从丨

凳 丁鄧切牀丨也从几案之几从登俗从兀作凳或作櫈非櫈宅耕切橘屬

四十九宥

又 爰救切更也說文作ヨ右手也象形偏旁作ヨ凡隻雙蒦矍受爰燮及祭尋帚侵聿聿肅隶雪

叓妻秉兼庚唐康庸急彗事丑尹伊爭隱之類
从丨亦作ナ如右灰有友所从與𠂇字不同𠂇
臧可切唯左字从之俗作文

褎 似救切說文袂也从衣采聲采古穗字與褎貶
字異褎補刀切內从孚俗从由作褏袖誤

獸 舒救切飛曰禽走曰丨从嘼从犬嘼許救切上
从吅象形非从二口俗作獸

究 居又切說文窮也从穴九聲與宄字不同宄音
軌俗加點作究誤

廄 居又切說文馬舍也从广㲃聲㲃音同从皀皀
古𦣞字五經文字云从既作廐譌

舊 巨救切對新之稱上从𦫳音寡下从杵臼之丨
俗上从艸下从手臼字作舊誤

富 方副切說文備也从宀畐聲宀音緜五經文字
云作冨譌

冑胄 並直又切上說文兜鍪亦作軸从由从冃音冒下說文胤也裔也又國名从由从肉

窌 力救切地名左傳寺之石窌下从丣古酉字與效韻窌字不同窌披敎切从寅卯之卯

五十候

寇 丘候切說文暴也从毄攴之攴从完五經文字云作寇冦非

冓 古候切說文交積材也象對交之形凡溝講媾遘覯之類从丨又再稱偁字下亦从丨省俗作冓偏旁作冓非茾乃籀文嗌字

茂 莫候切說文草木盛皃从艸戊聲戊音同戊己也中無點畫俗作茂非

貿 莫候切說文易財也从貝丣聲丣古酉字俗作貿監本作貿皆誤

鬥 丁候切說文作[篆]兩士相對兵仗在後象丨之形凡鬭鬨鬪鬮鬫鬩鬧之類从丨經史多譌作門故廣韻註云凡从丨者今與門戶字同其實非也字法當从丨

鬭 丁候切說文遇也从鬥斲聲斲竹角切俗作鬪

⿰豕尨 丁候切龍尾星又謂之豝張衡東都賦日月會於龍丨从豕从尨監本从豕作⿰豕尨誤

陋 郎豆切鄙惡也从阜从匚从丙匚音傒俗作陋

五十一幼

幼 伊謬切說文小也从幺从力俗作㓜

五十二沁

譖側禁切讒毀也說文从言朁聲朁七感切下从子曰之曰俗作譛

五十三勘

五十四闞

暫昨濫切說文不久也从日斬聲五經文字云作蹔譌

五十五豔

豔以贍切說文好而長也从豐盇聲俗作艶

染而豔切說文以繒丨爲色从水从木从八九之九俗加點作染誤

五十六㮇

念奴玷切說文常思也从心今聲俗作念

僣子念切說文假也从人朁聲朁七感切五經文字云作僣譌

五十七釅

劔居欠切說文人所帶兵也从刃僉聲刃而振切集韻云俗作釖非是

五十八陷

臽乎韽切說文小阱也从側人从臼音舅凡陷餡欿萏埳惂閻諂窞啗焰餤掐帞之類諧聲者从丨與小韻臽字不同臽以沼切上从爪偏旁从丨从臽各从其諧聲俗以閻陷等字从臽誤

五十九鑑

監古陷切說文臨下也从臥从血凡覽擥𤮍𦉜鹽監之類从丨

六十梵

氾孚梵切說文濫也从水㔾聲㔾胡感切范字从此與止韻氾字不同氾音似从辰巳之巳

字鑑卷第四

字鑑卷第五

入聲

一屋　二沃　三燭

四覺　五質　六術

七櫛　八勿　九迄

十月　十一没　十二曷

十三末　十四黠　十五轄

十六屑　十七薛　十八藥
十九鐸　二十陌　二十一麥
二十二昔　二十三錫　二十四職
二十五德　二十六緝　二十七合
二十八盍　二十九葉　三十帖
三十一業　三十二洽　三十三狎
三十四乏

一屋

穀 古祿切說文百丨總名从禾㱿聲俗作穀非穀音同楮木皮可爲紙下从木㱿苦角切

谷 古祿切山丨說文从水半見出於口與藥韻谷字不同谷其虐切口上阿也上象其理俗作谷

卜 博木切說文灼剝龜也象灸龜之形凡卦外貞叶之類从丨俗作卜

攴 普木切說文小擊也从又卜聲與支持字異偏旁作攵俗以爲文學字非凡寇敲脩條釐務敘敻變收之類从丨偏旁俗作夂又字皆誤

木 莫卜切說文作𣎳从屮下象其根與朩字異朩匹刃切凡禾禾基蘖某來耒乘等从丨俗作木

禿 他谷切說文無髮也从儿从禾儿古人字俗下从几案字誤

伏 房六切說文伺也从人从犬與伏字不同伏音大地名在海中从小大字

復　房六切說文往來也从彳复聲复音同隸作丨下从夂音綏俗作復

服　房六切衣服也从舟从卩从又舟偏旁作月卩音節俗作服

目　莫六切眼也凡縣夐冒朂莫直眞鼎具之類从丨偏旁亦作罒橫丨也蜀罪德蔑憲𦋺罰之屬所从罰字雖不从此隸變與罒同

苜　莫六切丨蓿草名从艸从目與末韻苜字不同苜音末上从𦫵音寡

穆　莫六切親也說文从禾㣎聲㣎音同从黑白之白从小从彡隸作丨增韻上从自誤

肅　息六切說文持事振敬也从聿在㷌上聿尼輒切㷌古淵字左右岸也中象水也俗作肅肅

宿　息六切說文止也从宀佰聲佰古夙字俗作宿宿

尗 式竹切說文豆也象丨豆生之形又伯丨季後人加又及艸凡叔督踧戚之類从丨俗作尗

倏 式竹切丨忽犬走疾也說文从犬攸聲俗从灰火字作倐誤

粥 之六切糜丨說文作鬻从䰜从米隸省作丨旁从弓象氣之形非弓箭字鬻字與此同俗作粥

肉 而六切肌肉偏旁作月夕與日月字不同凡祭然多炙肴胔䏿將筋臘之類从丨俗作肉

朒 女六切朔而月見東方謂之縮丨增韻云从日月之月从肉舊从內誤說文作朒从月內聲案此乃諧聲之字以類推之當从骨肉之肉疑傳寫譌爾今依增韻从肉

衄 女六切說文鼻出血从血丑聲俗从刃或从刄作衂衄皆誤

育 余六切養也从𠫓从肉𠫓他骨切與云字不同徹轍字从此

賣 余六切說文衒也从貝𡿺聲𡿺古睦字隷作丨中从四與買賣字不同賣中从四音罔凡瀆牘讀竇續覿之類諧聲者从丨俗作賣

𦥑 居玉切說文叉手也下畫不連與杵臼字不同凡𦥑陳臾舁與興輿𦦙學覺盥巢卵之類从丨

鹿 盧谷切說文獸也象頭角四足之形鳥丨足相似故从二匕匕卑履切俗作鹿

祿 盧谷切說文福也从示彔聲彔上从彑音罽俗作祿凡从彔者與此同

角 盧谷切集韻獸不童也東方朔傳臣以爲龍又無丨謂之爲蛇又無足又漢四晧丨里先生佩觿集引辨證曰案資暇集漢四晧其一號丨里丨音祿故魏子祕記荀氏漢紀慮將來之誤直書祿里可得而明俗別爲角於義無據又音覺獸角也字象形非从刀下用作角角者皆誤

豖 丑六切說文豖絆足行丨丨从豕繫二足凡豩椓啄涿瘃琢之類从丨

竺 張六切說文厚也又西域國名从二之二竹聲俗作竺非

二沃

篤 冬毒切說文馬行頓遲从馬竹聲俗作篤

隺 胡沃切說文高至也从隹上欲出冂冂音坰凡鶴膗搉確之類从丨俗上从宀作寉誤

三燭

屬 殊玉切說文連也从尾蜀聲俗作属

粟 須玉切穀也說文作㮚上从卤音條隸作丨粟字上與此同詳見西字下

玉 魚欲切寶丨陽精之純說文作王帝王字則作王中畫近上金丨字三畫皆均無點秦更隸書以其疑與帝王字無辨故加點以别之而以畫均者爲帝王字古文作玊隸作丨點在下畫之旁又須欲許救息六三切丨工也朽丨也又國名又姓俗作玉增韻以玉爲須欲等切誤

朂 吁玉切說文勉也周書曰丨哉夫子从力冐聲俗从日从助誤

四覺

㱿 克角切說文從上擊下也从殳青聲青音腔亦作殼凡轂穀縠穀殻㲉之類从丨偏旁俗作殸誤

丵 仕角切說文叢生草也上从四直畫兩長兩短凡業叢對菐耑鑿之類从丨俗上从从屮誤

籗 仕角切說文作籱罩魚者也从竹靃聲靃呼郭切或省作丨監本从寉誤

斲 竹角切說文斫也从斤从㽕㽕徒口切

槊 所角切說文矛也从木朔聲俗作矟

五質

叱 昌栗切說文訶也从口七聲俗从變匕字作叱誤

日 人質切說文實也太陽之精不虧从口一象形凡晉量㬎是冥亶昔涅退暫復音覃之類从丨如旨香猒等字从甘魯智皆習者等从古自字盈字从因亘字中从古文回亘字从舟又冕曼勗最𦐇等字从曰音冒曷曹㬰替沓等字从子曰之曰偏旁俱不同俗混从日誤復音覃字雖不从丨偏旁與日無異亘音宣亘居鄧切

密 覓筆切稠也說文山如堂者从山宓聲宓音伏中从必蜂蜜字與此同俗作㴵蜜誤

悉 息七切說文詳盡也从釆从心釆音辨俗上从采摘字作悉誤

漆 親吉切膠丨古作桼說文木汁可以髹物下从水象桼如水滴而下厀膝字與此同俗作漆

觱 壁吉切丨篥說文作觱从角𤍽聲𤍽籒文誖字从二或一正一倒集韻作丨增韻上从咸誤

滭 壁吉切說文風寒也从冫畢聲冫音冰與滭字異滭音同滭沸泉出貌从水

匹 普吉切說文四丈从八从匸音徯俗作疋疋誤疋音胥疏旋等字所从疋音正是定字从之

弼 薄密切說文輔也从弜从西弜其兩切西音㮇古貌俗作弼

逸 弋質切說文失也从辵从兔兔鹿之兔俗从解免字作逸誤

吉 激質切說文善也从士夫之士从口俗作吉非

汩 越筆切說文治水也从水从子曰之曰與汨字不同汨音骨又音覓从日月之日

率 朔律切說文捕鳥畢也象絲罔上下其竿柄也中从从兩二字俗作率

肸 黑乙切說文響布也从十从𦘫又佛丨人名𦘫音迄俗作肹

六術

沭 食律切說文水出青州从水朮聲朮見下與沐浴字不同沐音木

朮 直律切山薊也从朩加點朩匹刃切凡述殺剎絉之類从丨·俗从草木字作术誤

出 尺律切丨入也說文作㞢進也象草木益滋上丨達也隸作丨六書略云華英也華皆五出故

象五丨之形非从二山

卹 雪律切說文憂也从血卩聲卩音節監本从邑誤

戌 雪律切辰名从戊从一凡歲威威㛼之類从丨與戍戊字異戍春遇切下从人戍音越俗作戌

寽 劣戌切說文五指持也从𠬪一聲凡捋埒鋝酹[寽刂]號諧聲者从丨與將字偏旁不同將上从肉

聿 以律切說文所以書也从聿一聲聿尼輒切上从又凡書晝畫畫盡盡賣之類从丨俗作聿

七櫛

虱 所櫛切說文作蝨齧人蟲从𧊕卂聲卂音信或省作丨俗作虱

八勿

鬱 紆勿切說文木叢生者从林从缶从冖从鬯从彡冖音覓俗作欝

尉 紆勿切火斗丨器又紆胃切說文作㷉从𡰥又持火以丨申繒也今文作丨俗加火作熨非

九迄

十月

月 魚厥切說文作[illegible]闕也太陰之精象形隸作丨上有闕中二畫連左不連右凡朦朧朔望明朗有朏期刖霸閒朓朒之類从丨與月月月三字不同如昏胃筋朧等字从月音肉上畫合中二畫滿青字从冃音丹前俞朝朕等字从月音舟偏旁混作月誤

粵 王月切說文于也从亐从宷亐古于字宷古審字俗內从米粟字下从丂作粤誤

曰 王月切說文作㫚从口乙聲上有闕與日月字異凡會曾曷曹朁替沓曶昌之類从丨俗作曰

越 王月切說文度也从走戉聲戉音同斧也从戈从乚音厥凡戉紱字諧聲者與此同俗作越

闕 丘月切說文門觀也又選丨空官也俗作闕

髮 方伐切說文根也从髟犮聲犮蒲撥切俗从朋友字作髮誤

發 方伐切起與也說文从弓从癶从殳癶音撥凡廢潑之類从丨俗作發

罰 房越切說文辠之小者从刀从詈未以刀有所賊但持刀罵詈則應丨

十一沒

沒 莫勃切說文沈也从水从㒟㒟音同上从回古回字隸作丨歿殁字與此同旁非从殳俗作没

𠫓 他忽切說文从倒子與云曰字不同凡充育棄之類从丨古作㐬若流疏梳琉等从㐬

卒 臧没切說文作𧘝隸人給事者衣爲丨丨衣有題識者隸作丨非从衣从十俗作卒誤

十二曷

達 陀葛切通也說文从辵羍聲羍音撻下从羊凡闥達撻之類从丨俗作達

剌 郎葛切說文戾也从約束之束从刀與刺字不同刺音七賜七迹二切从芒朿之朿

歺 牙葛切說文列骨之殘也从半冎偏旁作歹凡殊殂殛列之類从歹非从旦夕字俗作歹

十三末

沫 莫葛切水名在蜀从水从本末之末與沬字不同沬莫佩切水名在衞从午未之未

舌 古活切說文作𠯑塞口也从口氒省聲氒音厥隸作丨上从千百之千與薛韻口舌字不同舌从干犯之干凡話活闊括栝筈聒适鴰刮之類諧聲者从丨增韻丨舌不分混作口舌字誤

栝 古活切說文隱也从木舌聲舌音同與栝字異栝音桰佩觿曰竈杖之栝爲丨柏其順非如此

市 普活切說文作巿草木丨丨然象形隸作丨凡𣎵沛䤱肺芾旆从丨偏旁又作𡯁索南孛𡗨上从之丨本說文韍字篆作巿音拂从巾象形篆文二體隸變爲一與市井字異詳見止韻

犮 蒲撥切說文犬走貌从犬加丿與朋友字不同凡跋拔㧞茇髮鈸諧聲者从丨俗作犮犮

十四點

戛 訖黠切說文戟也从戈从百音首俗作戞

韧 恪八切說文巧丨也从刀丰聲丰音界凡契栔齧挈挈絜挈挈之類从丨俗作韧切

八 布拔切說文作八象分別相背之形偏旁亦作八凡曾家尚胤匹四詹半肸肖余茶塵貝只眞穴保兮平乎金火光朕送柬𣎆朮术之類从丨若谷酋谷上从水敗貌羊𦍌首弟上从一點一撇又兼幷二字上从二撇俗混从丨誤木匹刃切

㕯 女滑切說文言之訥也从口从內今作丨凡巂商矞𠳋之類从丨偏旁俗作㕯誤

十五𨍏

𨍏 胡瞎切說文車軸耑鍵也兩穿相背从䒑𢆶省聲𢆶古𠬪字增韻上从士下从牛作𨍏誤

刹 初𨍏切柱也又僧寺說文从刀刹省聲下从朮音直律切𣪠殺字與此同俗作刹

十六屑

切 千結切說文刌也从刀七聲俗作切

竊 千結切說文盜自中出曰丨从米从穴禼聲禼音薛俗作竊竊

卪 子結切說文作㔾瑞信也象相合之形今作節偏旁作卩㔾巴凡令卸報服巽辟卬𨚍卲厀卹危卮卮卷巷蹇夗苑𢀵卮色㔾邑絕肥僊肥丞承卻之類从丨與卩字不同卩偏旁邑字

截 昨結切說文斷也从戈雀聲俗作截

鐵 他結切說文黑金也古作銕下从壬音珽俗作鐵

苜 徒結切說文目不正也上从丫音寡與屋韻首蓿字不同苜音目上从艸凡夢薨之類从丨

涅 乃結切說文黑土在水者又染黑也从水从土日聲俗下从工匠字作涅誤

頁 胡結切說文頭也从百从人下非从貝俗作頁

奊 胡結切說文頭衺骫丨態也賈誼傳丨后亡節从夨圭聲夨音仄增韻从隹作隻誤

摰 倪結切危丨也考工記大則短而丨上从埶古藝字與摯字異摯音至握也上从執持之執

血 呼決切說文作𥁓祭所薦牲丨也从皿从一隷作丨凡盍盡鹽監監盬之類从丨

穴 胡決切說文土室也从宀八聲俗作宂非宂而隴切忙也凡空窻竈鴪帘之類从丨

蔑 莫結切說文勞目無精也从苜人勞則丨然从戍苜音末戍舂遇切俗作蔑蔑皆非

十七薛

暬 私列切日狎習相慢也說文作暬从日執聲謹案執音汁非聲也說文褻熱字與此同韻皆从埶得聲埶古藝字則此非从執持之執增韻云字當从埶乃說文傳寫者譌爾

禼 私列切說文蟲也从禸象形俗作卨

絕 情雪切說文斷絲也从糸从刀从卩音節監本从顏色字誤

舌 食列切口中丨說文上从干犯之干凡甛餂恬舐結狧之類从丨俗作舌非舌音聒詳見末韻

熱 而列切說文溫也从火埶聲埶古藝字俗作熱

㕞刷 並所劣切上說文拭也从又持巾在尸下 下說文刮也从刀㕞省聲俗併作刷誤

徹 敕列切說文通也从彳从攴从育音毓凡撤轍𨇽澈之類皆从丨省五經文字云从去作徹譌

正从不

孑 吉列切單也說文無右臂也象形俗作子非孑乃偏旁子字

缺 傾雪切說文器破也从缶決省聲俗作缺

蘗 魚列切說文作櫱伐木餘也或从木辥聲古文作不从木無頭此下正从木也增韻亦作蘗誤

別 皮列切說文作𠛱分解也从冎从刀冎音寡隷作丨俗从力作別誤

十八藥

孑 从了乚

爵 即約切說文作爵禮器象形中有鬯酒又持之也隷作丨俗上从爪作爵誤

弱 日勺切說文橈也下與羽同體俗作弱

箸 陟略切置也服衣也又直略切附也說文遲倨切飯敧也从竹者聲又陟慮切紀述也許慎云

箸於竹帛謂之書佩觿曰丨有陟句知主呈略知虐四翻俗別作着爲陟略直略二切誤五經文字云作筯爲匙箸之箸者譌經典紀述箸書之箸字當从竹取竹帛之義而轉寫从艸者非

勺 職略切說文挹取也中从一象形寸字下亦从一俗皆从點誤

辵 敕略切說文乍行乍止从彳从止偏旁作辶凡巡迺之類从丨俗作辶

谷 其虐切說文口上阿也从口上象其理與山谷字不同凡綌卻郤谿之類从丨

虐 魚約切說文作虐殘也从虍虎足反爪人也隷省作丨虍音呼俗作虐

郤 乞約切說文節欲也从卩音節谷聲谷音噱與郤字異郤音隙从邑五經文字云俗作却

矍 厥縛切說文隹欲逸走也从又持瞿俗作矍

十九鐸

博 伯各切說文大通也从十从尃尃音敷與愽字不同愽音團从心从專俗作愽誤

鑿 疾各切說文穿木也从丵从臼从殳从金俗作鑿

鶴 曷各切鳥似鵠長喙丹頂說文从鳥隺聲隺胡沃切五經文字云从霍者譌俗又作鶴皆誤

惡 過各切說文過也从心亞聲亞衣駕切次也五經文字云从西者譌俗又作悪皆誤

壑 黑各切說文溝也从𣦼从谷从土𣦼音殘俗作壡壑

咢 逆各切說文作咢譁訟也从吅从屰屰音逆隸作丨凡鄂愕噩蘁遌鰐之類从丨增韻作咢誤

萼 逆各切華跗从艸从咢俗中从品誤

持雀

雘 烏郭切說文善丹也从丹青之丹蒦聲俗作艧

二十陌

坼 恥格切說文作㘿裂也易百果草木皆甲丨又毀也从土㡿聲㡿音赤隸作丨俗作拆

虢 古伯切國名說文虎所攫畫明文也从虎寽聲寽音律俗作號

蒦 乙虢切說文規丨商也从又持雀凡護鑊濩擭獲蠖之類从丨上从卝音寡俗作蒦

白 簿陌切西方色凡皐穆隙虩皙柏泉原之類从丨如魯者皆智習等字本从古文自隸與丨同

二十一麥

麥 莫獲切說文芒穀秋種厚薶故謂之丨从來有穗者从夂夂音綏俗作麥麦

脈 莫獲切說文血理分衺行體者亦作衇从肉从𠂢音派俗从朩作脉誤

策 測革切說文馬箠也从竹朿聲朿七賜切俗从宋作筞策皆誤

冊 測革切說文作𠕋符命也象形或作冊凡侖扁嗣删姍栅之類从丨俗作用冊

戹 於革切隘也災也从厂音罕从㔾音節古作戹與戹字不同戹五果切上从厂音曳俗作戹

覈 下革切說文實也从襾敫聲襾呼訝切俗作覈

革 古核切說文獸皮治去其毛丨更之象上从廿音集俗作革

二十二昔

昔 思積切往也說文作𦣝乾肉也从殘肉日以晞之籀文作腊隸作丨俗作昔

夕 祥亦切說文莫也从月半見凡名多夜外夗歹之類从丨俗作夕

釋 施隻切說文解也从釆音辨睪聲與釋字不同釋音同漬米也左从米俗从釆采摘字作釋誤

隻 之石切說文鳥一枚也从又持隹俗作隻

炙 之石切說文炮肉也从肉在火上又之夜切膾丨也肉偏旁作夕中从二點俗从旦夕字誤

厈 昌石切大也黜也說文作厈郤屋也从广屰聲广音儼隸作丨凡柝坼訴泝之類从丨俗作斥

石 常隻切說文山骨也从厂之下口象形厂音罕俗作石

益 伊昔切說文作𥁋饒也从橫水从皿隸作丨

迹 資昔切足丨說文步處也从辵亦聲或作蹟辵音綽俗作跡

易 夷益切說文日月爲丨象陰陽也一曰从勿又以豉切凡鍚剔賜鬄之類諧聲者从丨俗作昜

場 夷益切說文疆也从土昜聲與場圃字不同場音長从古陽字

奕 夷益切說文大也从大亦聲與弈字異弈音同說文圍棊也下从廾音拱

辟 必益切說文作辟法也从辛从卩音節从口凡譬避僻壁之類从丨俗作辟或从尸皆誤

隙 乞逆切說文壁際空也从𨸏从𡭴𡭴音同中从黑白之白俗作隙干禄字書云作隟非

郤 乞逆切說文晉大夫叔虎邑也从邑谷聲谷音噱非山谷字與郤字不同卻乞約切从節

綌 乞逆切說文粗葛也从糸谷聲谷音噱俗从山谷字作綌誤

戟 訖逆切說文作戟有枝兵也从戈从倝隷作丨俗从卓戟誤

丸　訖逆切說文作𠃨持也象手有所丨據也今作丨與丸字不同丸音桓从點居中凡埶執孰等字从丨偏旁或省作凡若嬴羸贏臝恐鞏跫蛩筑築等字从凡俗从點於右作丸誤

屰　魚戟切說文作屰不順也从干下凵丨之也凵口犯切隸作丨凡逆厥之類从丨俗作屰𢆉非

二十三錫

皙　先的切說文人色白也从黑白之白析聲析見下與晢字異晢旨熱切明也从日从折俗作晢

析　先的切說文破木也从木从斤五經文字云作枅譌

覓　莫狄切求也从爪从見俗作覔

冖　莫狄切說文覆也从一下垂凡冠冟冥冤罥熒等从丨如軍冢瞢夢等字从包省俗混从丨誤

鼏 莫狄切禮記疏布丨說文从鼏冖聲冖音同與青韻鼏字異鼏音同从冂音扃

糸 莫狄切說文作糸細絲也象形隸作丨下與小大字同體凡徽繭彝類之類从丨偏旁俗作糸

汨 莫狄切丨羅屈原所沈之水从日月之日又古忽切與質韻汩字不同汩越筆切从子曰之曰

商 丁歷切廣韻本也木根果蔕獸蹏皆曰丨與宮商字不同凡適滴嫡摘之類諧聲者从丨

歷 郎狄切說文過也从止厤聲厤音同中从二禾曆字與此同俗从林木字作歷曆誤

鬲 郎狄切說文作鬲鼎屬象腹交文三足凡獻融之類从丨俗作鬲

闃 苦狊切說文靜也易窺其戶丨其無人从門狊聲俗下从貝作閴誤

惕 他歷切說文敬也从心易聲與愓字不同愓徒朗切放也从古陽字

戚　倉歷切說文戉也又親也憂也从戉尗聲戉音越俗从戊己字作戚誤

二十四職

飾　設職切說文㕞也从巾从人食聲俗作飾

色　所力切說文顏氣也从人从巴音節俗作色

嗇　所力切說文作嗇从來从㐭音廩隷作丨凡牆穡之類从丨俗作

食　實職切說文作𠊊一米也从皀亼聲隷作丨偏旁作食凡饑館之類从丨俗作食誤

即　節力切說文就也从皀从卪音節皀皮及切凡節鯽喞堲之類从丨俗作即

直　除力切說文正見也从乚从十从目乚音隱俗作直

𧖧 許極切說文傷痛也引周書民罔不丨傷心从血从聿皕聲聿以律切俗从聿从皿作𧖧誤

棘 訖力切說文小棗叢生者从並朿朿七賜切俗从約束字作棘誤

茍 訖力切說文自急敕也上从丷音寡敬字从此與苟且字不同苟上从艸

昃 阻力切說文日在西方時側也从日仄聲仄音同从人在厂下俗作昊

二十五德

北 必勒切朔方說文乖也从二人相背凡燕冀乖背乘之類从丨俗从地土字作北誤

賊 疾則切說文敗也从戈則聲集韻作戝俗从戎誤

黑 乞得切說文作𪐗从炎上出四隸作丨凡墨熏黨點默黜之類从丨四古窻字俗作黑

僰　蒲墨切說文犍爲蠻夷从人棘聲棘音亟俗作僰僰

剋　苦得切殺也損削也又丨期約定期日也从刀从克俗作尅非

二十六緝

執　質入切持也凡蟄贄鷙縶墊𧽤𡝠摯慹讋諧聲者从丨若埶勢等字从埶者詳見祭韻埶字下

慹　質入切說文怖也从心執聲與祭韻慹字不同慹音勢

溼　失入切說文幽丨也从水一所以覆也覆而有土故丨也㬎省聲與濕字不同濕託合切水名出平原高唐从水从㬎徐鍇曰今人不知有此丨字以濕爲幽丨非是

廿　人執切說文二十幷也今直爲二十字

澀 色入切說文作歰不滑也从四止二正二倒俗上从二刃誤

邑 一入切說文國也从口从巴音節偏旁於右作卩如郎郡鄰郵之類从丨左乃阜字偏旁陵陸等字所从又與卩字異卩音節若卹卽等字从之俗以郎郡等从節誤

湇 乞及切羹汁又大羹也从肉从泣與湆字不同舊註幽溼誤

湆 乞及切說文幽溼也从水音聲五經文字云經典多以此丨字爲大羹湇字誤

及 其立切說文逮也从又从人隸作丨俗作及

亼 秦入切說文象三合之形上非从入凡俞含佘今陰禽念金食倉僉合命侖龠會之類从丨

二十七合

帀 作荅切說文周也从反㞢㞢古之字俗作匝迊

沓 達合切說文語多丨丨也从水从子曰之曰踏字从此俗作沓沓

荅 得合切報也說文小尗也从艸合聲凡塔搭劄之類从丨俗作荅答

二十八盍

𦐇 土盍切說文飛盛貌从羽从曰曰音冒內从二凡塌榻[illegible]之類从丨俗上从日誤

二十九葉

巤 良涉切說文毛巤也象形中从囟音信凡臘獵鬣擸蠟鑞儠躐之類从丨俗作巤巤

輒 陟葉切專也說文从車耴聲耴音同从耳下垂非捕取字凡踂銸㡇䜂聲者放此俗作輙誤

幸　尼輒切說文作㚔所以驚人也从大从羊羊音飪後漢石經作丨俗以爲儌幸字非𡴘胡耿切詳見耿韻凡執摯報圉盩籍之類从丨與達旁㚔字不同㚔音撻下从羊

嵒　尼輒切說文多言也从品相連左傳次於丨北與山嵒字不同嵒音巖从山从品

三十帖

疊　徒協切重也本作疊說文从晶从宜新室以爲丨从三日太盛改爲三田俗作疊叠

協　胡頰切說文衆之和同也从劦从十劦音丨與協字音同義異協同心之和俗从劦非劦音黎

燮　悉協切說文和也从又从言从炎俗下从火作燮誤

蜨　徒協切說文蛺丨也从虫疌聲疌音涉徐鉉曰今俗作蝶非是

三十一業

劫 訖業切說文人欲去以力脅止曰丨从力从去俗作刼刦

三十二洽

陜 胡夾切說文隘也从阜从夾輔之夾夾从二人俗以爲關陝字非陝音閃从二入

臿 測洽切舂也从杵臼之臼臼干犯之干凡插鍤歃之類从丨俗从千百字作臿臿皆誤

三十三狎

三十四乏

字鑑卷第五

國家圖書館藏稀見字書四種

國家圖書館藏稀見字書四種

中華書局 編

1

中華書局

圖書在版編目(CIP)數據

國家圖書館藏稀見字書四種:全2册/中華書局編.— 北京:中華書局,2015.11
ISBN 978-7-101-11265-8

Ⅰ. 國… Ⅱ. 中… Ⅲ. 漢字—古文字—字典
Ⅳ. H162

中國版本圖書館CIP數據核字(2015)第237519號

ISBN 978-7-101-11265-8

9 787101 112658 >

責任編輯:張 昊 陳利輝
封面設計:蔡立國

微信　新浪微博

國家圖書館藏稀見字書四種
(全二册)
中華書局 編
*
中 華 書 局 出 版 發 行
(北京市豐臺區太平橋西里38號 100073)
http://www.zhbc.com.cn
E-mail:zhbc@zhbc.com.cn
三河弘翰印務有限公司印刷
*
889×1194毫米 1/16・60⅝印張
2015年11月北京第1版 2015年11月三河第1次印刷
定價:1200.00元

ISBN 978-7-101-11265-8

出版説明

「字書」之義，有廣狹二端。廣義上，是指我國古代以字爲單位，用以解説文字形、音、義的一類書籍，其性質近似於後世的字典、詞典。《四庫全書總目提要》又將這些書籍分爲三種類型：以分析字形爲主的字書，如《説文解字》；以標注字音爲主的韻書，如《廣韻》《集韻》；以解釋字義爲主的訓詁書，如《爾雅》。三者各有側重，共同構成了古代學術文化中的小學門類。

而狹義上的「字書」，則是專指以分析字形爲主要任務的書籍，如《説文解字》，其書「推究六書之義，分部類從，至爲精密。而訓詁簡質，猝不易通。又音韻改移，古今異讀，諧聲諸字，亦每難明」（《四庫全書總目提要》卷四十一）。由此可見，以「六書」爲核心，對文字字形的分析和歸類，就成爲這類字書的專門功用。

有鑒於字書對古代經學、文字學研究的獨特意義，我們精心遴選具有版本、文獻價值的古代字書文獻四種，匯爲一集，影印出版。以下，就各書價值及出版情況做一簡要介紹，以供讀者參考。

一、《五經文字》三卷，唐張參撰，清初席氏釀華艸堂影宋抄本

《五經文字》是專門考訂經典中文字異同的古代字書著作，全書收三千二百三十五字（因字出兩書或重字，實際收字多於此數），定一百六十部首，集中反映了唐中期「正字學」的研究成果和漢字

楷體字的發展演變特點，特別是其中對於「正字」的確定標準、「訛字」的使用限制以及部首的減省歸併等，都成爲那個時代的正統標準。作者張參是唐代宗大曆年間的著名學者，官國子司業，曾參與校訂經典和刊刻石經的工作，惜正史無傳。

此次出版，我們選用了清初席氏釀華艸堂影宋抄本。原書烏絲欄墨筆抄寫，版框高二十二點二釐米、寬十五釐米，書高三十一點三釐米、寬二十點一釐米。此本末有毛扆識語曰：「扆購得《五經文字》一部，係從宋板影寫者。」但學界以爲此書無毛氏印鑒，且卷尾識語與汲古閣字體不類，是否爲毛氏所藏尚難定論。此書後歸海源閣楊氏，定爲毛氏影抄本。至民國間又轉歸周叔弢處，著録爲「《五經文字》《九經字樣》，席氏景宋抄本」。入藏國家圖書館後，經趙萬里先生斟酌考證，定爲席氏釀華艸堂影宋抄本。席鑒，字玉照，號茱萸山人。江蘇常熟人。乾隆間爲國子監生。著名藏書家、刻書家，「釀華艸堂」爲其藏書室名。後席氏由私家藏書轉入刻書業，因與同郡葉氏爭利，建「掃葉山房」，取雙關之意。其家族刻書業前後延續近三百年，佳刻代出。

此本每卷首尾皆朱記纍纍，如「席鑒之印」陰陽合璧方、「墨妙筆精」朱文方、「趙宋本」朱文圓、「釀華艸堂」白文方、「汪士鐘印」白文方、「三十五峰園主人」朱文方、「楊以增字益之又字至堂晚號冬樵行弌」朱文方、「關西節度系關西」朱文楕圓、「東郡楊紹和字彦和藏書之印」朱文方、「儀晉觀堂鑒藏甲品」白文方、「宋存書室」朱文方印等，可知此書自清初藏於席氏後，又經長洲汪氏、海源閣楊氏祖孫三代及自莊嚴堪周氏等名家遞藏，最後由周叔弢先生化私爲公，捐獻於國家圖書館藏。

二、《佩觿》三卷，宋郭忠恕撰，明嘉靖六年（一五二七）孫沐萬玉堂刻本

郭忠恕，字恕先，又字國寶，後周廣順中爲宗正丞兼國子監書學博士，後人因稱「郭宗正」，生年不詳，河南洛陽人。入宋後，太宗召授國子監主簿，參與校刻石經及整理歷代字書。太平興國二年（九七七）因謗讟時政，處決杖，配流登州，卒於齊州道上。忠恕博學多才，擅書畫，能識科斗古文。

《佩觿》之名，出於《詩經·衛風》「芄蘭之支，童子佩觿」句，「佩觿」者，古代解繩結之角錐，亦可爲佩飾，謂已成年，具有才幹。郭氏自言：「佩觿者，童子之事，得立言於小學者也」，因而有以其爲童蒙之學者。然此書體例規整，事例詳備，論説精當，全書三卷被後人總結爲「三科十段」，卷上論及「造字之旨」、「四聲之作」與「傳寫之差」，是爲三科；中、下兩卷列形近音近易混之字，按四聲分爲十部，是爲十段。可見，这絕不是僅爲兒童認字識音所作的啓蒙讀物，而是一部較爲成熟的文字學研究著作，且「忠恕洞解六書，故所言具中條理」（《四庫全書總目提要》卷四十一），雖不免有所疏漏，但仍不失其價值。

此書常見有清康熙四十九年（一七一〇）張士俊《澤存堂五種》本、光緒九年（一八八三）長洲蔣氏《鐵華館叢書》本以及據鐵華館本影印之《叢書集成》本。此次我們所選取的是明嘉靖六年（一五二七）孫沐萬玉堂刻本，版框高二十點七釐米、寬十五點八釐米，書高二十八點四釐米、寬十六點八釐米，版心下刻「萬玉堂雕」字樣，卷上卷端鈐「曾在周叔弢處」朱文長方印。此本原係孫氏「續刻，置家墅以訓諸子」之用，後徐充以其「舊藏寫本，俱手摹宋刻者，彼此互有異同，因屬參校，微折秋毫，而寫本復多《辯證》……增附卷末，始克完繕」（徐充《題新刻佩觿後》）。由此可見，孫氏萬玉堂

本不但是現存最早的《佩觿》刻本，而且經過與影宋寫本的校勘和增補，後世澤存堂本與鐵華館本衍生的錯誤，在萬玉堂本中大多沒有出現，其版本價值自非他本可比。此本曾經周叔弢自莊嚴堪庋藏，更顯寶貴。

三、《班馬字類補遺》五卷，宋李曾伯撰，清初毛氏汲古閣影宋抄本

《班馬字類》是南宋婁機編撰的一部探討《史記》《漢書》二書中所用古文、假借字字音、字義問題的文字學著作，又名《史漢字類》。婁氏將從《史記》《漢書》中輯出的古字、通假字，按四聲編排，辨別字音，説明假借關係，並引用原注加以考證，在輔助原著閱讀之餘，也留下了宋代文字音韻學的材料，頗爲珍貴。

在此基礎上，稍晚於婁機的李曾伯爲《班馬字類》一書做了《補遺》。李曾伯，字長孺，號可齋，覃懷（今河南沁陽）人，後居嘉興。官濠州通判，遷軍器監主簿，纍官知慶元府兼沿海制置使。《宋史》卷四百二十有傳。

關於《補遺》的成書經過，李氏在《自序》中做了充分的交待：「余幼年從事句讀，嘗見鄉先生婁公參與《班馬字類》，喜其究心字學，采摘二史，旁證曲盡，得之者可無魯魚亥豕之惑，自謂該載已備，不必問奇於揚子雲矣。後隨侍先君入蜀，與諸朋友游，有老儒王撲者，嘗論及此作而曰：「此書所載，善則善矣，猶未盡也。」因與之考論二史，果而⿰目户分類析，間多遺闕。在蜀數年，相與朝夕考訂，日積月纍，凡有所得，書於四聲之下，共一千二百三十九字，補注五百六十三……名以《補遺》，附於韻後。」

此次出版，我們選擇了清初毛氏汲古閣影宋抄本。汲古閣抄本，世稱「毛抄」，其抄寫工整，字畫、紙張無不追慕宋刻，楊紹和曾言：「毛氏影抄，藝林咸愛重之，得輒什襲，頗少流傳」（楊紹和《楹書隅録》卷四），足見「毛抄」深得藏書家寶愛。原書爲烏絲欄墨筆抄寫，版框高二十八點九釐米、寬十九釐米，書高三十四點四釐米、寬十九點九釐米，書中遍鈐毛氏印鑒，如「毛晋私印」朱文方、「汲古主人」朱文方、「毛扆之印」朱文方、「季斧」朱文方、「宋本」朱文橢圓、「甲」朱文方印等，可見在汲古閣曾經的舊藏中，此本也是被當做宋本珍藏的。清末，此本流入張元濟手中，並加蓋「海鹽張元濟經收」和「涵芬樓」兩枚朱文印章，在其出版的《四部叢刊》中亦收録有此本。

四、《字鑑》五卷，元李文仲撰，清初毛氏汲古閣影元抄本

李文仲，長洲（今江蘇蘇州）人，自題「吴郡學生」，生平無考。《四庫總目》謂：「文仲從父世英，以六書惟假借難名，因輯《類韻》二十卷。以字爲本，音爲幹，義訓爲枝葉，自一而二，井然不紊。凡十年始成。而韻内字畫，尚有未正者，文仲因續爲是書，依二百六部之韻編次之，辨正點畫，刊除俗謬，於諸家皆有所駁正。」（《四庫全書總目提要》卷四十一）

《字鑑》是承續《韻類》按韻編排的字書，共收一千零九十一字。字頭用楷體，每字下先注反切，再引《説文》等字書釋義、分析字形，以辨明其點畫偏旁及字形的變遷，最後指出俗書之正訛。四庫館臣以爲其書「大旨悉本《説文》，以訂後來沿襲之謬，於小學深爲有裨……但於本字下剖析其所當然，深得變通之宜，亦非泥古駭俗者所可比也」（《四庫全書總目提要》卷四十一）。

此次影印底本爲清初汲古閣影元抄本，版框高二十二點八釐米、寬十五點八釐米，書高二十八點

五釐米、寬十七釐米。書内朱印纍纍，如「毛晋私印」朱文方、「汲古主人」朱文方、「荚山珍本」朱文方、「席氏玉照」朱文方、「三十五峰園主人」朱文方、「汪士鐘印」白文方、「汪振勳印」（朱白文方各一）、「梅泉」朱文方、「紹和協卿」陰陽合璧方、「宋存書室」白文長方、「海源閣」朱文長方、「儀晋舊堂」朱文長方、「楊敬夫讀過」朱文方、「周暹」白文方印等，可見此書先後經汲古閣毛氏、常熟席氏、長洲汪氏、海源閣楊氏及自莊嚴堪周氏等名家遞藏。楊紹和云：「予昔在江南得汲古閣主人舊藏《佩觿》《字鑑》，有斧季朱筆校正手跡，精雅絶倫，得未曾有。」（楊紹和《楹書隅録續編》卷一）而此本天頭以浮簽方式多有校注，正是紹和所云之毛扆手筆，傳承至今，頗爲珍貴。

綜上所述，此四種字書文獻實爲研六書之門徑，治小學之津梁，不可不重視，亦不可不廣而化之。近年雖有《中華再造善本》之仿真複製出版，然其本以典藏爲要務，數量、形制並不便於學界應用。因此，我們此次以原大影印出版諸書，若原書開本過大者，則首先保證版框之原大及批校之完整，以俾學界之研究。

中華書局編輯部

二〇一五年十月

目録

五經文字……一
國子監重刊書序（田敏）……五
五經文字序例（張參）……一一
卷上……二一
卷中……六五
卷下……一二三
跋（毛扆）……一七三
佩觿……一七七
卷上……一七九
卷中……二〇七
卷下……二四三

辨證……二六七
郭忠恕傳……二七五
題新刻佩觿後（徐充）……二八九

班馬字類補遺……二九三

班馬字類序（洪邁）……二九七
序（婁機）……三〇一
序（李曾伯）……三〇七
卷一……三〇九
卷二……四〇三
卷三……四八九
卷四……五七一
卷五……六七七

字鑑……七五七

序（顏堯煥）……七五九
序（干文傳）……七六一
序（黃晋）……七六三

序（李文仲）……七六七
卷一……七七三
卷二……八〇三
卷三……八三九
卷四……八八一
卷五……九二五

五經文字三卷

◎

〔唐〕張參撰

清初席氏釀華艸堂影宋抄本

五經文字 卷上 宋本

國子監重刊書序

臣聞後漢立石經於太學，前朝復刊勒於國庠，皆不備注文，未全載籍，既難傳習，何以興行。今　我國家道煥文明，化同書軌，將弘啓迪，務廣典墳，於是博采古文，旁求碩學，詳校麤注，明徵指歸，寫案字書，雕成印本。計彼艱難之始，雖積歲而漆版方成，閲兹

簡易之功不終日而五經可集誠謂光前絶後超異古今者也然有諸經文字雖各依馮六體或從避忌一時苟不辨說所宜亦恐誤惑來者若漢惡水而改洛（後漢都洛陽以火德王而惡水改洛字爲各傍作隹今禮傳作雒詩書作洛）秦嫌辠以似皇（說文云自取辛苦即爲辠故辠字自下作辛秦始皇欲其後世皆皇嫌與辠字相似改爲四下作非即爾雅周禮辠字是）周人不諱二名捨故起於親盡前朝悉避羣廟闕

文偏在諸經或取形聲世字說文三十年爲世前朝諱世若單言世則省一畫而作廿若從偏傍或形相似或取聲相近以廿形似云即石經牒葉弃之類今添正作牒葉棄矣又與正云字相亂音他兀反流䟽徹之類又言世字一畫曳長之世曳聲相近則石經漏洩縲絏之類今添正作漏泄縲紲矣若依前以世作云則紲字似紛紜字或省點畫前朝諱民若單言民則省點與斜畫而作巳若從偏傍則省上畫而作氏則石經泯愍昏之類今添正作泯愍昬矣又與正氏字相亂氏謂姓氏之氏即抵祇底之類二字相亂故特明之若不指正漸失根源書禮春秋未全改正尚書禮記春秋在天福年前或前朝諱淵石經作淵說文云深也從水兩畫象古岸中有横水猶以淵世民依石經省點畫其餘虎治顯旦隆

基亨豫适誦純恒湛等字於印本並已添正矣唯月令是前朝刪定以丙丁爲景丁又以治音直吏反與雉同音改雉爲野雞以虎爲武今月令石經印本並仍舊二南十翼可得歸眞毛詩周易聖朝所雕淵世民字並於印本亦添正矣緣印本與石經及張參五經文字不同故辨明之臣幸以官守膠庠時逢校定覩經文之或異慮學者之未詳竊思發明俾知部類則有大曆中國子司業張參纂成五經文字三卷刻石於長安太學采定古今隸省聚類分門音訓

互明偏傍曲盡實文字之要道儒學之成規但僻在方隅藐殊年代傳聞蓋寡磨滅良多惜將隊於斯文願續鐫於印版又開成中立石經歲別有一卷新加九經字樣補張參之所不載仍標雜辨實益後生雖公穀繫於春秋周儀同於禮典是以張參三卷通而謂之五經張參五經文字部内並載公羊穀梁周禮儀禮中字皆已音訓

出見矣然有所異聞誠宜具載今亦雕刻附集末焉開運丙午歲九月十一日檢校尚書右僕射守國子祭酒臣田敏序

五經文字序例

易繫辭曰上古結繩以理後代聖人易之以書契百官以理萬人以察蓋取諸夬夬決也王庭孚號決之大者決以書契也逮周禮保氏掌養國子以道教之六書謂象形指事會意形聲轉注假借六者造字之本也雖蟲篆變體古今異文離此六者則爲謬

惑矣王者制天下必使車同軌書同
文故教人八歲入小學文有疑者則
必闕而求之春秋之末保氏教廢無
所取正各遂其私故孔子曰吾猶及
史之闕文也今亡矣蓋夫子少時人
猶有闕疑之問後亡斯道歎其不知
而作之也蕭何漢制亦有著法太史
試學童諷書九千字乃得爲吏以六

體試之吏人上書字或不正輒有舉
劾皆正史遺文可得焯知者也劉子
政父子校中秘書自史籀以下凡十
家序爲小學次於六藝之末後漢許
叔重收集籀篆古文諸家之學就隸
爲訓注謂之說文時蔡伯喈亦以滅
學之後經義分散儒者師門各滯所
習傳記交亂訛僞相蒙乃請刊定五

經備體刻石立于太學之門外謂之石經學者得以取法焉遭離變難僅有存者後有吕忱又集説文之所漏略著字林五篇以補之今　制國子監置書學博士立説文石經字林之學舉其文義歳登下之亦古之小學也自頃考功禮部課試貢舉務於取人之急許以所習爲通人苟趨便不

求當否字失六書猶爲壹事五經本文蕩無守矣十年夏六月有司以職事之病　上言其狀　詔委國子儒官勘校經本送尚書省參幸承　詔音得與二三儒者分經鉤考而共決之互發字義更相難極又以前古字少後代稍益之故經典音字多有假借謂若借后爲後辟爲避大爲太知爲智之類經典通用陸氏釋文自

南徂北徧通衆家之學分析音訓特
爲詳舉固當以此正之唯今文尚書改就今字刪定月令依
其時進本與釋文音訓頗有不同卒以所刊書于屋壁雖
未如蔡學之精密石經之堅久慕古
之士且知所歸然以經典之文六十
餘萬既字帶惑體若鼏冪同物禮經相舛薦蘧同姓春秋互出詁故同
義詩題交錯之類音非一讀若鄉原之鄉爲嚮取材之材爲哉兩音出於一家而
不決其當否學者傳授義有所存離之若有

失合之則難並至當之餘但朱發其傍而已猶慮歲月滋久官曹代易儻復蕪汙失其本眞乃命孝廉生顏傳經收集疑文互體受法師儒以爲定例凡一百六十部三千二百三十五字分爲三卷說文體包古今先得六書之要若古文作明篆文作朙古文作坐篆文作㘸之類古體經典通行不必改而從篆有不備者求之字林若祧禰逍遙之類說文漏略今得之於字林

其或古體難明衆情驚懵者則以石經之餘比例爲助若𡧍變爲宜𣈆變爲晉之類說文𡧍𣈆人所難識則以石經遺文宜與晉代之石經湮沒所存者寡通以經典及釋文相承隷省引而伸之不敢專也若𠷎變爲壽㮚變爲栗之類石經湮沒經典及釋文相承作耳近代字㨾多依四聲傳寫之後偏傍漸失今則采說文字林諸部以類相從務於易了不必舊旨次自非經典文義之

所在雖切於時略不集録以明爲經不爲字也其字非常體偏有所合者詳其證據各以朱字記之俾夫觀省無至多惑大曆十一年六月七日司業張參序

五經文字卷上

國子學　凡卌六部

一木部

二手部（又作扌）

三才部（又作𢦏）

四牛部

五爿部（音牆）

六羊部

七米部

八釆部（白莧反）

九人部（又作亻與人同）

十彳部（丑亦反）

十一辵部（丑斫反）

十二廴部（弋忍反）

十三走部

十四止部

十五缶部

十六癶部音撥

十七宀部彌先反

十八穴部

十九冂部彌狄反

廿勹部音包

廿一冋部莫保反

廿二囙部莫報反

廿三目部又作罒

廿四鼎部丁泠反

廿五鼻部

廿六皿部亡往反

廿七且部

廿八貝部

廿九肉部又作月

卅月部

卅一舟部又作月

卅二丹部又作月

卅三角部

卅四魚部

卅五酉部

卅六鹵部

木部冒也冒地而生從屮下象根形今依石經省作木凡字從木皆放此凡一百九十二字六字重文

柹柹上芳吠反見詩注下音仕從木從市聲市音姊樝側加反又作相見禮記柟人占反梅從每每字下作母從母者訛毋音無諸從毋者放此楷口解反桃桃

上說文下石經凡字從兆者皆放此梫七任反桂也樿之善反見禮記本夲上說文從木一在其下今經典相承隸省柢丁奚反又丁系反果從木上象子形似果實字相承加草者於義無據標匹小反又必搖反一曰排杪名小反木末也朶都果反象樹木垂形見易枵許驕反歲名樛糾由反梴丑延反木長皃見詩頌杕徒計反見詩槀若老反木枯也築築上說文下石經極作極訛梢音蕭又山交反見考工記樸音朴作樸訛桷椽也楊木名檐弋占反栭音而樀樀丁曆反上說文從啻下石經凡敵滴適之類皆從啇樓樓上說文下石經椐羌居反樻也見詩大雅櫂與棹同見詩注橭音枯榆木之一名見周禮橑音老車蓋之弓見考工記桯音盈車蓋之杠

見考工記枋彼命反古柄字見禮經桁戶庚反見禮經檠巨京反又巨領反見禮經梗
音庚木名見詩小雅棫音域見詩大雅槷魚列反椴也又讀如涅案字書無文見考工記臬
法也又與槷同榼苦臘反見春秋傳楗音倦見考工記檿烏簟反山桑也梏音穀
又音覺見禮記槬戶化反見春秋傳檀大丹反棷音叟薪也禮記以爲郊棷之棷栒
丑旬反木也與杶同物而異名見春秋傳杶丑旬反楛下苦反朾他丁反見春秋傳
桺柳上說文下經典相承隸省棣徒計反柝欜他各反二同上見易下見周禮
樠莫昆反木名又郎蕩反見春秋傳栝檜二同上見夏書下見詩又苦活反見商書柏
巴革反經典相承亦作栢杇一孤反見論語槾莫干反見論語梱苦本反門橛也杝弋支

反架也禮記亦作椸又音虒見詩小雅權從手者古拳握字今不行俗攉訛櫌音憂覆種見論語經典及釋文皆作耰欘陟玉反斫也櫧知略反見考工記櫛楖二同下見考工記析先狄反作柝訛椑步皆反又步覺反親身棺見禮記又薄兮反見周禮機從手者訛杼杼軸之杼棖丈行反椯丁果反棰也椎槌二同並丈追反並擊也下鼓槌欑才丸反柎方于反枹音浮鼓槌也椌口江反柷柷敔樂名枑行馬也音互見周禮梐傍禮反見周禮棧仕諫反樏力隹反山行所乘棜一據反梁從水從刃從木作梁者訛楫音接經典及釋文或作檝校音教又音效皆從木橫從手者訛樔助交反檇子隨反見春秋傳音醉椓竹角反梡

戶管反見禮記楢櫄並音酉上柞楢木名見論語下積木燎之見周禮檻下減反柙

與匣同見論語桴說文作橝石經作桴楬表木見周禮檮大牢反檮杌字樞叱朱

反檢檢察之檢居儉反從手者撿手之撿音斂槎助雅反見虞書注榷公卓反水上橫

木所以渡楘蒙毒反見詩風櫱五木反見商書梟公幺反從鳥在木上隸省桑

作桒訛槩公代反栲苦老反見詩風榖榖木名上說文下經典相承隸便

移木在左非禾字也榦古但反楨榦字椽丈緣反休象人息木陰加點者非橈

枉橈之橈女絞反俗從手者撓擾之撓火刀反樵木也一曰薪楅被刀反束也又音福見周禮

栻音式卜局也見周禮注柚柚橘也又杼柚字見詩槃音盤棲巢也作栖同

枓音主勺也見禮記杓匹幺反斗柄見禮記椹竹壬反射質也見周禮詩或體以爲桑葚字模法也柂弋支反棺也字林又爲榹架也經典多以杝爲之柲彼利反弋柄⿰木挈槹上音結下音臯所以汲也架禮記作枷桴編竹木見論語杠古窻反牀前橫木今經典用爲旌旗杠從手者皆扛鼎字梜工洽反又古協反見禮記楚林從疋棼扶云反亂也欒見春秋傳楯棱力登反見禮記注枇音毗杷皮巴反棃力知反楀音矩氏也見詩小雅樕栜上音速樸樕字見詩下所革反從朿朿音七賜反自此已下竝見爾雅樆山梨也槄他刀反椱古雅反槸牛勢反椵工下反又音加檵公地反又音計栘上兮反檕工系反栩香羽反柜九呂反木名

櫰槐上音懷大葉而黑下音迴今經典通以下字音懷　樅千凶反　欇之涉反木名

朹音求　枌扶文反　桵人隹反　楔先列反又古鍥反荊桃也　樧山列反　檓大椒

栱居壅反木名也　櫶樗並丑餘反上散也下木名　欃义咸反　槍义庚反欃槍星名也

㮶音突　榹山桃也　楎計韋反　樴音特　榰音支柱也　枊音卭

榽音奚　榼音醘　樲音二　椔壯利反立死也　楩婢善反　枲從台從朩朩音匹刃反今唯枲字從朩經典久相承從木今故移就木部後以明不從木也

手部拳也凡在左者皆依石經作扌凡一百五十二字

指指上說文下石經　拇大指　摳口侯反攝衣也　揖一入反從咠作揖訛　拱

拲並音鞏上拱手下見周禮　挂苦圭反見禮經　按烏捍反見詩大雅　撋如專反見詩注及考工記　拍音博　掤音冰以覆矢也見詩風　攕音衫女手詩作摻　搢插也或以縉爲此字訛　捝他活反又徒活反捶打也　揃子善反搣也搣止列反見周禮注　摝音鹿振之也見周禮　擭寒步烏郭二反柞鄂也阱淺則施　掔烏亂反見禮經　揱音消纖小也見考工記　摺搚二同路合反又作拉及拹並見春秋傳注　摏舒容反　捘搜色留反上說文下經典相承隸省見詩頌　攣力專反　撤去也案字書無此字見論語　撎伊志反肅拜也見春秋傳　㨎如悅反案字書無此字見禮經　晢章舌反見易　揲時設反見易　撽口弔反擊也見春秋傳注　拚方問反與⿰扌糞同爲糞除之糞見禮記　摕之石反見

禮經

拑巨炎反見春秋傳　掫七句反又子內反見春秋傳　據從豦豦音渠凡勮蘧之類皆從豦作據訛　把北下反　攝作攝訛　挾作挟訛　掾弋絹反　拈奴兼反春秋以爲帖字　插初甲反　攜戶圭反相承作攜或作携者皆非　捋力活反從爪下作寸　掇丁活反　捊負溝反引取也　揜掩二同於冉反　拯作拯訛　挑徒了反見春秋傳　招作招訛　投作投訛　撥補末反　擿丈曆反又音擲見禮記注　摘竹革反　抉烏決反　挋拒上音振拭也見禮記下與距字同從巨　揭居局反　掠音略又音亮取也　搖搖上說文從肉從缶下經典相承隸省凡瑤遥之類皆從缶　掉唐弔反　揚舉也州名取輕揚之義亦合作此字俗從木訛　掀火斤反又許言

反舉也見春秋傳撟己小反又己搖反扛音江舉也擩汝圭反見周禮擅作擅

訛搔悉牢反挹於及反又音揖見詩抒時與反除也見春秋摭之適反擐

古患反釋文並音患擾擾如沼反上說文下經典相承隸省援從爰爰從于從受受音平

表反作援訛拔皮八反又蒲末反擣丁老反挻式延反挼墮恚反見周禮

捼奴禾反見禮記注撢他紺反又他甘反見周禮探探上說文下經典相承隸省

搹扼二同烏革反上見禮經掎居倚反揮撝上揮奮下指撝字與麾同

摲所覽反見禮記擠子弟反見春秋傳抵丁禮反括括古末反上說文

下經典相承隸省扐郎得反見易技其爾反能也搏搏上補各反從尃尃音

敷凡博縛之類皆從尃下徒端反從尃捄音求又音俱見詩小雅撮子活反拮据

上音結下音居並見詩風春秋注或以下字音爲據抨普耕反扱初洽反撲普卜反

抵之爾反捶章壘反擢口卓反又音角見周禮注抗作抗訛挂古化反又

作掛見易掫子侯反又側九反捷換胡玩反捥音涴簎初百反又初角反見

周禮揥他狄反又他帝反見詩風抶笞吉反撻吐葛反摽匹堯反擊也又婢小反

摧折也又子雷反至也挃竹乙反穫禾聲見詩擔丁淡反又丁甘反一音瞻見禮記摡

古愛反滌也見周禮措千故反置也經典多借錯字爲之攪工巧反摻操上山

檻反見詩下子到反又倉刀反接交也捲巨負反又音車宛反捲衣也見禮記扳普姦反又

必艱反引也見春秋傳及禮記注 捎山交反取也見周禮枝梢字從木 攫九縛反 掄

挐拏上女居反下女加反 摯握持也經典通以爲執摯之摯與贄同 擘押

二同並博厄反下見禮記 揫子由反見禮記注 挈苦結反 拜𢷎二同下見周禮

擊作擊訛 承時澄反從手從丞丞時證反 摛勑知反見爾雅序 舉從才 抔

步侯反手掬也案字書無此字見禮記 扞戶榦反經典相承亦作捍 挎口胡反見詩禮 挍

經典及釋文或以爲比校字案字書無文

才部草木之初生也從丨上貫一丨象將生枝葉一象地丨古本反 凡十二字

一字重文

豺閉作閈訛　哉哉上說文下經典相承隸省凡從𢦏者放此𢦏音才　栽胾側吏反　酨才再反見禮記及周禮注　載戴裁在從才旁土　存從在省從子

牛部

大牲也牛件也件事理象角頭三封尾之形也　凡三十字

犉然倫反見詩　牿古禾反見詩　牴當禮反　觕七奴反見春秋傳　牢作窂訛　牽從去者訛　犀音西　犂洛西反論語或借為犂牛字力之反　牝牡牼口行反　犧從義下亏　犖力角反見春秋傳　犨尺由反作犫訛見春秋傳　犆與特同又音直　牣音刃見詩　犒勞師也見春秋傳周禮借槁字為之　犅古郎反自犅已

下皆見爾雅犕布大反犤捕池反犣力涉反㹊古役反犦布沃反又音雹犪巨歸反犚安貴反牰音就犝音童𤛱子力反犈音權又音卷犌古牙反

爿部音牆凡十二字二字重文

牀壯從爿從士凡裝莊之類皆從壯作壯者訛臧作臧者訛牆𤖨上說文下石經

戕在羊反將將上說文下經典相承隸省藏在郎反又才郎反狀作狀訛

牂音臧羊也見爾雅斨七羊反

羊部從𦍌象四足尾之形凡十六字二字重文

羋羊彌耳反上說文下經典相承隸省見春秋傳　羝丁迷反詩又作牴字　美從羊從大從犬從火者訛　羭美也見春秋傳　洋音羊水流皃又音詳　羑音酉見周書　羌去良反從羊下儿　羹羹上說文下經典相承隸省　羣俗作群　羷許儉反自羷巳下並見爾雅　羳音煩　羜直呂反　羖音古　翔

米部象米實之形　凡二十四字一字重文

粱粱米也　粲粲上說文下石經從𣦼者訛　粊周書篇名今文作費　糵魚列反　糝先感反　糪普厄反　粺米之精者　糜蒙皮反　糒音備見禮記注春秋傳　竊作竊者訛　糗去九反　糧作粮訛　粹悉醉反　氣從米者訛

縩素葛反放也春秋多借蔡字爲之 餼許記反 粥與六反又之六反 糅尼胄反黏也

屎許伊反說文作吚呻吟也見詩大雅 糲蘭末反麤糲米也 ⿰米畐皮逼反見周禮注

糔思柳反見禮記 糦昌志反黍稷大祭也見詩魯頌作饎及⿰食熙並見食部

釆部

蒲莧反辨別也象獸指爪之形 凡五字 一字重文

番 番音煩上說文下經典相承隸省凡潘蕃之類皆從番 悉思一反 釋音適

審

人部

此一部多作亻亻與人同 凡七十六字

僎西兗反今經典音撰又音遵 儒作儒訛 倅七內反 傀公回反見周禮 僚

歷小反今經典多用爲官寮字　儦表驕反見詩　倭一皮反又於危反　僝士限反見

虞書　僑石經從喬　俟從矣　俣疑矩反見詩風　傭丑凶反　僾音愛見詩

大雅及爾雅　仿方丈反仿僾見禮記注　佗大何反　傾頎上苦營反下音

祈　傒音奚見春秋傳　佸古活反見詩　侵七林反　假從叚叚音工下反凡

遐瑕之類皆從叚從段者訛　僅其靳反　任　偏匹先反　价价二同古賣

反見詩大雅　傳傅上丈緣反下太傅字從尃　儷偶也　僭作僣訛　侜竹牛

反見詩　俴將善反又錢淺反見詩　偪彼力反　儗牛己反見禮記　儳士衫反又

士監反見禮記　侮作侮訛　偃從匽作偃訛　傷作傷訛　侉苦瓜反　係

工第反結束也僔走本反詩小雅作噂偶午口反傑巨列反僊音仙見禮記注

侐況域反靜也又火季反見詩儁俊二同偰先結反殷始祖經典多借契字爲之

與禼同侀戶經反刑也見禮記侅音該又戶楷反無侅人名見穀梁春秋左氏作駭傎

丁田反顛倒字案字書無此字見春秋傳佌音此小也見詩大雅佽音次利也見詩小雅僶

莫尹反僶勉之僶案字書無此字今經典或借黽字爲之僤都但反厚也見詩大雅傞素多

反見詩小雅僵居良反烋火交反炰烋也案字書無此字見詩大雅儽力委反又

力追反見春秋傳儆音欺不自正也見詩小雅仡魚乙反搖也見詩大雅傁素口反與

叟同見春秋傳僄匹徼反見春秋傳⿰亻瓜苦華反案字書無此字周禮注⿰亻瓜離借華字爲之

佮其劫反又作跲疐也 個古賀反見禮經注 侇音夷見禮經 偲七才反見詩風

又音思見論語 咎巨九反從人從各又音臯陶咎如見春秋傳 僰補北反見禮記 企

從人下止 弔說文作弔從人持弓今經典相承隸省作弔 亻執與執同見禮記注 佻他彫

反又徒彫反見爾雅 倳側吏反見禮記 儥賣也見周禮

彳部 丑亦反小步也象人脛形三屬相連 凡廿三字二字重文

得得上說文下石經 德 徑 循囚倫反 復復上說文下石經凡蝮

輹之類皆從復又音扶富反又案字書又復之復作復從夊久不行也 微作微訛 徐似居反安

行也 傍蒲浪反附行也牽傍見周禮 徯待也 假工下反至也又音格經典多作假

徧補見反帀也作遍者訛 御從午從止從卩卩音節石經作御 徙遷也移徙之徙作徙者訛 征彷徨上音旁下音皇見詩作仿偟者訛 徇辭峻反循也 徼古弔反循也又古堯反要也案經典及釋文皆別作徼徼字從彳與字書不同俗作僥者訛 很下本反 彴音酌又之約反倚也見爾雅 徛丘奇反舉脛有渡又音寄見爾雅

辵部丑斫反說文作辵從彳從止今依石經作此辵 凡廿六字一字重文

辵丑斫反見禮經注春秋傳作踖 迹經典或作跡 迋求往反誑也見詩及春秋傳 適 逾越進也 逆從屰屰音逆 迎從卬 迃石經作迂凡從于者皆放此 遲 遅上說文下籒文並治尸反今從籒文 達從羍羍音他葛反 迆弋爾反邪也見夏書 遯

逋二同上易卦遯逃也下遷也經典通用之 邇作迩同 遏從曷 逞從呈呈下作壬壬他頂反

遼音僚 隨從左作隨訛 遽作遽訛 逮音代及也又徒計反見禮記

迥從同同音坰 遝吐苔反見禮記 邊籩上邊疆之邊下籩豆之籩邊籩亦作籩別見匚部

邍古原字見周禮

廴部弋忍反長行也說文從彳引之今依石經作廴 凡三字

建凡揵健之類皆從此 廷朝廷之廷凡庭挺之類皆從此 延從丿從𢓊𢓊從止從廴凡字從延者放此案字書從廴者更有𢓊字以經典及注並無其文故不出他皆放此

走部祖苟反說文從夭從止今依經典相承作走 凡七字

趨從芻作多者訛赳從丩丩吉由反斛收之類皆作丩作赴訛趮躁二同子到反上見周禮越從戉作越者訛起從辰巳之巳趩丑一反止行也作蹕同

止部象草木生有基止形凡十二字

歷從止歸帰上說文下籒文今經典通用上字歰山立反從四止見周禮注又音山甲反此步薄故反從止下少少音吐葛反相承以少爲少者訛歲歳上說文下經典相承隸省正定從正乏於文反正爲乏𣥺直庚反𣥺距之𣥺見考工記

缶部瓦器象形凡九字

寶從缶從尔訛罍大瓶也罃與甖同又烏耕反晉大夫名見春秋傳缾與瓶

同見春秋⿱⿰臣𠂉缶與甕同見周禮⿱監缶戶暫反見春秋傳缹方九反見禮經作缶者訛凡字從缶者放此⿸厂缶口合反見爾雅陶

癶部象足有所刺癶也讀若撥凡四字一字重文

癸癸上說文下經典相承隸省凡揆睽之類皆從癸登都曾反凡橙澄之類皆從登發從弓從癹癹音普末反凡廢撥之類皆從發

宀部彌先反象交覆深屋之形凡卅七字五字重文

實食栗反從毌毌公歡反象形從毋者皆訛宴宴上說文下字林宇㝢上說文下籀文安作安訛完乎官反全也俗作皃皃音貌察從祭作察者非富作冨者訛

宦 作宧訛 竉 從穴者音龍訛 寫 作寫訛 寬 作寬訛 寁 子敢反見詩風

害憲 從丰丰音介石經省從士從工者訛 宄 音軌從几訛 宛 作宛訛 寡

寘 上說文下石經 宓 綿一反凡密蜜之類皆從宓論語注亦用作宓犧字音伏 宿宿 上說文下經典相承隷省 寂𡧘 上說文下石經今依說文 宐宜 上說文下石經 寢 廟也字林作寑臥也以寑爲病 寤寐 此二字並從牀轉注 奧 從宀從米從大大隷變體從大大音其恭反 宂穴 上人勇反從人穴食者見周禮下戶決反從宀從八 宧 弋之反自宧巳下皆見爾雅 宧窔 二同一弔反 寎 丕命反又火命反爾雅音柄

穴部 土室也戶決反 凡廿六字 三字重文

竈竈上說文下經典相承隸省穿音川窘巨隕反案說文有從宀宭字經典並

不用窕窞大坎反見易窻窻上說文下經典相承隸省叉江反凡從悤者放此

窬弋朱反又音豆窺丘規反與闚同竀丑貞反如魚竀尾見春秋傳與頳同頳字別見

赤部窋竹律反窒知一反突徒兀反作突者訛究音救竄七亂反

穹去弓反邃悉醉反窈一了反竆窮二同竁充芮反窆

悲鄧反窀音屯窌古孝反見考工記力救反見春秋傳竅口弔反

冖部彌狄反凡三字

冪莫益反與鼏同官名見周禮冥從冖從日從六冠從寸

勹部 音包 凡六字

家 作家訛 匈 許容反 匍 音蒲 匐 蒲北反 包 裹也經典或借苞字爲之苞音皮表反易經又借包爲庖字 軍 古者以車戰故軍字從勹下車後相承逐便作軍軍字從冖義無所取

冃部 莫保反 凡二字

同冡 音蒙凡字從冡者皆放此

冃部 莫報反 凡六字 一字重文

冒 莫到反凡賵勖之類皆從冒 胄 丈又反從由下冃兜鍪也冑裔字從肉今依石經變肉作

月與冃相類今胄胄字別見肉部冕莫辯反自黃帝初作冕最子外反犯而取⿱冃紆⿱冃于二同火于反上字林下經典相承隸省用下字見詩禮

目部象重瞳子形凡四十三字四字重文

眑古幻反又古本反鄭伯名見春秋瞞忙單反睅下板反見春秋盼普莧反見詩昄普板反鄭大夫名見春秋傳矔工奐反宋大夫名見春秋傳眂音視見周禮

眕之忍反見春秋傳睹丁戶反作覩同瞻之廉反作瞻訛矇瞍蘇走反⿱⺈目眉忙悲反上說文下經典相承隸省督督上說文下經典相承隸省眚過也省所耿反又息井反盾食準反凡循遁之類皆從盾瞽眢於元反又烏官反見春秋傳

眹式甚反又音舜以目通也見春秋傳 眈大感反又音耽 睢火隹反又音綏水名見春秋傳

眄 眄莫見反上說文下經典相承隸省 睍形典反見詩 睆華綰反見禮記 瞀摸角反又音務見虞書注 瞭音了眂瞭見周禮 瞑莫千反又音冥見春秋又音眄見商書

眺他弔反 瞯音閑馬二目白 眜音蔑見春秋傳 睘 睘衢幷反上說文下石經見詩凡還擐之類皆從睘 瞿音絇從兩目凡懼衢之類皆從瞿 眔徒荅反凡鰥遝之類皆從眔

敻火衒反營求也從夂夂音人從穴省從目從文見詩又火令反見春秋傳凡⿰骨敻瓊之類皆從敻 矍居縛反從瞿又目不正也見易凡躩钁之類皆從矍 矏音緜從臱臱音彌千反密也見爾雅 眽摸白反 瞫音審人名見春秋傳

鼎部象足耳形凡三字

鼐乃代反大鼎也鼒音茲小鼎也鼏摸狄反與冪同

鼻部從自下畀凡四字一字重文

劓鼽音求見禮記齅嗅上說文下經典相承隷省論語借臭字爲之

罒部亡往反說文作网今依石經作罒凡從罒放此非從四四從口中八與罒不同凡廿一字三字重文

罕罕上說文下經典相承隷省作罕同罔作网同罽九例反罩竹教反作罩同下從罒者作网皆同罛工狐反罶力九反罝子邪反冞罙音彌上說文下

釋文相承隸省見詩 罪罷羈己知反 罰罸上說文下石經五經多用上字

罦音浮 罬竹劣反 罿昌容反 罝署作四訛 罺又作樔見詩注

且部千也反又子余反 凡七字

徂在奴反往也爾雅又爲祖落字一體作殂與說文同亦見虞書 沮七餘反又子茹反沮洳詩風又音七絮反止也 俎音阻 鉏作鋤訛 詛側據反 助從目訛 睢七餘反睢鳩鳥名經典亦爲睢漳之睢楚水名宋之睢水從目見目部

貝部海介蟲也 凡廿四字二字重文

贊賛上說文下經典相承隸省凡鄭纘之類皆從賛 賁防文反又音轡又音奔 貸

他代反相承或借爲貣字　貰音盡　賚來代反　贅之芮反　負從人下貝ク古人字

作負及以人爲刀者皆非　實從尸訛　瑣先果反從貟貟音瑣從巢者音早　賈　貿

上說文下經典相承隸省　貢　贛上貢獻下賜也經典亦通用之　貪作貪訛　賻音附

賴從刺下貝作賴訛　賸弋勝反見春秋　賡音庚見虞書　嬰從賏賏烏經反凡字

從賏者皆放此　賾　嘖並助革反上際也下至也見春秋傳　貾丈尸反見爾雅　贆必么

反從三犬見爾雅

肉部

如叔反說文肉字在左右及下皆作肉與肉同今依石經變肉作月偏傍從月者皆放此　凡

七十一字

肓火光反見春秋傳　脅虛劫反從劦劦音協　肖須妙反　冑胤也　胤從八

脀之仍反升肉於鼎也見禮記　膋膫二同並音牢又音遼或作膫也腸間脂　胥

先於反　腸持張反從昜作昜訛　膺膺上說文下經典相承隸省凡鷹應之類放此　脢

莫來反心之上口之下見詩　臑人于反又奴到反見禮記　胯胯音跨上說文下經典相承

隸省　股從殳　肥父非反從卩　臘力荅反　胙祭肉　腆厚也　膘毗小反見

春秋傳注及詩　膟音律　膞膊上普各反下之耎反又是專反見考工記　臡奴兮反有

骨醢也見禮經及周禮說文字林並作腝　胜腥上先丁反下先定反今經典通用腥字爲胜字並先丁反

臊先刀反　臛火惡反見周禮注　䐑文涉反見周禮注　膾脃千芮反從刀從

尸作脆訛胏肺上側己反見易下肝肺之肺膠音交㪔散上説文下石經膽丁覽反腯徒忽反肥也脤祭肉朐巨俱反胹音而見春秋傳⿱凶月胷

二同胻音劣胳音格見禮經腋音掖膚胎音博見周禮脕亡忍反又音問脃脱見詩注隋他果反肵音其脛胡勁反臅昌蜀反見禮記腍而甚反案字書無此字見禮記臞其俱反見周禮腓音菲見易又音肥見詩胘音賢案字書無此字

見春秋傳脡他頂反腢音隅肩前也亦作髃見詩小雅臐許云反見禮記⿰月巽士戀反見禮經注腠七豆反見禮經膮許堯反見禮記胝音帝見禮經膉音益見禮經

肫時倫反見禮記腒其居反乾雉腛音渥臄巨略反函也見詩大雅

月部闕也象形凡五字一字重文

朔霸作霸訛明朙明上古文中說文下石經今並依上字

舟部象形凡十字二字重文

艐丘戒反又古八反又音涬爾雅或作屆音戒至也般凡盤字之類皆從般俞俞上說文從亼從舟從巜巜音工外反下依石經變舟作月自俞巳下本皆從舟今並作月服從卩從又

肜音融朕朕上石經下經典相承隸省滕勝之類皆從上字騰從馬勝從刀非

丹部外象采形内象丹形凡四字一字重文

彤徒冬反雘赤色見周書青青上說文從生從丹下石經凡清請之類皆從青

角部篆形凡十六字三字重文

衡從角從大從魚訛　觓觩二同上見春秋傳從刀者訛下見詩　解從刀判牛自釋也　觿許規反見詩　觚音姑　觵觥並工橫反上見周禮春秋傳下見詩　觼工穴反見詩　觶觝二同支豉反上通用下見禮記　觡居伯反　觜子隨反　觷音學見爾雅　觳與斛同見考工記　觴式羊反

魚部篆象魚尾形說文作𩵋今依石經作魚凡卅八字二字重文

鮒音附　鮪鱄上兗反見春秋　鯀音衮經典釋文亦作⿰骨系或作鮌禮記及釋文又作⿰魚累者必恐相承誤謬　鱣張連反見詩小雅　⿰魚果胡瓦反見詩注　鯢五兮反　䲔鯨

二同並巨京反下見春秋傳鰥古頑反鰷音稠從攸鮛音叔鱀其既反鮥

音革又音落鮀徒河反鯇下短反魾音丕鱖音厥鯬落兮反漁

𢿤二同音魚下見周禮鱯下化反又音獲自鱯巴下並見爾雅鱦音繩鮆祖禮反

鱓音善鱁音逐鮬口孤反又音步鮡音兆鰦音玆鮞人之反徽

火爲反鯦其救反又音洛鰋音偃鰌音秋鱺洛兮反鮤音列鱒

才損反鱘音尋

酉部從古文丣音酉象形凡三十字一字重文

釃山爾反又音師見詩醪音牢醇常倫反醹汝于反又汝武反見詩配

從戊己之己醻酬二同上牛反上見詩下經典通用之酲丈令反又直成反醋酢

上才各反下倉故反見詩今禮經依音用上字下經典通用爲酬酢字酏弋支反見禮記醯火兮

反作醯俗醢火亥反從右醟于命反酖丁含反樂酒也今春秋傳借爲鴆鳥之鴆醫

從巫俗莤霜六反以茅莤酒見周禮注春秋傳作縮𤖅醬上説文下經典相承隸變釂

醮二同子妙反上飲酒盡下冠婚禮醮今經典通用之酺音蒲災害神見周禮醵巨於反又

音遽又巨略反見禮記醝在河反酒名周禮注作酇醆壯善反見周禮醍他弟反酎

丈又反見春秋傳酋才牛反尊從酋下寸作尊者訛酤音戶見詩小雅

鹵部力土反凡三字

鹹作醎訛 鹽作鹽訛 𪉩在何反見禮記

五經文字卷上

五經文字 卷中 宋本

五經文字卷中

國子學　凡五十八部

卅七廾部〔音草〕　卅八𦫳部〔工瓦反〕

卅九丵部〔士角反〕　四十廿部〔音疾〕

四十一竹部　四十二革部

四十三鬲部〔來的反〕　四十四彡部〔息廉反〕

四十五髟部〔必由反〕　四十六衣部

四十七示部　四十八禾部

四十九耒部　五十心部又作忄及⺗

五十一巾部　五十二十部

五十三豸部　五十四犬部

五十五豕部　五十六勿部

五十七馬部　五十八鹿部

五十九鳥部　六十隹部

六十一言部　六十二广部音儼

六十三厂部音罕　六十四石部

六十五疒部女厄反

六十六卪部音邑

六十七卩部音節

六十八皀部又作卪

六十九户部

七十尸部

七十一虫部火尾反

七十二䖵部古門反

七十三土部

七十四士部

七十五茻部古候反

七十六玉部

七十七力部

七十八刀部

七十九斤部

八十斗部

八十一戈部　八十二弋部

八十三耳部　八十四門部

八十五冄部女九反　八十六向部

八十七子部　八十八𠫓部

八十九辛部　九十巛部

九十一火部　九十二赤部

九十三大部　九十四夨部

艸部音草從二屮象草初生之形　凡二百廿一字三字重文

莊作庄非 萁薊萁見禮記 蘆歷奴反 藍落三反 蕿萱二同並凶元反

詩作諼 蘭從柬柬音簡柬從八在東中 薊音計從角者訛 藋大弔反見春秋傳

荍勤由反見詩風音翹 蘄巨依反又音芹 莞下官反禮記音官論語華板反 蒢直居反

蒲從捕訛 萑音隹又他回反見詩風 藟力水反見詩 藐摸角反 薜卜革

反見考工記 蔦丁了反草名見詩 蘞薟二同力檢反下見詩 蒹音兼草名見詩

菼他敢反見詩 蕭 薖苦戈反見詩 蔿于彼反春秋傳及釋文或作薳與蔿同

蔓作蔓者訛 蓾苽古胡反釋文又作孤 菌巨殞反 蕈式甚反菌也詩葛覃

亦作蕈 葚示枕反桑實見魯頌作黮與葚同 菽 英 薾奴弟反今詩小雅借爾字

爲之葩普巴反薿牛力反見詩莢工妾反莢物見周禮茇補末反又蒲末反見
詩風蓌子卧反案字書無文見禮記芃符風反簉叉又反倅也春秋傳從竹蔇
蔇己四反上說文下石經蓁側詵反見詩薈烏外反萃荒蘞蘀
他各反見詩風薀於問反蔡薄蒲各反又音薄迫之薄補各反苑菀並於阮反
說文獨以上字爲苑囿字今則通用之經文多作苑又於刎反菑側其反經典或借爲災薙他計
反燒草也見周禮苾步必反見詩蓺倪勢反見詩風蕡父分反經典亦作賁見禮經
苴七余反麻之有子者又子餘反東也又音查見詩大雅莝千卧反詩小雅借摧字爲莝字其莝
字見注蕃音煩經典通以爲蕃屏字藩本藩籬字亦作藩屏字今獨用爲藩籬字蔟千豆

反又倉木反 蒸章淩反爾雅以爲祭名其經典祭烝多去草以此爲薪蒸 荀從草下句 芬
芥二同 蕨居月反 蒙莫公反唐蒙即女蘿之別名也作蒙訛 范作范訛 藻
藻二同並音早 苗靡驕反田苗也 蓐陳草復生 若作若訛 蘇從穌穌音蘇以
禾在左者訛 荅畣上說文下石經此荅本小豆之一名對荅之荅本作畣經典及人間行此荅已
久故不可改變 著竹去反明也又紵略反又陟略反又竹呂反見論語注又音佇又音除見詩 蔬
蕳古閑反蘭也見詩風俗以爲蕳策字非 蕆丑善反勑也見春秋 蓋戶荅反苫也說文又
音公害反亦苫也 葑方孔反又音封 薛薛上說文下石經 莽從犬在兩草中作莽
訛 葬上下從兩草相承作塟訛 藪素口反 蓍申之反 茹音如又音汝又而庶

反蘆力居反菲芳尾反葅音租見周禮蔆菱二同力丞反叢壯劣反聚也又在最反見春秋傳莫苕待昭反又徒周反葺千入反艾五蓋反從乂從又訛藨步表反苞皮表反經典或借爲包裹字葸絲里反畏懼皃見論語芼莫報反又音毛薧音老乾梅也見周禮萬與矩同見考工記蘳人佳反菆側留反又才工反見春秋傳蔀薄厚反又音部大闇也見易䒦補耕反又普經反見詩頌亦拼使也見詩大雅蔌音速菜肴也見詩大雅薃音蒿拔草也見詩頌菶布孔反見詩大雅薍五患反江東謂之蓲蓲音丘見爾雅蔞力于反蒿也見詩風茀音弗與韍同韠也見詩風苐粉勿反飾也見易藇音敘美也見詩小雅蔮古內反見禮經注⿱艹居羌居反見禮經注

萩子遥反見穀梁及春秋左氏傳藃呼角反見考工記蘪莫悲反自此已下並見爾雅
⿱艹雈羊六反蔥蒜西亂反莖戶耕反萹布殄反茦所革反象草木之有
朿者⿱艹湔葥二同子賤反又音前山梅也爾雅用下字菉力辱反蓐草也蘩音煩蔏
音商菣丘忍反蔚於貴反蓂莫狄反荼大奴反萑音隹蕵音孫蘥音
弋灼反⿱艹柬音練⿱艹甄吉延反又音眞⿱艹⿰夕鬼工回反又胡罪反萉防非反釋文蒲北反苨
奴禮反茋丁禮反莕荇二同並音杏莌他忽反又徒忽反葍音福又方
服反⿱艹富音富葴之金反馬藍若音苟芵古穴反茪音光爾雅或作光蕛
他兮反又大兮反虋音門又摸昆反芑羌己反白苗嘉穀莔音盲又摸庚反蔜

五羔反蕿山牛反又音嫂莌徒活反蓯子孔反荵而引反蘧蘧麥巨俱

反又音渠茝昌在反蒺蔾音棃亦作蔾薊居例反蒘女居反釋文作

蕠芄戶官反⿱艹靃火郭反又作藿同莥女九反又女又反菡戶敢反萏

道感反說文作⿱艹閻同經典不行蓫恥六反薚恥羊反苹音平蓱音瓶釋文又作萍

蘞息廉反又子簾反蘻工第反蘵音職釋文作織藒去竭反又去謁反葞

彌爾反蔠釋文作終菋音味又莫介反⿱艹耴音輒荎直其反又丈尸反薕音廉

蒬於袁反又於阮反芅音翼蘦歷丁反薡音鼎董或作董⿱艹勁巨盈

反蔧息遂反萆必寐反虉五歷反荄古來反蒵葋求于反

芍戶了反 茈芺大結反 蓧蓨二同並他滴反 蓁居輦反 藅音罰

蕇音典 蔞力主反 蓾蔖上音鹵下才古反 蕁徒南反 莐直林反

蘱力愧反 菌其隕反 芣音浮 苢音以

𦫳部工瓦反羊角也象形俗呼古患反作卝無中丨 凡九字

萑胡官反凡字從萑者皆放此 雚戶官反從卝下隹今經或相承隸省作雚 舊作舊訛

觀從雚從見雚工奐反凡權歡之類皆從雚 蔑從戍從苜苜音末凡薨夢之類皆從苜 ⿱苜侵

音忙又莫崩反見周書 甍音萌見春秋傳 敬從攴從苟苟己力反 卝古患反見詩風字林

不見又古猛反見周禮說文以爲古卯字

丵部士角反象草叢生之形凡九字二字重文

丵業上說文下經典相承隸省叢才東反作藂者訛經典或借菆字爲之菆叉又反儀

僕上說文下經典相承隸省凡璞撲之類皆從菐菐布木反黹竹几反見禮記注黼音甫

黻音弗兩己相背對

廿部音疾古疾字凡七字

堇音謹凡勤謹之類皆從堇歎音嘆凡熯漢艱之類皆從菓燕象形庶作庻同石經作

庻度從庶省席作席訛黃

竹部冬生草象形凡四十九字三字重文

筍先尹反俗作笋訛簜大竹見夏書篇作萹訛籍從耒等作䓁訛籥

弋灼反簾力占反箸從者丈庶反作筯者非筩音同作筒非笧策二同

上古文下從朿朿七賜反並書策字禮記作筴釋文以爲龜策字久訛今不敢輒改簫樂器籀

直又反史籀周宣王太史也筤音郎籃也又篬筤竹名見易籊他歷反見詩風笱取魚

笱見爾雅笴音豪箭幹也見周禮笮側革反篧助角反捕魚器見詩風箵所交

反竹器容斗箯婢緜反見春秋傳箄作蕈訛籧作蘧訛筥竹器圜曰筥

簬筮二同上見周禮篨箷弋支反干也簋簋上說文下石經簝了幺

反又音潦盛肉器見周禮箠音捶擊馬也見周禮箙音服見周禮箝巨廉反籣

女涉反見周禮注 笭車笭 筭相亂反作笇訛 算先卯反從昪見禮經 笑喜也從竹

下犬 第莊己反見春秋傳 符防夫反信也從草者訛 筴工洽反又工協反見周禮 笛

籧二同並徒的反樂器也下見周禮 篳音畢見春秋傳 筑張逐反地名見春秋傳 簪

側林反又祖含反 箾音朔見春秋傳 筌魚筍

革部居百反象古文革形 凡十八字一字重文

鞏鞏己勇反上說文下石經 鞹空郭反此說文字論語及釋文並作鞟 鞄普角反考

工記云攻皮之工鮑氏鮑即鞄見考工記 鞶音盤帶也 鞔莫干反見周禮 鞀大刀反 鞃弘

苦弘反見詩 鞞畀婢反又必鼎反 鞬紀言反 鞮丁兮反 鞌俗作鞍 鞻

音妻鞮鞻氏又音屨見周禮 鞙胡犬反玉皃見詩小雅 鞗音條轡也見詩 靲擧琴反見禮經

韁居良反案字書無此字今經典通用之 靾息列反案字書無此字見禮經

鬲部

音歷鼎屬說文作䰛經典相承隸省作鬲凡從鬲者皆放此 凡七字

䰝子孕反見周禮 鬷子公反 鬴扶雨反見周禮 鬵音尋釜也見詩 鬻茂支反又音育以爲鬻賣字 鬻之與反見周禮說文又作煑見火部 融

彡部

音芟象毛飾畫之文又息廉反 凡十字 二字重文

修先由反飾也 彫丁條反 穆穆上說文下經典相承隸省 彥從文厂從彡經典相承隸省 須音需面毛也今借爲須待字本作顉今不行巳久或湏從水訛湏火外反物湏爛之湏

頿作鬛訛　弱弱上說文下石經凡字從弱者皆放此　形

髟部必由反長髮猋猋從長從彡今依石經作髟凡從髟者放此　凡廿字

髮　鬈巨員反見詩　髦莫牢反　髳莫侯反　鬋即踐反　鬄聽亦反見

詩風注　髲皮智反　鬣力涉反　髴方未反　鬌丈垂反又多果反見禮記　鬊

音舜見禮記　鬀他計反　髡口昆反　鬄髢二同並徒計反　髽壯瓜反　髧

徒感反見詩　鬒之忍反作鬒同　鬢卑吝反　髺古活反絜也

衣部依也　凡六十一字一字重文

襮布沃反又音博見詩風　褫丈爾反作裭俗　袗之忍反論語作紾禮記作振　襋己力

反見詩風襁作繈者非衽人審反襽工典反見禮經注襘工會反見春秋傳裯
都牢反短衣也直留反襌被也又直俱反見春秋傳袼與胳同音各見禮記襜充占反袘以豉
反見禮經複方目反襛如恭反見詩風從禾者訛⿰衤啇⿰衤昜二同並他系反上說文下見詩
褊比善反襦經典亦作襦袷工洽反又音劫交領也見禮記襌都寒反襌袷之襌見
禮記裨比支反益也衵女乙反見春秋傳褐下末反裕褚丑呂反裝衣鄭
之市官又徵呂反並見春秋傳袢普半反又音煩見詩袥他各反襈音撰緣纗也褕
音俞翟羽飾衣字書以爲褕狄后服經典作揄從手與搖同褕翟雉名袿音圭衣袿褖音彖褖衣
王后之六服衹止移反適也作祇訛⿰衤畜勑六反見春秋傳襗音澤見周禮⿰衤遺音維

見周禮注袽說文作絮京氏作絮見易衻如鹽反婦人上服襢張戰反又章善反見禮記
衮工本反裏作裹訛袤莫富反衰象形草雨衣先追反等衰之衰又音測追
反經典多借爲縗經之衰七雷反詩之雨衣作蓑素和反與字書不同褻從草者非衷作衷訛
褭乃了反見春秋傳衺似嗟反經典多借邪字爲之邪以嗟反褎袖二同禮記
釋文作袖褒補牢反或作裦又作褎皆訛褰音愆衾衾上說文下經典相承隸省
褧音頃單衣見詩又作絅見禮記注齌齌子之反上說文下經典相承隸省齌纕之齌又
衣下曰齌今經文多借齊字代之裘裻音督見考工記卒子忽反又子恤反又在忽反作
卆及卒皆訛袲充爾反地名見春秋傳褘音暉王后之上服袺音結執衽也見

詩風

示部 天垂象見吉凶所以示也 凡三十字 一字重文

禫 祭名徒感反 祕 音泌或從禾者譌 祗祇 上祗敬也下巨支反地神 祏 音石宗廟中藏主石室見春秋傳 禩祀 二同上見周禮注 祊 補莖反祭名周禮又音方 祓 方吠反又音弗見春秋傳 禕 美也音猗 禬 工外反祈祭名見周禮 禖 木才反見禮記

禱 丁老反 禂 直由反又音誅祭名見周禮 禓 音羊道上祭又音殤逐疫也見禮記 祲 子沁反感祥也見春秋傳 祡 祡望字經典取燔柴之義多作木 祟 從出下示作祟譌 禜 禜祭水旱之名音詠作禜譌 祭 從月從又作祭譌 祺 福也 祐祜 上從右音右下從古

音怙並福也 禨 其記反沐而飲酒曰禨見禮記 禋 音因精意以享 礿 祭名 禚 諸若反見春秋 祔 音附又借爲備字見禮記 禷 師祭名五經及釋文皆作類唯爾雅從示 䄍 祭名經典皆作蜡唯新月令作䄍音乍

禾部 禾之言和也象形字以二月始生八月而熟得時之中名之曰禾 凡三十八

字 三字重文

種 章用反經典相承作種稑之種音直龍反見周禮 種 字林以爲種稑之種直龍反經典相承以爲種植之種 植 張力反見詩 穡 山力反 穋 稑 二同力竹反見詩及周禮 稹 之忍反見考工記 稀 虛衣反 稷 子力反 稌 馳古反見禮記 秠 丕几反見詩大雅 稃

音孚穮補遥反見春秋傳穫下郭反穧才計反見詩小雅秩丈一反稈
秆二同並公坦反上見春秋傳秕音比穰汝羊反稱稯子公反見禮經程
丈嬰反秭咨李反見詩稼穀穎余頃反秏秏上火報反下丈加反又丁
固反見禮經穗禾秀也穟音遂禾垂皃見詩大雅稾工倒反秦從示訛
稺穉並丈利反幼禾也上說文下字林稊音題秀也見易秉從又持二禾經典相
承隸省作秉凡謙嫌之類皆從秉秫音述黏稷也見禮經

耒部

耒耕曲木垂之所作凡七字

耕耤耤田字六經多以藉字爲之亦取蹈藉之義耦耡音助耘耨案字書耨

字從木經典相承從禾久故不可改秙

心部象形說文作𢖩今依石經作心其在左者經典相承隸省作忄又作⺗凡六十六字四字重文

憝憝大內反上說文下石經見周書戁而善反敬也愨口角反憖牛吝反從來從犬見春秋傳惄奴的反見詩愆作僁訛忌巨記反從戊己之己怨於遠反又一倦反恐恐上說文下石經惡從亞亞象曲脊醜惡之形從西者訛凡堊𧊧之類皆從亞懟丈類反怨也愍傷也前朝廟諱偏傍準式省從氏凡泯昬之類皆從氏今詩易改却從民恥從止訛慝惡也懋繠人箠反見春秋傳戇惷並竹

降反上見周禮又東凶反慶從鹿省從心從夊愬音許又色革反見易恭慕忝此三字並從小小音心與心同愼慎上說文下經典相承隸省此巳下心在左者皆作忄惇都昆反厚也與敦同懷慆他刀反過也見詩恤先律反憂也與卹同愒丘例反息也又作憩見詩風忳之惇反見禮記憜惰二同並徒臥反不敬也俗作墮墮火規反憧直降反又音衝見易惏力三反殺人而取財曰惏見春秋傳懦人于反又乃亂反見禮記注怓女交反惛怓大亂也見詩大雅惛音昬怴呼述反慬其靳反見春秋傳懠才細反疾也惙竹劣反見詩風慅音草憂也悾音空慤也憸許斂反詖也商書憸利字音銛悁烏緣反見詩慨愾火記反又空蓋反見詩風懆千到反見詩悖步內

反俗作勃非也憯千坎反痛也見詩小雅與噆同惔他敢反又音談憂也見詩小雅惎巨記

反見春秋傳怪工壞反異也從又從土作恠及從工者皆訛憍憍怵之憍經典或以驕字爲之

俙音希見春秋傳慱音團見詩憮亡否反愛也見禮記憤扶問反懪蒲卓反自

此巳下並見爾雅忉音刀怲悲皿反慘七敢反悽也懕一廉反

巾部佩也凡十八字

㡆火光反又作慌見周禮幎莫狄反見考工記又音縈見禮經幦莫歷反車覆笭也見

禮記周禮作幎幭莫結反禪被也禮記又作篾莫歷反帙丈一反從心訛幡孚袁反見詩小

雅作幡訛幠火孤反覆也幩附文反飾也見詩飾作餝訛帚章手反夏王少

康初作箕帚凡字從帚帚者放此**帶**多賴反象繫佩之形佩必有巾從巾巾謂之飾禮記作帶**帥**山出反從巾或從市者說又色類反並與率同**幬**直留徒報二反覆也**帑**說文乃胡反字林以帑爲帑藏之帑帑音儻又作孥爲妻孥字經典並依釋文作帑**帟**音懌見周禮**幣****帆**敷劍反見春秋傳注字作帊音普霸反**帴**音翦狹也見考工記

十部凡八字一字重文

博從尃尃音敷**協**和也心部亦有協字與此字同並訓和案古文作叶則從十字義長**肸****肸**許乙反上說文下經典相承隸省見春秋傳**率**與帥同又色類反又音律**廿**音入今以爲二十字**屯**徒門反聚也**卅**先荅反今以爲三十字

豸部凡十五字一字重文

貔婢尸反見詩及周禮　豹博孝反　貈下各反獸之似狐者　貉　貊二同並莫白反孔子云貉之言貉貉惡也上經典借爲貈字下經典借爲蠻貊字　貍力之反經典或借用爲埋字

貒他官反　豻五旱反胡犬也禮及釋文相承亦作犴　貙丑于反見春秋傳　貐弋主反自此已下並見爾雅　貜九縛反　貛火官反　貓萌交反猛獸　貀女滑反獸無前足　豾音丕

犬部丘泫反今依石經凡在左者皆作犭犭音犬　凡卅三字二字重文

獮先善反秋田也　獵力輒反　獲從又　獺他末反　猲火遏反短喙犬又音歇

獿獶乃刀反上說文下經典相承隷省見禮記詩小雅作猱煩擾之擾例皆從夒今省從憂爾雅作猱

狃女九反

猩音星犬吠聲又音生見禮記

狐從爪訛

狌狂上說文下經典相承隷省

類獘獘婢曳反見春秋傳又作斃同

狊臭上工役反視也從目凡臰之類皆從臭下蚩又反象獸走臭而知其迹者

戾盧結反曲也象犬出戶下者身戾曲又盧計反

默與嘿同經典通為語默字從火訛

器象犬守器之形作噐訛

獝狘上況必反下況越反皆飛走之皃見禮記

獐齊人謂麇為獐見考工記

狗從犬句聲孔子曰狗叩也叩氣吠以守音苟

獀山牛反春獵見禮記

獫力劒反見詩風

犯從戊己之己

獷九往反又虢猛反自此已下並見爾雅

獠力幺反宵田也

狻先九反

獥古弔反

[犭農]乃容反又

奴刀反犬多毛狒扶味反

豕部象毛足後尾形凡十七字一字重文

豵子公反豝音巴見詩豬陟魚反從犬訛豶附文反豷殃利反又許器反見

春秋豖丑足反象豕絆足之形凡琢啄之類皆從豖豪豪上說文下經典相承隸省豰

乎卓反小豚也又火沃反自此已下並見爾雅豭音加牡豬也豥工開反豣音肩豱

音温豴丁歷反啼也豟音厄⿰豕陏弋箠反彖他奐反凡喙掾之類皆從彖

勿部州里所建旗之象其後相承作物以此勿爲止之凡二字

昜音陽字書本上從日下從一勿凡字從昜者皆放此忽

馬部

象頭尾四足之形 凡四十七字 二字重文

駽呼縣反見詩 驪力知反 駵力由反 駰音因見詩頌 驄青工反 駿駮並邦卓反上馬色不純見詩下獸如馬倨牙 驈唯必反見詩 駹眉江反 驠一見反 駸七林反見詩 驟助救反 駴與駭同見周禮 駜音弼馬肥皃見詩頌 駪所斤反衆大皃見詩小雅 駔讀如組見周禮 駾音兊見詩大雅 騁丑井反 騤巨追反見詩 騷先牢反 騶莊溝反作騶訛 駉工營反見詩 騊大牢反 駼大奴反 驒代何反驒騱野馬 騭竹力反又之逸反見周書 驅音區作駈訛 驎與鄰同今之連錢驄也 駢薄賢反 騬騬二同音繒犗馬上說文下經典相承隷省見周禮 騇

音舍騜于亡反又音皇自此已下並見爾雅駥而充反馬八尺駂音保騥人九反又而周

反騡音郎騢下加反馬赤白雜色曰騢騕烏諫反騽音習駓䮆二同

並音丕馵止句反馲音洛又他各反驨戶圭反駝代何反騄音綠騄耳

鹿部象形凡卄一字一字重文

麀音憂牡鹿麋莫悲反麇麕二同九倫反上說文下籀文經典或作麏字書不見

麛莫兮反鹿子麑牛兮反狻麑獸名塵從麤省從土麤千奴反相承作麁及

蟲字作虫之類不可施行於經典麗旅行也從丽丽古麗字從鹿省麐力人反牡騏也經典皆作

麟唯爾雅作此麐字麔其久反自此已下見爾雅麃白交反從鹿下火獸名凡鑣藨之類皆從麃

麚古牙反 麌牛主反 麜音栗 麙五咸反 麛音睪 廌丈解反相承以
爲薦進字非 薦薦並進也上見禮記 灋古法字見周禮

鳥部象形 凡四十八字一字重文

鳳從凡下鳥 鵙工役反伯勞也 鴝巨俱反春秋及周禮並作鸜公羊作鸛音雚又古玩反水
鳥 鵒音欲 鷫鷞鷫鷞神鳥 鵖鴒上音脊下郎丁反詩及釋文作脊令又作即令 鳶
俗或作鳶 鷙之二反見禮記 鶯一莖反見詩 鴥于決反亦作鴪又音聿見詩風 鴟
昌支反 鴇音保 鶴從隺隺戶㲉反從霍者訛 鷩卑列反雉也 鸚䳇音武
又作鵡見禮記 鶬與鎗同又作瑲聲見禮記 鷊五歷反綬也見禮記 鷁鶂二同水鳥見春

秋傳鸒延據反見詩鷕于小反鷖音偃鳳也鴆春秋傳以爲酖字見酉部⿰酓鳥

烏含反鶉屬鶥丑句反自此已下見爾雅鴃音決鵈鵈鳩與雎同鳪音卜雉名鴔

五蓋反鷽于角反鵞或作鵝鵧步丁反鳽音肩又五牽反鶟大兀反又

徒忽反鵰丁幺反鳺方于反又音扶鴀方牡反鷇苦豆反鶀丘之反

鶓鶓鴞字爾雅作茅鳻扶云反鴩吐節反焉象形舄象形寫字從此烏

乙姑反象形

隹部鳥屬凡十五字

雊工豆反雛仕于反雕丁幺反鳥名與雕同經典或借用爲雕飾字離雝

音邕雝渠鳥名雂巨炎反宋公子名見春秋傳雃音豜見禮經注⿰告隹互屋反鵠也今禮經注鳱鵠字並從鳥雄于弓反從右訛奮方問反從奞從田或作奮者訛奪徒活反隻從又雙從又雃五賢反見春秋傳⿰黎隹力之反⿰黎隹黃也爾雅作黧

言部凡卌九字

訊從卂卂音信作誶者訛諫從東者訛謹護訂音亭見考工記訒見軫反又音刃難也見論語謠謡上說文下經典相承隸省謟諂上音滔從爫從臼凡字聲近謟者皆從舀下笞冉反從ク從臼凡字聲近諂者皆從臽譛註竹句反與訓注之注義同諾

誖布內反亂也誤譟先到反謫音摘經典或從適又借適字爲之譆

火之反見春秋傳諞步千反見周書與便巧之便同讙作讙訛謬訴桑路反與愬同

謚諡常利反上說文下字林字林以謚爲笑聲音呼益反今用上字誄謖所六反起也見禮記訐紀謁反諓在淺反巧言也見春秋傳訌戶工反潰也見詩大雅訩音凶訟也見詩頌

訿音紫莫供職也見詩頌訧與尤同見詩風誑惑也詬詢、二同並呼漏反

譱善上說文下石經上見周禮注競竸上說文從古文兩言下經典相承隸省

广部音儼象形凡十八字二字重文

廚俗作廚非廏從皀從殳作廐訛皀時變反廛直連反相承作廛者訛龐底丁米反下也庤丈己反具也見詩頌庮弋久反又音由見禮記廑巨斤反又音菫人名

見春秋傳庪居委反又音軌庪縣見爾雅又音几庪閣見禮記注廟庿二同下見禮經

廱廱辟廱廱和也㡿厈上說文下經典相承隸省凡柝坼之類皆從厈廢庛七賜

反耒前曲木見考工記廋所留反匿也見論語廞

厂部音罕象形凡十三字

厎音指致也鴈五諫反作鴈訛厞房未反見禮經厥厝千各反見詩詩又作錯經

典或並用爲措字厖眉江反大也厲厭凡黶饜之類皆從厭仄音側嚴從厰

厰音吟炭從屵下火屵五末反㕒語規反見爾雅厜才規反見爾雅

石部象形凡十四字

碝而兗反石次玉磿令激反抱磿見周禮砥音旨碞牛銜反見周書硩他歷反官名見周禮磋千河反治也碎確苦學反見易磌之人反又大年反聲響也見春秋傳

磐音盤山中之安石也見易[石宜]亦作砠見詩風硈口八反又苦角反見爾雅礐戶篤反見爾雅磽五交反見爾雅

疒部女厄反象倚著之形凡廿字

癈疾也唯癈疾作此字其餘興廢之廢並不從疒瘵仄介反病也見詩痤在戈反痟

痒弋掌反瘖於金反[疒列]力細反見春秋傳瘨都田反見詩大雅痗音每病也見詩大雅[疒樂]音療治也見詩風注痯古緩反疲㵝皃見詩小雅瘥才何反疾疫也

見詩及春秋傳瘳瘍疽疢從火熱病也作疢者字林居忍反疥亦作疥瘉羊主皮病也瘣胡罪反病也疷巨支反病也見爾雅

阝部音邑凡四十二字一字重文

邦從丯丯音玤從手者訛酇才官反百家爲酇聚也又子管反又才何反酒也見周禮郢邸丁米反又音帝見周禮郵于周反從垂或從卩者非䣂山召反亦作稍見周禮

邶詩風作鄁者訛酆芳弓反周文王所都鄭邵上召反郢邵地名召公字經典多作召鄍莫丁反晉邑郤去逆反作郄者訛郰側留反字林又有作鄹者鄒古邾國作𨛜訛鄔烏古反鄢於建反又於晚反鄭楚地名鄬戶圭反見春秋傳邪

似嗟反通以邪僻之 郥 工役反楚邑見春秋 酈 零激反又力知反見春秋傳 鄙 五鄙

爲鄙從啚啚音圖古鄙吝字圖字從啚俗用爲圖謀字非 郫 婢支反晉邑見春秋傳 鄀 音若見春

秋傳 鄢 於淺反人名見春秋傳 邥 音審周邑見春秋傳 郠 古杏反邑名見春秋傳

鄐 許六反見春秋傳 鄸 莫公反邑名見春秋 邲 毗必反又音弼地名見春秋左氏 鄬

于委反見春秋 郳 五兮反小邾國見春秋 鄡 千消反又七報反見春秋 邿 音詩見春秋

邴 音丙又彼命反見春秋傳 鄗 苦交反又音郝見春秋傳 郔 音延 郱 步丁反地名見

春秋 鄟 市轉反國名見春秋 邡 音方又音訪縣也見春秋 鄋 所求反 𩫏 郭

上說文下石經

卩部 音節說文作卪今依石經並省點 凡九字 一字重文

卸 仙夜反舍車解馬曰卸從午從止御字從此石經變止作山 卻 作却俗亦相承用之 寋 紀偃反難也見爾雅易及經典作蹇難字皆作蹇 厀 先一反 卹 先聿反憂也與恤同恤見心部

卿卿 上說文從二卩相對下石經 卷 音眷又居免反見論語又音權又去元反 卮 音支

𨸏部 輔九反今依石經作阝 凡廿五字 一字重文

陵 從麦訛 陰隂 上說文下石經 陟 從步 降 音絳又下江反 陷 下鑑反 隉 五結反見周書 墮 許規反俗作隳以此爲惰字皆非也惰字從小巴見心部 阤 丈己反小崩也見考工記 阬 音抗門高又音鑑見春秋傳 阨 乙革反 陼 之與反陼丘也 陾 如之

反又音仍見詩大雅隱從爫從工或作隱訛隩隮子計反見商書阭尸忍反阞音勒地脉理也見考工記阱又作穽陷獸塹也隒魚檢反見爾雅陿亦作狹案字書狹義當作陜相承用陜爲分陜字以狹代之陽陗千召反見易注障鄣上之向反下音章近齊小國見春秋傳

戶部象半門形凡五字一字重文

啓或從又及弋者皆訛扃工營反𢨋苦荅反閉也又音盍戹厄上說文下經典相承隸省凡字從厄者皆放此

尸部凡十四字五字重文

展輾 二同申也轉也見詩 扉 扶畏反屨也 屑屑 先結反上說文下結典相承

尾尾 從到毛相承亦從正毛作下字 屬屬 上說文下經典相承隸省 屨屨

上說文下經典相承隸省 履履 上說文從舟下夂下經典相承隸省 ⿸尸食 音贊見考工記注

虫部 火尾反象形 凡五十四字

雖蜡 清絜反見周禮又祭名士迓反 蟘 音特詩及釋文並作螣 螣 徒登反神虵又音特

見月令 蠜 音煩 螫 式亦反 蚤 音早從叉叉音爪 風 從凡下虫 蚩 充之

反 蜥 先歷反自此巳下見爾雅 蚸 他各反又音歷 蟰 失羊反又之亦反 蜆 下研

反又下顯反 蜸 口殄反又苦顯反 螼 羌引反 蚓蝎 戶葛反 蠸 音權

蟿工地反又音弃 螔弋豉反又式移反 螜胡木反 蠰乃郎反又丁郎反

蝘烏典反 蜓徒典反 螟音冥 蛵火丁反 蜭下感反 蠖一郭反

蚳丈尸反 蛜詩風作伊 蜙先凶反 蝑 蚌捕項反 蝦下加反

蟆莫加反 蝯于言反又音爰作猨訛 蜼以水反又余季反 蛩巨凶反 蠥

牛列反 螒音汗 蠵丁圭反 螿子羊反 螸音欲又音俞 螔餘支反

蝓以朱反 蛒一各反 蛓千志反 蜬戶甘反 蠑戶扃反又音瑩 螘

魚己反 蝥音謀又直誅反 蝮音腹 蟲文中反有足謂之蟲無足謂之豸 蠱

䖵部古門反 凡十三字二字重文

蠹丁故反螽⿰虫眔二同並音終見春秋傳蠡蠶蝱音盲⿱尉䖵於貴反爾雅又作螱⿱冖⿱目䖵蠠二同並彌一反蠽子列反見爾雅蠭蟁亡分反⿱氏䖵

母見爾雅蟊莫侯反

土部他古反象形凡卌九字二字重文

塹千劒反坻丈尸反小渚也墽口幺反又口交反見王制注塗埽先老反經典及釋文多作掃圮捕美反從戊己之己塏音愷見春秋傳堋布鄧反見春秋傳

場埸上音長下音亦壟壠二音隴方言曰冢郭璞界呼壠垂作埀者訛堊一各反

㘴坐上說文下古文今依古文圭珪二同從重土培捕才反見禮記座

坋捕本反凷塊二同口對反又音快上見禮經對封左旁上從籀文出下從土不從圭上說文下隸省堯從垚下兀垚音堯坏普梅反丘一成又音陪埴黏土也尺志反又音殖見考工記垸胡官反量名也見考工記坅五錦反見禮經垣古鄧反見禮記墐音覲塞也見詩埆音學見春秋傳又音角獄也見詩注圬音烏作杇同塓莫歷反塗也見春秋傳堵音者人姓又音睹見春秋傳堞女牆也音牒堙音因埶音藝禮記及考工記皆音勢塈許器反塗也見周書又取也見詩

士部從十合一凡五字

壻作壻訛壿千旬反詩風借蹲字爲之壼壺苦本反壺壼二字本象形字不從士

故移附於此以類相從壺見爾雅 懿 從壹壹亦象形字

冓部 象上下相對形古候反 凡六字

構 蓋也 溝 作溝訛 遘 遇也見易雜卦又作逅易卦名 媾 重婚曰媾 講

覯 見也詩風或以爲邂逅字

玉部 象二玉相連形古文作𤣩經典相承隸省作玉凡字玉在左者皆省點 凡二十

八字 四字重文

瓘 工煥反見春秋 瓊 從敻 璿 璣 璪 子倒反玉色如藻 琢 瑑 上竹

角反下丈絹反見周禮 琬 珍 作珎訛 ⿰王綦 璂 二同見周禮 玏 魯帝反見詩注

珉莫巾反禮記作瑉　瑰瓌二同　珏瑴二同並音角雙玉也　班斑上從刀分也下從文采也　瑳千可反玉色鮮　玠玠二同並音介大圭也　璊音門赤也見詩風

瑲七羊反聲也詩或作鎗爾雅亦有作創者　瑚音胡　璉力展反　珌賓一反佩刀飾見詩小雅　琇玉名

力部凡十六字

功從工從力作㓛訛　劼口八反見周書　劫几業反又從刀者俱爲劫脅之劫其從刀者本是或體今經典並從力　勍巨京反　勁雞正反　勱莫介反見周書　勮劬據反

勦楚交反見禮記又子小反見夏書　劾下代反　勢從埶作勢訛　勖從冒從力

或從助者非劣從少下力勇飭丑力反勰音協勸

刀部今依石經作刀凡字在右者皆省作刂凡二十二字二字重文

剛創楚良反創鉅見禮記刺剌上千亦反從朿朿七賜反作剌訛下力末反從朿經典無剌字但以與刺相亂故見之删刪二同並所姦反上説文下經典相承隷省刲苦圭反禮記或作刲割劵從拳省從刀作券訛制從古朱字刎亡粉反刳口胡反

剽匹妙反見春秋刉音機見周禮⿰畐畐刂滂逼反見周禮⿰㞢刂與腦同見考工記⿰需刂柔耎之耎見考工記注劒劔二同下經典及釋文通用之刷刮也⿰度刂音度見周禮注及爾雅劇巨戟反

斤部 居欣反 凡五字 一字重文

斲 斵 竹角反斫也經典相承或作下字 所 石經作所 斷 作斷訛 斸 知綠反見爾雅

斗部 丁口反 凡八字

斛 斞 弋主反量名 料 斟 從甚 斢 音拘見禮記注 斝 作斚非 𣂑 他幺反古鍬字見爾雅釋文云從斤 升 式陵反象形從斗作升訛

戈部 平頭戟也 凡十八字 二字重文

肇 作肇訛 戣 戟屬見周書 戛 工八反從頁省 賊 賊 上說文下石經 戡

戭弋忍反又音行見左氏傳戮戩子衍反福也見詩小雅戰戢戍升句反從人持戈武於文止戈爲武𢧢戟几劇反上說文下經典相承隸省或從一從口口音圍俗作或者訛我從戈從千千古垂字戉音越從乚乚音厥大斧也凡戚越之類皆從戉

弋部取也凡三字

必從弋從八凡毖邲之類皆從必貳案字書古文一字二字三字皆從弋今作弌音二忒他德反

耳部凡十三字

耴張聶反象耳垂形凡⿱艹耴輒之類皆從耴耽德南反從身訛聃吐南反又音男從身訛

聯古連字從絲省見周禮聰千公反作聡訛聽從壬聘從由從身訛職從身者訛聝古麥反斷耳也經典釋文並作馘斬首也聵五快反從身訛聖從呈呈從口從壬王他頂反聲聶女涉反兩耳從一耳凡字從聶者皆放此作聑訛

門部從二戶今依石經作門凡十五字一字重文

闕乞曷反見春秋傳閴苦役反見易關從𢇅𢇅音關𢇅從絲省從卝卝古猛反作開者訛閒從月經典閑暇字皆用之闖丑林反又丑禁反見春秋公羊傳出頭皃閏從王居門中開開上說文從幵幵口千反下經典相承隸省閻從臽闚闚口規反閡五代反闍音都見詩風閞皮變反見爾雅閷色界反見考工記

禸部 人九反象形又女厄反 凡六字 一字重文

禽萬 蟲也象形今以爲十千之萬 离 說文從中從禽省今依石經作离丑支反凡摛離之類皆從离 禼卨 二同上古文稷偰字𢀸字從下字 禹

㕯部 女滑反 凡四字

巂 戶圭反從隹從屮屮音丑列反凡攜觿之類皆從巂 裔 弋制反作裦訛 商 作啇訛

矞 以出反凡字從矞者皆放此

子部 凡七字 一字重文

孺 經典及釋文或作孺與孺同 孽孼 牛列反上說文下經典相承隸變作孽此爲庶

孽之孽經典亦通用爲妖孽字孳禮記音子從玆玆從二玄從茲訛又音字見虞書孤從爪訛

孕疑右旁從子下止作疋者訛

𠫓部他兀反從倒子形凡五字

㐬他兀反古子字倒形凡從㐬者皆放此踈流作流訛毓徹從𠫓相承從去者訛

𢆉部秋時萬物成從𢆉從一𢆉音愆𢆉從二丫凡字從𢆉者皆放此凡八字

二字重文

辭辤辝上說文中古文下籀文經典相承通用上字辠音罪見禮經辯

辡並皮免反上理也下別也經典或通用之禮記亦借辯為徧字

辜辟婢亦反君也又匹亦反法也又便辟之辟經典多借用為邪僻又為隱避之避或為開闢之闢禮記終辟音毗由辟音弭又為擗踊之擗春秋傳又為辟壘之辟

巛部 貫穿通流象形 凡六字

侃相承作偘訛

州從重巛今依石經作州凡字從州者放此

巠下泠反從壬省凡經莖之類皆從巠

㐬古㐬字經典相承多作㐬從㐬者放此

𡿧象巛不通形音哉凡菑災之類皆放此

粼力刃反從巜巜音澮

火部 燬也 凡四十二字 一字重文

燬音毀 燒爚弋灼反 燔音煩燔柴字 熇火沃反又音郝見詩 燀充善反

燥先倒反 烘巨凶反又火東反見詩小雅 煬弋向反見春秋 熲工頴反 爆布沃反又音駁 煇虛歸反又音韗見禮記 爟工奐反見周禮 爇焫二同而悅反

灾災烖三同下見周禮 燠燁于甲反 燋祖消反又子弔反又音樵見周禮 黶乙減反見春秋傳 煦許芋反烝也 炗光上說文下經典相承隸變 熊

黧音黎黑也見爾雅 烕音血見詩小雅 㷀單也見周禮或作惸 炤與照同 燂音尋炙爛也見考工記 爍式藥反見考工記 焞吐雷反盛也見詩 炰呼交反見詩

燾徒報反冒也 熯而善反敬也見詩又音漢見易 烓音恚行竈也又丘弭反又口迴反見

詩燅因纖反又音尋見禮經注灸從久炙從月作炙訛黑黷音瀆見商書注

禮記及易並作瀆

赤部南方色也從大火凡四字

䞓赬二同並丑貞反釋文作赬見詩風赧女簡反從叉赭音者

大部凡十字

奎星名奄從电契苦計反作⿱㓞廾訛夷從弓從大作夷者訛夫耎人兗

反凡字從耎者放此奕音亦見詩大雅奰捕位反見詩⿱亶大奊丁結反從圭下矢矢

音側見春秋傳

夭部從大象形凡五字二字重文

喬巨消反凡橋驕之類皆從喬奔奔上說文下經典相承隸省㚔幸胡梗反上說文下經典相承隸省

五經文字卷中

五經文字 卷下 宋本

五經文字卷下

國子學　凡六十六部

九十五水部又作氵　九十六冫部音冰

九十七糸部莫歷反　九十八亼部才入反

九十九食部　一百金部

一百一車部　一百二女部

一百三幸部女涉反　一百四山部

一百五鬼部　一百六頁部下結反

一百七見部

一百八欠部

一百九夊部山危反

一百一十夂部竹几反

一百一十一文部普卜反

一百一十二殳部示朱反

一百一十三又部

一百一十四田部

一百一十五老部

一百一十六㐺部牛今反

一百一十七𠂢部浦賣反

一百一十八瓜部

一百一十九爪部

一百廿𠬪部平表反

一百廿一匕部音化

一百廿二匕部卑里反

一百卅三臥部

一百卅四雨部

一百卅五襾部火下反

一百卅六西部大幺反

一百卅七覀部音遷

一百卅八片部

一百卅九㲋部

一百卌東部

一百卌一㯻部捕幺反

一百卌二口部

一百卌三囗部于非反

一百卌四一部

一百卌五二部

一百卌六弓部

一百卌七黽部莫杏反

一百卌八儿部音人

一百卅九瓦部

一百四十匸部 下弟反

一百四十一匚部 音方

一百四十二用部

一百四十三羽部

一百四十四歹部

一百四十五日部

一百四十六曰部

一百四十七白部

一百四十八㫃部 音偃

一百四十九虍部 火胡反

一百五十皿部

一百五十一血部

一百五十二韋部

一百五十三舛部 充絹反

一百五十四足部

一百五十五喜部　一百五十六壴部竹句反

一百五十七骨部　一百五十八𣎆部力臥反

一百五十九危部　一百六十爨部七亂反

水部準也象衆流之貌凡在左者皆作氵與水同　凡一百五十字十字重文

沱徒何反從它它音沱經典相承亦作沲　沮七余反詩風以爲沮洳之沮即慮反小雅以爲遄沮之沮在呂反　沔音緬從丏丏音緬以丏爲匃者非匃音蓋　泲沛上子禮反詩風以爲水名下補泰反郡名又音霈見春秋傳　溠側加反　灌工奐反　泠歷丁反樂官或作伶訛伶音來定反

濰音維齊水名　灉澤名　㴱深上說文下經典相承隸省　灃澧上孚工反水名

下亦水名在於魯陽及荆州音禮淩水名經典或以爲侵陵字濕濕他帀反上說文下經典相

承隸省兖州水名經典相承以爲燥濕之濕別以漯字爲字見夏書與釋文同與字義不同溼溼

式入反上說文下隸省經典皆以濕爲溼唯爾雅用之沐沭上音木沐浴之沐下音述水名見周

禮漑漑工內反上說文下石經又音槩漑灌之漑濡人于反又音須燕水名見春秋傳

淶音來并州浸見周禮泥從工者訛滔作滔訛渙作渙訛湝音皆見詩滮

皮周反見詩瀏力九反又音瀏見詩風泆泆溢之泆作决訛沖深也從冫者訛況

形之類也從冫訛汎泛二同浮也上附弓反見詩下見禮記汜氾上音似水名從辰巳

之巳下音凡鄭地名從戊己之己下又敷劒反經典多用之濔民爾反又寧禮反見詩風淫久雨

曰淫從爫從壬壬音他頂反作淫譌 滿 作滿譌 沴 郎計反從㐱㐱音軫作沵者譌 浥 乙入反又於及反又於脅反見詩 涘 音俟 淰 音審見禮記 氿 居洧反見小雅 潨 在公反見詩大雅 渠 作渠譌 洫 虛逼反又作淢見詩大雅 泫 胡犬反見禮記 滍 音雉見春秋傳

湄 經典相承亦作湄 滴 丁狄反從啇譌 澨 音筮見夏書 洊 洊 上字林下經典相承隸省凡訴之類皆從斥 潛 作潛譌 濿 音厲爾雅或以爲深則厲之厲詩風及論語皆作厲

沒 沒 上說文下經典相承隸省莫骨反今人作没字從殳於字書無據但行之已久所異者微 渰 乙冉反見詩 潦 歷倒反 濛 莫工反見詩 濩 下郭反又音護湯藥也見周禮又煑也

沈 丈林反又音審從人出冂今人以此字音審別作沉字於義無據亦行之久矣經典之文不可不正

瀌被喬反見詩 泐音勒見考工記 澌仙智反盡也見禮記注凌澌字從冫 汽許乞反見詩大雅 瀱己例反見爾雅 準從水傍隼字林作准平也 淅先狄反 湑先呂反見詩清也又美也又零露貌作滑俗 湇湆並丘及反上從泣下月大羹也下從泣下日幽深也今禮經大羹相承多作下字或傳寫久訛不敢便改 涼從冫訛 洒先米反滌也又音漼見詩風 灑色買反又色解反經典或借洒爲灑埽字洒音見上 湻淳上說文下石經上勻反 潸所姦反見詩 漾作漾訛 潁水名 寖濅二同並子鴆反上說文下字林經典及釋文或作浸 淠普計反從畀與之畀 澶是延反水名見春秋傳 菏工何及澤名見夏書古本亦作荷 淑石經從尗 減從冫訛 滅從烕烕呼悅反 溢泆上器滿下淫泆之泆 衍作衍

訛湛經典或借爲沈又借爲湛禧之湛子廉反濘奴定反澡音早澡麻見禮記涅
乃結反黑也從曰下土涑音速水名見春秋傳涿音卓見周禮沃烏督反從夭或加點
訛污烏路反經典及釋文有相承作洿者與字義不同萍步丁反溥漙上音浦下
音團見詩風沿㳂上說文從㕣㕣音鉛下經典相承隸省涉經典及釋文相承亦作渉
洙音殊魯水名見春秋傳泡普交反見春秋傳湅音練見考工記涹漚也齊人語烏
和反見考工記注淬七內反湪吐亂反瀹餘若反見禮經淖女孝反見禮經激
古狄反泭芳于反小筏見詩注瀰音彌見詩澆音梟又五弔反寒浞子見春秋傳浞
仕角反見春秋傳沶音市縣名見春秋傳注滲所沈反見周禮注溲所柳反見禮記

注**濊**子廉反見春秋及公羊傳**瀋**尺沈反汁也見春秋傳**涕洟**上音體下音替自目曰涕自鼻曰洟今人多以涕爲鼻洟誤矣見易及春秋**洊**音荐見易**滺**音攸流皃案字書無此字見詩風亦作攸**濼**來狄反又來沃反又音洛齊水名見春秋傳**浣**與澣同**渻**星領反又所幸反齊水名見春秋傳**濆**父文反見爾雅**涷**音東又都弄反見爾雅**漦**丑之反又牀緇反見爾雅**澩**火谷反見爾雅**瀾灡**並來安反上大波也下灡潘也下又來但反見爾雅**㳄**祥延反慕欲口液也**羨**祥見反又餘羨之羨以見反見周禮**盜**徒到反從次從皿利於物欲器皿者盜之從次者非**淒**千兮反見詩小雅**𤖶漿**上說文下經典相承**瀵**方問反見爾雅**漆**從桼桼音七象漆如水滴而下**桼黍黎**自此巳上並下從水相承省作氺從

小從小者皆訛

冫部音冰 凡十一字一字重文

冰古凝字經典相承以爲冰凍字彼陵反 凝 清温清字戚徑反今曲禮傳寫誤作清者非 凜凜力甚反上說文下經典相承隸省 冷力頂反 冶 凋凋傷也丁條反論語及釋文皆作彫 凌冰凌也 凓音立 馮附弓反經典步冰反義與凴同

糸部莫歷反細絲也象束絲之形 凡八十二字一字重文

純音鶉從屯又音準緣也又或徒本反或音屯 紝音壬機縷也作絍同 繼音計從𢇍反絕爲𢇍俗作継非 纖 緫總從悤悤義別見 紾徒展反紾縛之紾見考工記 縳縳上符

玃反從尃音敷下音絹從専 練從柬柬音簡 繪繢上公外反春秋傳注引詩以爲繪弁字下户内反本音匱論語及繹文繪事字與繢並音會 綪千見反赤繒也又音爭屈也見禮記 繰縿上子老反從喿喿音噪下山函反從參旌旗之斿也 緇莊時反或作繡者訛 紂與緇同古文字經典多作純轉寫從才誤 紞丁坎反從冘 緌綏上人隹反從委下小隹反從妥 紑副流反 緣從彖俗作縁訛 纀布木反 緥音保從衣非 綫線二同先戰反上見春秋傳 綱從岡岡音剛 綅先廉反黑經白緯也見禮記注又音侵 縭呂支反見詩風 繩從蠅省 紲絏本從世前朝廟諱偏傍皆作曳今並改作世 緝千入反從咠從骨訛 紽大何反絲數也見詩風 纑經典亦從盧 絺細葛 綌作紶訛 緆千歷

反又音錫纕也又他計反見禮記纕千回反紱紼並音弗上綬也下輓車索纇力内
反節也紖丈忍反牛索也周禮作絼纏俗作緾繅先刀反繹繭出絲禮經或以爲藻藉
之藻⿰糸頁音頭見禮記纂子短反從算似組而赤也徽從微省纍力隹反緊
一雞反從殹縈一營反縻莫羆反繫工第反又音系絜音結從丯從刀麻一
端也絛他刀反繭工殄反蠶衣從虫從芇芇音綿字從繭者放此彝上從彑彑居例反凡
彝彙彖之類皆從彑絲作絲訛紡孚罔反綆音耿索也考工記讀爲餅緧音鰌見考
工記緅子侯反紺古暗反絙古鄧反見周禮注繣音畫案字書無此字見周
禮注縋丈僞反絀與黜同繘音橘綆也絪緼上音因下於云反二字見易

緎音域縫也見詩風 縐側救反靡也見詩風 紛作紒同音計見禮經 綯徒刀反絞也見詩風 纆音墨徽纆皆繩也三股曰徽兩股曰纆 緰音須人名春秋傳亦作繻 縜于貧反射連綱者見考工記 䜌力全反從言從絲凡欒變之類皆從䜌 轡轡筆媚反馬轡頭上說文下經典相承隸變 緜從系及作綿者皆訛 孫俗作孫訛 縣音玄又音眩經典通音皆用此字不作懸危之懸 纛徒報反見詩作纛訛

亼部 才入反象三合之形從入一讀如集凡字從亼者皆放此 凡十字三字重文

會會從曾省上說文下石經凡字從會者皆放此 舍舍上說文從屮從口口音闈下石經 僉千廉反皆也從吅吅音喧不從从从音鄰凡字從僉者皆放此 今從フフ古及字凡字

從今者放此

命從口從卩　仝全從亼下工今經典相承用下字或作仝訛　令力正反發号也又力呈反從卩凡字從令者皆放此

食部說文從亼從皀皀彼立反今依石經作食凡字在左者又省一畫作食凡從皀者鄉旣之類皆同

凡三十二字四字重文

饙府文反又甫云反半蒸飯也又作餴同　飪人甚反　飤囚志反今經典通以食字爲之

餱音侯乾食　⿰食盇饁上說文下石經　餞從戔　⿰食芺飫上說文下經典相承隸省

館從舍訛　饑飢上穀不熟居希反下久其反餓也經典或借用下字　饎充志反見周禮地官又作⿰食熙

⿱雝食饔上說文下隸變　餉饟二同並式向反　⿰食次餈上說

文下隸變饕他刀反從號養從羊下食餧奴罪反飢也經典相承別作餒爲飢餒字以此字爲餧飼之餧字書無文飦之延反粥也饘同見公羊傳餫音運野饋也見春秋左氏傳

饇於據反與飫同飽也見詩小雅餾力又反見詩注飶蒲節反香也與苾同見詩頌

飬之延反見禮記注餗音速見易餈在私反見禮記注饘之延反倉從食省從口象倉形

金部象金在土中之形凡五十三字一字重文

鐵他結反相承或作鐵鐘鍾上樂器下量名又聚也今經典或通用鍾爲樂器鍊歷見反從柬柬音簡鑄音注鐩徐醉反陽鐩也鉶鈃並音刑上祭器下樂器似鐘而

頸長禮記或通用下字爲祭器鍤丑涉反又音插鑯子廉反鑯器也鋟子纖反又七廉反刺
也見春秋傳鍥苦結反見左傳鍛鍜上東亂反從段下戶家反從叚叚音遐鐕
子南反從朁鍵巨偃反鑠式灼反銷金也鏝莫干反鋝力悅反見周禮鏄
布各反見禮經鎛布各反田器也鎗又行反鐘聲也鏜土剛反鼓聲也又土堂反見詩鏠
敷容反兵端也鍭音侯矢金鍭亦作翭鏑丁狄反見周禮注鉞從戉戉音越鑣
逋喬反馬銜也鋂莫才反大瑣也錞鐓二同並徒對反矛戟鈍大寸反從屯屯音豚鍚
錫上弋章反下星亦反鋞音巠見左傳鉼音餅見周禮鑋丘正反金聲也又一
足行見春秋左氏傳鋌他頂反鉉玄典反見易銚七遥反又吐堯反又音遥銶

音求鑴許規反見禮記鐳音臘見周禮注鈔鈇音斧又與斧同鐲直角反見周禮

鐃女交反見周禮鑒音監從監鋈音沃白金見考工記及詩風鑿才各反從毀省

從丵銎曲容反見詩風鑢音慮見考工記鈑音版見周禮

車部輿輪之揔名奚仲所作凡四十字一字重文

輯秦入反從咠輶弋久反輕輊上苦盈反作輕訛下竹二反見詩小雅轐

音卜見考工記軘兵車也從屯屯音豚較工卓反轛竹遂反又音對見考工記輮

人九反從柔見考工記輻輹二同方木反上車輪輻下車縛也見易釋文以下字音服軋

張涉反從耴從取訛軫之忍反軏軏音月轅端上說文下見論語及釋文相承隸省軧

巨支反長轂之軝以朱約之見詩軛烏革反轅前也軥工豆反軛下曲者轉輖
章由反見禮經軌九水反從八九之九作軌非軔而晉反礙車也輇市緣反蜃車下庳輪
也轏輚二同士諫反上見春秋左氏傳下見周禮與棧同軷蒲末反見詩及周禮範
軓並音范上法也下車前軾也見周禮轘音患轞音檻大車聲詩風亦借檻字爲之轔
力人反車聲詩本亦作鄰轚工第反又音擊互者見周禮輩補妹反從非作輩訛輿
與庶反又音餘作轝訛輂居緑反大車駕馬軎轊二同并于例反車軸之端象軎見考
工記注凡繫擊之類皆從軎轄舝二同並胡戛反舝從舛從禼省字雖不從車與轄字同經典多
用此字故就此部取其易了軑音大縣名見左傳

女部 凡三十六字 二字重文

姬 黃帝居水以爲姓 婚 五經多作昏以正昏時之義 妃 從戊己之己 妊 音壬作姙者訛 媲 怖計反配也 姊 從𠂔𠂔音姊凡柹第之類皆從𠂔 嫂 嫂 二同上說文下隸省作𡜎訛 娒 姆 二同並莫又反女師也又音母今禮記並用下字 姤 古候反

嫄 音元 嫡 丁歷反 娉 娶妻也今經典多通用聘問字 妒 丁故反作妒者非 媢 音冒夫妬也經典多作冒 婼 丑若反見春秋傳 媒 從某某從甘下木 奸 音干犯也 婬 婬泆之婬經典多用淫字 妖 佞 乃定反從仁作佞訛 姦 私也俗作姧訛 嬃 絲朱反見周禮注 妟 一殄反凡宴偃之類皆從妟 孌 李婉反慕也又順也 婁 婁 上說文從

毌從中從女下石經力侯反又力句反凡數樓之類皆放此　娩音問　嬍音美見周禮　㛂音孚見禮記注　母從女象乳形　毋從女女象有姦者止之形　媞大兮反見爾雅　婟乎故反見爾雅注　嫳普結反見春秋傳

幸部

幸女涉反所以犯驚人也說文從大從屰屰音干今依石經作幸

凡四字一字重文

執執上說文下經典相承凡報之類皆從幸　睪音繹凡斁驛之類皆從睪今人或以此爲皐陶字謬誤尤甚　盩直牛反見禮記注

山部

山象形宣也宣氣散生萬物有石而高

凡十八字一字重文

岳嶽二同上象形下形聲　峱乃牢反從狃見詩　密眉筆反　嶞大果反見詩頌

峊丁老反　岡古堂反從网下山凡字從岡者放此　屺丘紀反從戊己之己　岨子余反又七余反見詩今詩作砠　岐巨知反俗以此岐為山名別作歧路字字書無此歧字　崐俗作崑　崘俗作崙　嶷音疑又牛力反　嶧山名　嵏子公反　巋丘軌反見爾雅　崧思中反作嵩同　巉士衫反

鬼部人所歸也　凡四字

鬽魅二同並眉位反　魃捕末反從犮　禺音隅獸屬從鬼頭從内凡字從禺者放此

頁部下結反頭也　凡二十字

顛丁千反　顙先朗反　頜古合反頤也　頷顉上下感反面黃也又並牛

敢反搖頭也並見春秋傳 頯巨追反權也見春秋傳 頍丘絹反又音跬見詩風 顧作頋

非 順從川 頫方武反低頭也音俯與俛同亦音俯或爲覜字非 頮火内反洗面也經典

亦作靧並音悔 頤弋支反 籲俞注反 顇音遂又才季反 頄音求頯閒骨 顅

苦顔反見考工記又作⿰馬肩見詩注音閒 ⿰乞頁口忽反秃也見考工記注 願⿰首頁二同上大頭也

頵紆軍反見春秋傳

見部從目下儿儿音人 凡八字

視規從夫作規訛 覽從監下見作覧訛 覜他弔反石經作⿰此見 覡戶狄反

覦羊朱反 覵古莧反又音閒見禮記注 覭莫丁反見爾雅

欠部

象氣從人上出之形 凡十一字 二字重文

歓飲 於錦反上說文下經典相承隸省 歠 充劣反 歙 許給反又音攝 欵款 苦管反上說文下經典相承隸省作欵訛 歐歡歜 音觸又在感反昌蒲葅見春秋傳 歂 市專反 歗 音嘯

夊部

山危反行遲也象人兩脛有所躧之形 凡十二字 四字重文

夋夋 音逡行皃上說文下石經凡駿峻之類皆放此 复复 音伏從畗省從夊上說文下石經凡復輹之類皆從复 𢚧憂 上說文從頁從心夊下石經凡擾之類皆從此 𢛴愛 上說文從旡從心從夊下經典相承隸省 致 夒 巨追反如龍一足從頁從巳從止從夊上兩點

象角形
夋音宗聚也又曰鳥斂足從兇從夊凡從夋者皆放此畟子力反從田從儿從夊凡謖稷之類皆從畟

夊部

竹凡反後至也象人兩脛後有致之者凡四字二字重文

夆夆芳逢反上說文下經典相承隸省凡峯逢之類皆從夆
夅夅下江反服也夊牛相承不敢並牛音跨上說文下隸省凡絳降之類皆從夅

文部

普卜反小擊也說文作攴從卜從又今依石經作攵凡二十四字一字重文

敷敷妨于反上說文下經典相承隸省
改從戊己之己
敹敹歷彫反擇也見周書
敶除珍反又音陣見周禮注
敵徒歷反從啇
救斁以赤反厭也又音妬
赦

赦二同並式夜反攷古考字見周禮敂古口反見周禮地官敲口交反橫擊也見春
秋傳牧收上牧養下收斂字從丩丩音古由反作収訛畋音田寇從完作冦非
暋音敃強也見周書敍作叙訛攸凡條修之類皆從攸敦音惇厚也又丁回反
見詩大雅及禮經又以爲黍稷器敦牟字音對又音彫見詩又音團敕丑力反古勑字今相承皆作勑
唯整字從此敕整從敕從正作整訛

殳部示朱反長丈二尺建於兵車凡十二字

祋丁外反從示見詩㱿苦樂反凡穀穀之類皆從㱿省毆一口反毃口卓反又
口交反段都亂反從端省凡字從段放此殽下交反相錯雜毅牛既反望怒也從豙豙音

毅豙從辛省從豕辛音愆

役役二同經典並用上字

殺從殳杀聲杀古殺字

毄古歷反從叀叀音衞見周禮凡繫擊之類皆從毄作軗訛

毆烏計反從医医一計反凡字從医者放此

又部音右象三指之形凡二十六字七字重文

㕚壯巧反蚤字從此

叉初霞反赧字從叉

燮和也從言又炎聲也

叜叟上說文從宀下又下經典相承隸省凡字從叟者放此

友友上說文從二又相交下經典相承隸省

㕞山劣反飾也其刷刮字已見刀部

叔尗上說文下石經今經典並依說文作叔凡字從叔者皆放此

取作取訛

豎從臤從豆從立非

反從厂從又厂音罕

秉從又持禾

尹從又丿丿音曳凡字從尹者皆放此

𦸗彗因芮反上說文埽竹也從又持甡下經典

相承隸省**肅**敬也從肀從𣶒**隸隸**力計反上說文下經典相承隸省**𦘔肄**

肄並弋二反習也上說文中字林下經典及釋文相承隸省又弋勢反勞也**書書**上說文下

石經**畫**界也從聿從田從一又胡卦反繢也

田部陳也樹穀曰田**凡十一字**一字重文

畛之腎反又之臣反**甿**莫鄧反又音盲**畿**從幾省從田**畝畞**上說文下

經典相承隸省**町**他典反又他頂反見詩風**畽**他短反見詩風**畇**囚遵反田墾辟見詩小雅

畜從玄**界**從介介亦作𠆤**畺**己香反凡彊疆之類皆從畺

老部從人毛匕毛象反毛匕音化**凡八字**一字重文

耆從老省從旨今或作老下目者非　耊從老省從至　考從丂　耇從老省從句

⿱耂𠷎壽上說文從老省從𠷎𠷎文牛反見周禮注下經典相承隸省凡禱擣之類皆從壽　孝從老省從子　耄從老省從毛

㐺部牛今反象三人　凡三字

衆從橫目下㐺　聚音取　臮音暨

𠂢部普賣反象邪流之形從反永　凡三字一字重文

覛莫獲反　脈脉上說文下經典相承隸省從正永

瓜部工華反　凡二字

⿰𠂆失大節反從失 辡捕莧反從二辛

爪部象形 凡三字

爲作為訛 孚 采從爪下木作釆非

𠬪部平表反象物落上下相付持之形 凡三字

爰從𠬪夾于凡蝯援之類皆從爰 受從舟省凡字從受者放此 爭俎耕反從丿丿音曳凡尹爭尋事帚秉歸之類皆從尹右旁並合出

匕部火卦反象倒人古變化字 凡三字一字重文

眞 眞止人反上說文從目乚從八乚音偃八所乘載下經典相承隸省作眞又作真凡顛愼之類皆

從眞化從亻

匕部必里反從反人凡八字二字重文

頃凡頴潁之類皆從頃頃苦潁反卬從卩迎仰之類皆從卬𥃩艮工恨反上說文下經典相承隸省凡恨限根很之類及聲近艮者皆從艮𠦝卓上說文下經典相承隸省毖鄙媚反愼也

能

臥部五過反從人從臣休也凡三字

監從臥下皿凡覽鑒之類皆從監臨從品盬從古

雨部象形凡二十二字五字重文

靁雷上說文見詩風下字林　霣爲閔反見春秋傳　霆音廷霹靂也　霤力又反

震䨮雪上說文下經典相承隸省作雪　霰䨘二同並悉見反上詩風下見爾雅

霢霡上說文下經典相承隸省　霚雺霧三同並莫候反地氣發天不應上說文中籒文下經典相承隸變下又音務上中下並見爾雅　霿莫弄反天氣下地不應霿晦也爾雅釋文並作霧

霂音沐　霾莫皆反　霓五結反又五兮反屈虹也　霄雨霓爲霄又近日赤氣見爾雅

霑　需音須遇雨不進從而凡濡儒之屬皆從需

襾部

火下反從冂上下相覆之形凡從襾者皆放此　凡三字

覆賈從貝又音古凡字從賈者放此　覈下革反經典相承亦作覈凡字從襾者放此

襾部 大幺反說文作卤象草木實垂條形今經典相承作西東西之西從八與此不同 凡三字 一字重文

㮚栗 上說文見周禮下經典相承隸省凡字從栗者放此 粟

覀部 音遷說文作㽹今經典相承作覀此文從西與栗字之上文相類而義不同 凡二字

遷票 本字從覀下火隸文移火字一點就上非示字凡摽剽之類皆從票

片部 判木也象半木形 凡二字

版 布簡反從片經典亦作板 牖 音酉窻也作牗非

兔部 湯故反象踞後其尾形 凡二字

毚 士咸反狡兔之俊者從㲋㲋丑略反凡讒攙之類皆從毚 㲋 丑略反從㲋㲋獸名頭與兔同足與鹿同省從㲋

束部 縛也 凡三字 一字重文

柬 音簡從八在束中凡諫練之類皆從柬 悚竦

㯻部 捕幺反㯻也從束圂聲 凡四字 一字重文

橐 土各反 囊囊 奴郎反上說文下石經 櫜 音羔

口部 象形 凡五十字 四字重文

噭古弔反見禮記喙凶吠反啄誅角反從豕豕丑足反呱古吾反見虞書吠

扶肺反犬聲也上說文下字林噍嚼二同並才笑反上見禮記唾嚔多計反見

詩風啐七內反噂宗損反詩亦作僔嘯詩亦作歗嗿他感反見詩風咈音佛

嗜哨七笑反叫嘂二同並工弔反從丩丩古由反下從㗊㗊壯立反下見周禮嘅

歎也見詩嗾先后反見春秋傳咮之句反又陟句反見春秋傳哲作悊同含胡甘

反作含非召作㕣非君從尹下口嗸音敖見詩吝力刃反恨也惜也從文下口凡

從吝放此作𠫤非否方九反不也又音鄙作否非嘷戶刀反嚶烏耕反唯弋隹

反又弋水反作唯訛噩音岳又五各反從王從㗊㗊壯立反見周禮局巨曲反從尺下口局之取

其促也作咼與咼皆訛　啗徒纜反從臽見周禮注　喤華彭反　咥許既反見詩風又直
結反見易　嗃呼落反悅樂皃見易　咷音逃呼也見易　吪與訛同見詩風　噣張救反見詩風
嘵呼堯反懼也見詩大雅　哆昌志反又昌也反大也見詩大雅　咂子闔反見禮記注
唫音吟與岑同見春秋傳　嗌音益咽喉也　唶音責見爾雅　哭從犬從吅吅音
喧作哭訛　𠷎喪上說文下經典相承隸變

囗部于非反象回帀形　凡七字

圜天體也見禮記　圓音運今通用爲方圓字音表　團度官反　圖大奴反　圛
音亦圛者升雲半有半無見周禮注　因從大凡字從因者皆放此　回

一部 凡七字

丕丕 上說文下石經下見春秋傳 韭 象形下從火及加草者並非 韰 薤 上說文從韰下經典相承隸省今爾雅作韰餘並用下字 丠 丘 上說文從北下一下石經

二部 地之數也 凡六字 一字重文

亟 紀力反從人又口在二之內凡極殛之類皆從亟 凡 相承作凢者訛 齊 案經典齊酒與食齋之齊及齌纕攝齌之齌齍盛之齍齎費之齎躋升之躋齏菹之齏及采薺之薺凡十體本多作齊齍與粢同齎又與資同薺亦作茨唯酒食之齊義取限量更無別體也其餘皆有本字但施之於經典則多借齊字用之 旁旁 上說文下經典相承隸省 次 從二者訛

弓部 象形以近窮遠 凡十三字 二字重文

彊強 並巨良反上弓有力彊盛字本合作此字強者蟲名爾雅強蚚是也今經典相承通用之又其兩反則皆用下字 弨 尺昭反見詩小雅 弧 從瓜 彆 普結反 弛 式爾反解也

弢 他牢反弓衣也 弦弦 上說文下經典相承隸變作弦其琴瑟亦用此字作絃者非 弘 凡字從弘者皆放此 弼弼 上說文下經典相承隸省 彀 古候反見考工記

黽部 莫杏反水蟲象形 凡十字 一字重文

鼆 莫耿反見春秋傳 黿 音元 鼉 代何反 鼈 易作鱉周禮注作蟞 鼃 烏瓜反 鼅 音知見爾雅 鼄 音蛛見爾雅 蠅 弋陵反 龜龜 象形舊也外骨

内肉上說文下石經

儿部 音人又古奇字人 凡十三字

兌兊 大外反上說文下經典相承隸省凡字從兊者放此 充兒 從臼下儿音而又五兮反

兕 因姊反 兄 從口下儿 兢兢 紀冰反上說文下經典相承隸省 皃貌 二同上說文下籀文今經典用下字

兜 當侯反從𠑹音鼓從皃省皃象人頭也作兠者訛 兟 色巾反見詩 朁 千敢反從曰從兟兟子心反凡潛譖之類皆從朁作替訛

瓦部 土器也象形作瓦訛 凡十三字

瓬 甫罔反見考工記 甗 牛建反見春秋傳 甐 瓦弊也見考工記 甃 側救反甃壘井

見易 甕與瓮同 瓶與鉼同 甈五勢反自此已下並見爾雅 甂丁歷反 瓿步豆反 瓵弋支反 甊洛口反 甓蒲覓反 瓴音零

匚部下弟反說文作匸今隷省 凡四字

匿從若凡慝暱之類皆從匿作匿者訛 匹從八作疋訛 陋 匽音偃

匸部音方受物之器 凡十二字二字重文

匜弋氏反可以注水見周禮 匴音算見禮經 匯見夏書 柩 匶二同下見周禮

匰丁安反見周禮 匡 匩上說文下經典相承隷省 𠥱𠥱豆多作籩已見辵部 匧

篋二同並口莢反 匵與櫝同匱也見論語

用部 從卜從中可施行 凡七字 三字重文

甯甯 上說文下隸變 周 用口爲周 𢊁庸 以鍾反上說文下相承隸省 𤰈備 上說文從苟從用苟己力反下經典相承隸省

羽部 于句反象形 凡十四字 一字重文

翨 尸豉反見周禮 翅 式豉反 翣 山甲反棺翣也 翠 千祟反見春秋 翌 胡光反見周禮注 翰 乎幹反 翩 匹緜反 翿 徒報反見禮經 翳 烏計反 翺 五刀反 羿羿 上說文下隸省 翑 具于反 翯 戶角反肥澤也

歺部 几承反說文作歺今依石經作歺歺列骨之殘 凡十字

殤式向反又式羊反殲子銛反見春秋傳殄作弥訛殖上力反生也残昨安反從戔殔音異瘞也又弋二反見禮記壑呼各反死從人今經典久相承從匕

叡睿二同並弋芮反上見易

日部實也象形凡二十六字二字重文

晛乃見反見詩暘音陽日所出也見虞書暱昵二同尼一反近也暀王況反見詩暫作蹔訛曩曏許亮反見爾雅皞工老反又胡老反古帝號晷音軌㬥暴上捕沃反又捕報反曬也下侵暴之暴今經典通用之昃壯力反見周禮

晉晉上說文下石經暬與褻同見詩小雅暵呼捍反昬眉巾反時

曖音愛見易注昄蒲板反大也見詩小雅昃音側㫺昔上說文此字本是脯腊字上象肉文得日而乾後加作腊以此爲古昔字下石經𣈆音昆見爾雅旦明也

曰部于月反從乙在口中凡五字一字重文

𣍘曹曺上說文中經典相承隸省凡字從曹者皆放此下石經曷胡遏反凡字從曷者放此作曷者訛是

白部西方色凡七字一字重文

皦皎並公了反上玉石之白者下月皎字今詩風通用之案今詩本及釋文多從日傳寫之誤皁黑繒作皂訛皙思歷反人色白亦如上字相承多從日非⿳小白小丘歷反亦如上字相承多從日上下

皆從小象空隙之形凡字從㒼放此　樂　皤

㫃部音偃旌旗之斿　凡十五字

旌從生作旍訛　旆從巿巿普末反從巿或從巾者訛　旄石經作旄　旟　旞音遂全羽為旞　旂交龍曰旂　旝工外反建大木置石其上發其機以投敵又云旃也大將之麾也見春秋傳　旃　旜之延反二同下見周禮　旖於奇反旗皃　旋從疋疋音山慮反　旛孚燔反　旅從从从古從字　族從矢祖禄反矢鋒也古鏃字今以為宗族字作族訛　於象形

虍部音呼又火故反象形　凡十九字重文二字

虎前朝諱省今並添正　號　號作號者訛　虩火歷反又許戟反見易　𧇹于犬反從

二虎從貝俗以二虎顛到與說文字林不同 虪音叔黑虎見爾雅 虥士山反貓也見爾雅 虒音斯虎之有角見左傳 虔巨仙反敬也 盧盧上說文下經典相承亦作下字凡字從盧者皆放此 獻 虙音伏古作伏伏羲字論語釋文宓犧或作虙又云宓子賤姓虙文字訛舛轉而爲宓故濟南伏生稱子賤之後是也 虡虞上說文下隸省見周禮 虐虐上說文下石經

處從夂從几俗作䖏非

皿部 器也象形凡十字

盛黍稷在器 齍音咨從齊下皿或作粢同禮記及諸經多借齊字爲之 益伊昔反饒也從水 盎見禮記 盡器中空從皿上㶳㶳因刃反火之餘 盥從臼從水臨皿臼己足反 盪

徒朗反又他浪反滌器也盆盈盝音禄壓盝之盝見考工記

血部呼決反凡六字二字重文

衁火光反見左傳䏙醓二同他感反見周禮衋許力反從聿從皕皕音逼見周書盇

盍上說文下石經今依石經

韋部從舛從口口音圍柔獸皮凡十三字一字重文

韎音末茅蒐染韋爲足衣也又音昧經典並音莫介反韝音溝射臂撘韘先涉反見詩風

韣音獨弓衣也見禮記韔丑向反見詩風韤亡伐反韐古洽反又音閤見詩韠

音祕弓紲也見考工記注鞄音鮑見考工記注韓韓上說文從入下韋下經典相承隸省

斡烏活反見考工記注第從韋省象圍帀次弟之形

舛部充絹反從夊牛相背之形凡六字二字重文

桀巨列反從舛在木上凡從桀者皆放此椉乘上說文下隸省舜舜舜草也象形楚謂之葍上說文下經典相承隸省舞

足部從口下止凡二十一字二字重文

蹴子六反見詩蹻求消反舉足行高又己小反見詩蹌七羊反見禮記躡女涉反蹢丈尺反從啇經典相承亦作躑躅丈玉反亦作躅踊弋冢反跳也作踴非跨跨苦華反又苦化反上說文下經典相承隸省蹐蹐資昔反從脊上說文下經典相承見

小雅踦居綺反開一扇一人外一人内曰踦蹯音煩掌也見左傳蹶居衛反又作蹷又音

厥躣驅碧反跗方于反見周禮嚏音致跂其宜反詩釋文伎亦作跂跜

女輒反足不相過楚言見春秋傳踖踧踖之踖又七亦反見詩小雅躛戶快反見春秋傳

喜部樂也從壴下口凡從喜者皆放此凡二字

憙悅也見春秋傳嚭丕几反見春秋傳

壴部竹句反從中下豆凡七字

鼓工戶反從支象其擊之形凡從鼓者皆放此作鼓及皷皆非鼖父文反大鼓也鼙

捕迷反小鼓今禮記或借鞞字用之鼛音高大鼓也鼜鼜音戚夜戒也見周禮嘉

從加作嘉者訛

骨部肉之覆也凡七字

骭戶諫反 骬羊紹反見春秋傳又作䯰見詩 髃與腢同見春秋 骴與𩇶同見周禮

髀捕米反 䯤士喪禮作檜見詩及周禮皆借會字爲之 骼苦駕反說文字林無此字見春秋傳注

𦝠部力臥反象形凡四字

嬴姓也 贏以經反 蠃魯果反見爾雅 羸力爲反

危部在高而懼凡六字一字重文

祪垝古毀反上祖也下毀也並見爾雅 頠魚詭反見春秋傳 臲卼上五結反下五骨反不安之皃並見周易 詭

爨部七亂反象形作爨俗 凡三字爨字在數內

釁許僅反作釁非 亹音尾見詩及見春秋傳禮記易及爾雅說文字林並無此字今依經典相承作之未得六書之體

五經文字卷下

吾家當日有印書作聚印匠廿人刷印經籍㞐一日往觀之先君適至呼㞐曰吾縮衣節食遑遑然以有書為急務今板逾十萬亦云多矣竊恐秘冊之流傳者尚十不及一也汝曹習而不察亦知印板始於何時乎盖權輿於李唐而盛於五代也後夏日納涼請問其詳先君曰古人讀書盡屬手抄至唐末益州始有墨板皆術數字學小書而不及經傳經傳之刻在於後唐自後考之後唐長興三年詔用西京石經本雇匠雕印廣頒天下（見五代會要第八卷）宰臣馮道等奏曰請依石經文字刻九經印板又按國史志長興三年詔儒臣田敏校九經鏤本於國子監㞐購得五經文字一部係從宋板影寫者比

大曆石本注益詳備前有開運丙午九月十一日田敏序按丙午開運三年也則田敏之奉詔在後唐長興三年越十六年至石敬塘之世而雕成印本由此觀之蓋祖於五代本矣石刻舉世有之但剥蝕處杜撰增補殊不足據要必以此本為正也虞山毛扆識

佩觿三卷

◎

〔宋〕郭忠恕撰

明嘉靖六年（一五二七）孫沐萬玉堂刻本

佩觿卷上

朝請大夫國子周易博士柱國臣郭忠恕記

佩觿者童子之事得立言於小學者也其一曰造字之旨始於象形孔子曰牛羊之字以形舉也中則止戈反正傳止戈爲武反正爲乏而省聲生焉禮摯鷙蟲攫搏鄭注从鳥摯省聲今作鷙省非也說文云从執聲至若春秋姓字地名更見尚書宋齊舊本隸寫古文學者知之不可具舉有以氷爲凝說文氷魚陵翻凝筆陵翻亦互用之有以渴音竭說文字林渴其列翻水竭字古文

以貞爲鼎籀文以鼎爲貞其矛楯有如此者
刑罰从寸古罰如此謂持刀詈人元命苞改刀作寸寸法也應對从士古對如此漢文帝以言多非誠乃去口从士疊惡太盛古疊如此言決罪三日得宜新室以三日太盛改作三田媟貴爲神月令注以其高禖爲神故从示其立教有如此者衛學之字是謂隸省本作衞鄉前寗之字是謂隸加本作帍甯詞朗之字是謂隸行本作冐朖寒無之字是謂隸變本作𡫸𩁹其逸駕有如此者塗泥爲途說蚤爲早暮黨與爲取与胄子爲甲冑其相承有如此

者畲山之縣爲當塗古文尚書作畲後依山𠀤當塗縣今在宜州戰洞之文爲滎澤事具春秋後序穆公之謚既作繆史傳不同潧洧之詩又作溱詩與說文字別其遷革有如此者佳人之爲嘉期佳美也五禮婚姻曰嘉慶善也所宜依經用字不當作佳僅得之爲近遠僅以身免僅得中筭僅有存者僅纔也耗半也非遠近平生之爲外甥謂我舅者吾謂之甥即从男是此三字李祭酒涪說其淺陋有如此者五十二家書鄙来穿鑿今五十二家書竝不合本體必非蕭子雲所作蓋後人妄爲之三百六十體更是榛蕪王南賓存乂切韻首列三百六十體多失部居不可依據考字丂回老

字右轉謹案考从丂丂苦杲翻老从匕匕火霸翻裴務齊切韻序去左回右轉非也其言有

如此者雀鴢胥恭翻之鴢鎗鏟音義皆闕之鏟澆潑普末

翻之潑此皆非古字王存乂切韻序去形聲會意施行已久其備率有如此者

昭穆義舛李祭酒涪說爲漢諱昭韶改音韶失之也案說文自有佋穆之字以昭爲佋蓋借音耳杕

杜文乖杕大計翻北齊河北毛詩本多作狄唐楊國忠以杕杜之杕爲筈杖之杖人多笑之乇陟倫翻卦

之乇音豚五經文字以乇爲乇豚之乇胡毋之毋音無用毋父毋之毋今公

羊序如此失之矣其濫讀有如此者馬頭人爲長人

持十爲斗苛爲止句虫謂詘中言不合諸經解字已上具說文序其

下亦然坤蒼云畛則尒有田古今訓地乃土乙力

張顯所作中興書舟在二間爲舟彌亘字从二間舟今之隷書轉舟爲日而何法盛中興書乃以舟在二間爲舟航字謬也春秋說人十四心爲德詩說二在天

下爲酉國志曰口在天上爲吳晉書黃頭小人爲

恭叅同以人負告爲造新論之金昆配物謂銀字从金昆

後漢之白水稱祥時王莽作剪刀錢文曰貨泉有類白水真人字應漢光武中興自中興已下至此皆出顏氏家訓馮則行馬水邊苻融斷獄有書生妻爲人所殺夜夢乘馬一邊溼一邊乾又見天上水中各一日融曰此必馮昌也幽則挂絲山上齊志張伯德夢山上挂絲古者曰其爲幽州乎秋七月拜幽州刺史

董讖千里草董卓秉政童謡曰千里草何青青十日卜不得一日生春占一日夫謝小娥傳父夫爲盗所殺夜夢人曰一日夫門東艸乃春蘭字也三刀之夢爲州王濬夢懸三刀於梁上俄益一刀後爲益州牧八人之詞有火萬回於閿鄉市呌曰今夜有八人過是夕有大火災合者人一口魏武帝嘗賜群臣酪器上書一合字楊脩曰合人一口也貞者与上人梁武帝時有僧与人爭田帝狀後書一貞字劉顯曰貞与上人也八女之解祿山沙門一行云兩角女子綠衣裳端坐太行邀君王一止之月自滅亡一止止正字也八女一作一止兩日之詳季龍晉郭璞云永昌有二日之象其後隆昌亦同是知悪亂之軌千載同之夢棗必驗丁固夢井中生棗以問趙直直曰棗者四十八字君壽不過四十八卒賜棗先知漢武帝呼東方朔來來遂進前帝再叱之朔曰兩來棗字再叱四十九也陛下謝賜臣棗四十九枚也

詠尹成章唐蘇許公詠尹字曰丑有餘足甲不全身見君無口知伊少人稱朱表識梁史木星在斗宿之下知星者曰斗下木朱字朱姓當王也吉乃十一口鍾輅前定録杭州臨安令張宣求官唱名前三日夢女子曰妾有十一口依在貴境後果受湖州安吉令杏為十八日大業拾遺云隋煬帝南幸江都杏娘侍側帝作嫌字令曰杏娘十八日也杏娘曰羅字四維也其寓言有如此者

繺棖鑵鏸代紺盞鑊環之字髦祠槐爌作鬐鼏魁炙之文已上出顏氏家訓三蒼用𡰱作尼丘之尼

字林用隹為平準之準軍陳直吝翻為陣始於

逸少小學章形景於領翻為影本乎稚川字苑忌諱

出自宋明以騆馬字㚑似禍改作䮠草創起於天后唐天后以𠀑埊𡆠囝又作𡝗〇𢘑𢘑𡕀𡔈𠡦𤯔䍃作曌𢧿𤼀𨲦𡔈囯代天地日月星君臣載初年正照證聖授戴國等字文帝之隨中去辵隨文以周齊不遑寧處故去辵辵走也遂作隋次山之昏畔加荒元子謚隋煬曰䗶其多僻有如此者古章貢水合為贛感紺二音水名在南康之單名今高邑城本是鄗之一字地在常山本名鄗鄗火𡹎火各二翻漢光武改為高邑其離合有如此者改鄭為莫緣類鄭以難分更𨛫為郊因似幽而致誤其祛惑有如此者並唐玄宗故事史文具之魯國洞水洞音蒂也

兗州圖經吳興大衎戶剛翻出釋文序史通河橋梵蓋船舶之類澌則申州州川名澌音師出申州雜記及圖經飷則登眞藥訣登眞隱訣有飷飯方巳上四字皆字書無之其獨擅有如此者尚書考異王乘馬首開元文字子在毋懷千祿書以缺字从垂旁唐玄度以弁互為隸省其不典有如此者鼓字从攴支蛇字从也陝字从夾陝从夾夾式立翻从二出入之入从人民之人者非恐字从凡其繆誤有如此者黿鼉从龜辭亂从舌席下著帶惡上安西此四句出釋文序其俗

訛有如此者金華則金畔著華揔扇則木旁作扇此二句出顏氏家訓飛禽即須安鳥水族便應著魚蟲屬要在虫旁草類皆从兩屮已上出陸氏釋文序其蕪累有如此者其二曰四聲之作始於譬況蓋孔子受經之說中則近煙傳左輪朱殷杜注云字音近煙爲殪禮壹戎衣鄭云壹當爲殪而翻語生焉孫炎所作魏朝以降蔓衍寔繁世變人移音訛字替徐仙民翻易爲禘石郭景純翻餤爲羽鹽劉昌宗用承音乘許叔重讀皿爲猛

先儒傳受不敢弛張追乎切韻之興興屢加釐

革即支章移翻脂旨夷翻魚語居翻虞遇俱翻共爲一韻

先蘇前翻仙相然翻尤羽侯翻侯乎溝翻俱論是切已上陸氏切韻序又云欲

廣文路自可清濁皆通若賞知音即須輕重有異加以楚夏聲異南北語

殊人用其鄉相傳非一同言異字同字異言

或失在淺浮或滯於沈濁比人言者多爲一

例如而靡異邪不定之詞也弗殊莫辨復扶又翻重也復

音服返也寧論過古禾翻經過過古臥翻超過已上出釋文序有以見知如字

之爲知（貞義翻）謀子孫（如字）之爲孫（先困翻）讓是謂四聲徵召（如字）之爲召（上照翻）公小大（如字）之爲大（他蓋翻）學乃从一韻敦（都昆翻）厚之爲敦（丁聊翻）弓書卷（巳倦翻）之爲龍卷（古本翻）又依旁紐陶（如字）丘之爲皐陶（余招翻）鄉黨（如字）之爲黨（之仰翻）氏即用鄰（鄰一本作鄙）音人（如字）民之爲人（音小君）獻（如字）酬之爲獻（辛禾翻）象全借別字其約文有如此者國風（如字）之爲曰風（去聲）男女（如字）之爲女（尼據翻）于名譽（去聲）之爲毀譽（平聲）大象賦云有少微之養寂無進

賢之見礜（平聲）叅嚚府之樂肆犯貫索之刑書自敗（如字）之爲敗（補邁翻）他（礜敗二字亦出釋文）序其求意有如此者冨鼏作冪（禮經有之）蔿作蓫（左傳有之）

音義一而體別水爲沝（之水翻南方謂水爲沝）火爲焜（許尾翻吳楚之間謂火爲焜二字出說文）形聲異而物同皿（說文但音猛今更立一音者非）音皿（明丙翻）佳（說文古牙翻）音街字意同而讀異其交相有如此者二百爲皕（音祕）二十爲廿（音入顏黄門稽聖賦云魏嫗何多一孕四十中山何夥有子百廿）三十爲卅（先合翻）四十爲卌（先入翻）其務省有如此者菲音數幾（按菲平聲爲芳菲上聲爲菲薄幾平聲爲庻幾上聲爲不定數之幾）

上平孰別借音子射案借去聲爲借貸入聲爲借貣射去聲爲執射僕射入聲爲姑射射弓去入難分陸氏釋文序云書音之用本示童蒙前儒或用假借爲音更令學者疑昧其疑韻有如此者衣被之爲覆被於上去而曲分不如字易之爲不方后翻臧就故實而押韻其拘忌有如此者牛車之車尺遮翻本無居音讀若居樂只之只之尔翻本無質音讀若質嚳予之予弋汝翻本無余音讀若余朝廷之廷徒勁翻本無亭音讀若亭其變古有如此者顏淵之淵讀之烏玄翻如泉水名之治直知

直吏二翻讀之如理其避諱有如此者田陳郗郤史籍互書陳完奔齊以國爲氏而史記謂之田氏又郗郤二姓皆望在河南故史有互文號郭韓何周號叔亦謂之郭叔又周武王母弟唐叔虞後封於韓韓滅子孫分散江淮間以韓爲何隨音生變遂爲何氏載筆通用其聲近有如此者丂倏爲墨祈龜茲爲丘慈闕氏爲燕支令支爲零岐其方言有如此者瀘翻居沼沼當爲洧王存乂說陸氏切韻誤也頊切許緣緣當爲縁顏氏家訓說攻公分作兩音登升共爲一韻此兩句出陸氏釋文其轂音有如此者跧分莊貟滓還王南賓存乂說此字也乂云斬入其

音鑌入夷音不可名爲切韻　彗分徐醉祥歳芑切墟里祛豨

攻切古紅古冬已上李審言所進切韻中多如此誤　其淆涃有如此

者拾如字音拾音涉綴弟如字曰弟音但勞辟如字爲辟頻世

翻　席甚贅韻有如此者諸家以經史借用字加陸氏切韻本爲王南賓存又刪之點竄

未盡於今尚有　若干爲若柯俗謂若干爲若柯言如許物干柯音變也　等物爲底

物又俗以何等物爲何底物亦音訛變也已上出顔氏刊謬正俗　胡樂鼙婆之號搜神記謂

琵琶爲鼙婆　仲舒下馬之陵長安有董仲舒墓人過者多下馬因名曰下馬陵今轉語名蝦蟇陵

矣事出兩京記故白氏琵琶引云家近蝦蟇陵下住　河朔謂無曰毛漢書毛音無与無同義　巴蜀

謂北曰卜詩云自西自東自南自北卜音無思不服取其協韻有遺風矣古歌得云亍

紇開元玄宗朝引船歌云得丁翻紇董紇那也紇那得董耶河褁船車夾楊州銅器多訛音雞曰古黎

天后朝侍御史侯思正出自阜隸言音不正時屬斷屠謂同列曰今斷屠宰雞古翻黎豬誅魚虞驢力翻朱俱居不得喫詰翻弋空喫米彌麪泥如儒何得飽為崔獻可所笑天后知之

鉢囉護嚕之文內典加口而彈舌佛經真言彈舌者多非本字皆取聲近者从口以識之麒麟琵琶之字才子從俗而入聲近代文集率多此類甚尚俗有如此者其三曰傳寫之差始則五日三豕閏月爲門五日三豕當爲己亥學者知之帝虎魯魚又書三傳帝成虎魚成魯葛稚川說中則興雲剖疑詩云有渰萋萋興雨祁祁

作興雲者誤顛黃門之推說　**繕完先覺**傳云繕完葺牆重複其字者三完當爲宇李祭酒涪說　**雞**

尸虎穴之議太史公記曰寧爲雞口戰國策音義曰尸雞之主則口當爲尸後漢樊曄爲天水守涼州歌曰寧見乳虎穴不入曅城寺齊代江南本穴皆誤作六並傳寫失也　**妒媢提福之殊**英布之禍與自愛姬生於妒媢媢當作媢䛠妒也義見世家又漢書褆福上字从示音匙匕之匙俗或从手誤也　**楊震之鱓非**

鱣鱓音善是也作鱣陟連翻者非　**丞相之林是狀**始皇本紀二十八年丞相隗狀王綰等議於海上俗作隗林者非也　**摎毒變嫪**摎音劉是作嫪郎到翻非　**田肯云宵**漢書田肯是作宵者非

削柹一作柿　**施脯**柹芳吠翻風吹削柹是作脯者非　**菆木用最**灌木爲菆木周續毛詩注音祖會翻或別本作最皆非也自雞口已下顏氏家訓說　**一不齊之稱寠賤**案不齊姓處音調伏之伏

作密者非蕭何之目鄼侯史注文頴曰鄼音贊瓚曰今南陽
李祭酒說鄼縣是也孫檢曰有二縣字音多
亂其屬沛郡者音嵯屬南陽者音贊案茂陵書蕭何國在南陽字
作鄼音贊今皆作酇字所由亂也臣案說文別有酇字音在戈翻
未知元二之文古今說異後漢書鄧騭傳永初元年冬時遭元二
孰是之災顔師古注曰元二即元元
也古書字當作再讀即於上字之下為小二字言此字當兩度言
之後人不曉遂讀為元二或同之陽九或附之百六甚為誤矣今
岐州石鼓銘凡重言丞尉之印偏旁亂眞漢書伏
者皆為二字此義亦同波將軍
馬援上書臣所假伏波將軍印書伏字犬外向成皋令印皋字爲白下羊䁠
丞印四䁠下羊尉印白下人人下羊即一縣長吏印文不同恐天下不
正者多符印所以爲信也宜齊同薦曉
古文字者事下大司空正郡國印章奏可尚書以悳作怒音
案字書悳古仁恕之恕字今禮記以視為古字又禮記注
或本云古悳恕之恕非也以視爲古

示字大典說文石經相乖是故老子上卷改載爲哉唐玄宗朝詔朕欽承聖訓覃思玄宗頊改道德經載字爲哉仍屬上句及乎議定衆以爲然遂錯綜眞詮因成注解云洪範一篇更頗普禾翻作陂唐玄宗詔典謨既作雖曰不刊文字或訛豈必相襲朕聽政之暇乙夜觀書匪徒閱於微言實欲暢於精理每讀尚書洪範至無偏無頗遵王之誼三復斯文竝皆協韻唯頗一字實則不倫又周易泰卦中無平不陂釋文陂字亦有頗音陂之与頗訓詁無別爲陂則文亦會意爲頗則聲不成文應由煨燼之餘編簡隊缺傳受之際差舛相沿原始要終須有刊革朕雖先覺兼訪諸儒僉以爲然終非獨斷宜改頗字爲陂仍宣示國學驗二篆亦部居有證大率五百四十部以小篆爲宗大篆或重複焉變八分則筆劃難安八分之說流俗有二或曰八分篆法二分隸文又云皆似八字勢有偃波臣以爲二說皆非也謹案書有八體一曰大篆二曰小篆三曰刻符四曰蟲書五曰摹印

六曰署書七曰殳書八曰隸書漢蔡邕以隸作八分體蓋八體之後又分此法謂之八分近矣蔡中郎以豐同豐芳弓翻音禮李丞相持朿千賜翻作朿此二字李少監陽冰說刊謬正俗混說逢逢逢房風翻迎也字从夅夅芳封翻逢步江翻人姓出北海傳有逢丑父字从夅夅下江翻顏氏刊謬正俗乃云逢姓之逢與逢遇之逢妄爲別字釋訓無據且祭側介翻單上翻演字同任云假借逢逢文別豈可雷同尺有所短見於茲矣五經字書不分挍校挍古効翻比挍校戶教翻校尉又荷校滅耳以說文陸氏釋文知之張氏五經文字皆从木非也徼長孫氏則曰可知而不可行謂冰凝竭渴之類頁檢本知之長孫即訥言也驗張司業參又云久訛而不敢改五經文字往往有之則有寵字丑隴翻爲寵力孔翻錫

思歷翻字爲錫余章翻用文普卜翻代文將无亡夫翻混旡
己利翻若斯之流便成兩失巳上釋文序有以毆擊之
毆烏口翻爲敺起虞翻逐邊徼之徼古弔翻爲儌古堯翻倖
竈杖之桰他念翻爲栝古活翻柏水名之㵘他帀翻爲下
溼深立翻地名之邢口堅翻爲邢戶丁翻⿱夂⿸厂夫草名之苞平表翻
爲厰包百茅翻盻恨之盻下計翻爲盼匹莧翻兮深窊
之窊明筆翻爲虙房福翻賤科厄之厄牛果翻爲困尼
於華翻進趨之夲土刀翻爲本布衮翻末三十之卅先合翻

爲百芔許貴翻來假之徦古額翻爲假工下翻手校尉之校戶教翻爲比挍古效翻冥昧之昧莫佩翻爲見昧莫撥翻夭折之夭於小翻爲夭於照翻如巳上經典多誤蛇虫之虫許鬼翻爲蟲直中翻爲豸丈尒翻蟲豸之豸爲獬廌丈買翻獬廌之廌爲舉薦即見翻鍊鏞之鍊德紅翻爲鍛鍊来見翻墮張之墮許規翻爲惰徒果翻慢獸名之獦音葛見山海經爲田獵力業翻堤滯之堤丁禮翻爲隄丁兮翻防奔趍之趍直知翻爲進趨七俱翻逮及之逮徒計翻音大非爲殆且

草名之𦬊兵苗翻爲筆札人姓之受都導翻爲承
受麋鹿之鹿力谷翻爲精麤千胡翻須爛之湏火外翻爲
斯須相俞翻蚯蚓之蚕他典翻爲蠶才含翻蘭欂櫨之閞
皮變翻爲關古還翻楗聑語之咠才入翻又子入翻爲胥相居翻徒
疋直之疋八分正字爲匹片一翻敵迎這之這魚變翻爲者
回刺戡之戡竹甚翻爲𢦦苦含翻難容皃之皃莫教翻
爲完胡官翻全牝牡之牡莫厚翻爲壯之狀翻麗羙羊之
羙古刀翻爲美明鄙翻惡僬僥之僥五聊翻爲傲古堯翻倖

振旅之嗔徒年翻爲瞋充人翻慜美鐵之鈆章容翻爲

鉛余專翻錫借他迭翻侻他涹翻之僣爲踰僭子念翻木棚一作砦

之砦士介翻爲指攃千曷翻帆舡之舡古容翻爲舟船士緣

翻菰蔣之菰古胡翻爲瓜古華翻果鈇椹之椹知林翻爲

桑葚石稔翻啚吝之啚方美翻爲圖同奴翻謀交互之

互胡故翻爲氐丁禮翻宿水名之派古胡翻爲宗派匹賣下

卸之卸思夜翻爲鄖于求翻亭鳥鳴之咬古肴翻爲齩

五狄翻齧巳上時俗章疏其順非有如此者刀有都高丁

聊二翻俗别爲刁俞有丑救弋駒二翻俗别
爲俞著有陟句知主呈略知虐四翻俗别爲
著慭有牛吝五八二翻俗别爲慭椎有尺佳
他回二翻俗别爲推今蜀中從手足之手音他回翻從人才之才者音尺佳翻台
有湯來羊支二翻俗别爲允台一作屛有必郢皮經
二翻俗别爲屛否有方久符鄙二翻俗别爲
否單有都安上演二翻俗别爲單余有亦居
成遮二翻俗别爲余蔘有虐盧小連竹二翻俗

别爲菉畫有胡賣胡麥二翻俗别爲畫句有九遇古侯古倏三翻俗别爲勾拔有蒲八蒲末二翻俗别爲扳索有先各所戟二翻俗别爲縈玉有欣救魚録息足栢逐四翻俗别爲玉乾有古丹求焉二翻俗别爲乹沈有直隸式稔二翻俗别爲沉華有戶瓜呼瓜二翻俗别爲花其浮僞有如此者於是聊舉三科仍分十段三科見上十段即中下篇觸類而長寔繁有徒至若

仲子手文宋武公生仲子生而有文在其手曰爲魯夫人士衡灑血陶侃字士衡灑血成公字桂陽鶴觜列仙傳桂陽蘇耽得仙後忽有白鶴數十集郡東門樓上以觜畫地作字曰城郭是人民非三百年後當復歸咸謂是耽焉司農牛角漢末大司農鄭玄牛角抵牆成八字事符語恠又何問焉

佩觿卷上

佩觿卷中

朝請大夫國子周易博士柱國臣郭忠恕記

平聲自相對

仝全 上音同从人下工下是篆文全字从入　櫳攏 並力公翻上房櫳下攏捧

僮徸 上音童僮僕下昌容翻行皃　鍾鐘 並章容翻上酒器下鐘磬

橦撞 上徒東翻木名下宅江翻刺也　樅摐 上千凶翻松葉柏身下初江翻打鐘

松忪 上祥容翻木名下章容翻不安皃　杠扛 並古腮翻上牀前横木下扛鼎

憧幢 上昌容翻往来下直江翻塔也　桵挼 上人佳翻小木下奴禾翻手挼

祠祠 並似茲翻上祠祭下祠緈

⿰木是提 上成之翻木名下庭齊翻提攜

禕禕 上音醫美下音暉褕服[illegible]畫一今作漪

椎推 上直追翻棧車下他回翻推挽

枝枝 上章移翻枝柯下莫回翻絛枝

栘拸 上成羈翻唐棣下與之翻加也

⿰木雩⿰扌雩 並丑朱翻上⿰木雩散下⿰扌雩蒱

楎揮 並許歸翻上在牆者謂之楎下揮霍

榆揄 並羊朱翻上木名下揄揚

⿰彳俞偷 上羊殊翻行貟下他矦翻偷竊

樞摳 上昌朱翻樞機下可侯翻摳衣

株⿰扌朱 上陟虞翻根株下止臾章俞二翻

櫨攎 並力胡翻上櫨木下張攎

樏摞 上力佳翻禹山乘樏下洛戈翻理也

杇扝 上溫胡翻墁也下億于翻指麾

檯擡 並唐來翻上木名下擡舉

徘俳 上音裴徘徊下盆皆翻俳優

櫂擢 並才回翻上木名亦木節下折也

榛搸 上責人翻榛栗下子人翻琴聲

禋禋 並於人翻上与裀同下禋于六宗

棆掄 上力旬翻毋椗下力昆翻擇也

乇乇 上陟倫翻厄也下徒門翻乇聚

禪襌 上士仙翻禪律下音丹衣也

㮴搜 上先刀翻木船之一下詩由翻搜尋

柖招 上市昭翻木名下朱傜翻招辟

權攉 並巨貞翻上權衡又黃英下攉誡

榣搖 並余招翻上木名下動也

桃挑 上徒刀翻木名下他遥翻挑剔

槎搓 上常加翻木名下千何翻手搓

楊揚 並余章翻上柳也亦州名下舉也

枷拁 上音家枷杻下巨迦翻擊也

螽蠭 上之容翻螽斯也下古蜂字

榴搯 上力州翻石榴下正抽字

樛摎 上經由翻樛木也下音留摎毒人名一本云人姓

𢕟優 竝億由翻上𢕟遊下優倡

檎擒 竝巨今翻上果名下捉也

凌淩 竝力升翻上冰凌下侵淩

盲肓 上木庚翻目疾下火光翻膏肓

肰肬 上而先翻犬肉下于求翻贅也

柃拎 竝郎丁翻上柃檻下手懸把物

蕑簡 上加顏翻地名下皆產翻簡策

樓摟 上樓櫓也下音力朱翻弗曳弗摟

枮拈 上陟林翻枮几下泥鹽翻拈掇

根拫 上古痕翻根本也下戶恩翻急引也

梴挻 上丑先翻木長皃下式連翻柔也

逢逄 上符容翻迎也下平江翻姓也

㢟延 上丑延翻行步㢟延下余先翻遲也

伶伶 竝郎丁翻上伶倫樂工下伶俜行皃

禾禾 上胡戈翻禾黍 下公兮翻曲木

牛爿 上宜休翻牛羊 下从良翻析木

辛辛 上去乾翻辛過 下息人翻苦辛

肜彤 上余隆翻祭名 下徒冬翻赤色

樁摏 上陟江翻樁橛 下書容翻撞也

棎探 上士占翻果名 下土含翻取也

槍搶 上七羊翻兵器 下楚庚翻攙搶

楒揌 上息茲翻木名 下孫來翻擡揌

呤吟 上郎丁翻呤吟語 下語今翻吟詠

巛巛 上昌緣翻山川 下祖來翻川壅

迂迀 上羽俱翻遠也 下古丹翻進也

尃專 上芳夫翻布也 下之沿翻擅也

尻凥 上苦高翻脽也下 矩魚翻仲尼凥

㡒恂 上似荀翻領端也 下相倫翻信也

㚲姑 上處占翻㚲姑輕薄 下古胡翻父之姊妹

扠杈 上丑佳翻以拳加人 下初加翻農具

㯕撕竝先圭翻上椑㯕木皃下提撕

班斑竝布姦翻上班剱下斑文

鑴鐫上音鑴觿也下子緣翻刻也

粱梁竝力張翻上津梁下粱米

尣尢上于求翻過也下乙皇翻弱也

蘢籠竝力公翻上天蘥下竹器

薕簾竝力占翻上薟草下竹簾

蕭簫竝先凋翻上草名下樂器

秜柅上力脂翻稲死來年更生下女夷翻木名

㦸櫼上沙占翻櫼櫼女手下所咸翻木与杉同

纕繨上思羊翻馬絡腹下千回翻凶䏎

棚掤上步萠翻棧也下悲凌翻以手覆矢

棖振竝直庚翻上棖臬門旁木下觸也

惟帷上以雖翻思也下于威翻在旁曰帷

窀窀上陟倫翻下棺也下徒門翻火見穴中

葴箴竝之深翻上含漿下箴規

藍籃 並力三翻上染草下盛物篋

蓴簞 上音純菜名下徒丸翻竹器

萁箕 上求之翻豆萁下姜之翻竹器

葟篁 上余昭翻蒲也下余針翻竹名

桴捊 並芳無翻上棟也下擊鼓

筊茭 上下交翻竹索下加肴翻馬芹

偟徨 並胡光翻上暇也下徬徨

儴𢕌 上汝羊翻人名下思羊翻儴徉

䓖筇 並巨容翻上蕒莢下竹可為杖

緌綏 上人佳翻纓也下先隹翻安也

鴖鴟 上巨支翻鳥名下充之翻鳶也

佻𢓜 上天凋翻輕佻下徒凋翻獨行皃

靬鞬 上云俱翻鞶韋下居言翻弓衣

駵駠 上力由翻馬白腹下五郎翻千里駒

㞙尼 上以脂翻陽㞙地下女夷翻女僧

榹搋 上息移翻山桃下丑皆翻以拳加物

洚洚 上戶公翻水道 下戶江翻水名

麋麇 上亡悲翻下九 云翻並鹿類

睽睽 上巨追翻矐也 下苦圭翻卦名

晞睎 並香衣翻上日 乾也下視也

佯徉 並余章翻上詐 也下儴徉徙倚

庠痒 上序羊翻庠序下叙章 翻病也一本作余庠翻

銀鋃 上宜斤翻白金下 力當翻鋃鐺鎖

枰抨 上皮弁翻木名 下奔耕翻彈也

奞奞 上之追翻木似桂 下苦圭翻星名

柤抯 並側加翻上果名亦 藥滓下挹也出說文

圓圓 上息鉛翻又火玄 翻規也下王權翻

芃艽 上步風翻苗盛下 古肴翻秦艽藥

脩脩 上土力翻目不正 下先尤翻脯也

槻摫 並居隨翻上木名可 作弓下摫摫裁制

査查 上才邪翻大負下 士加翻水中浮木

圭㞷 上工攜翻土圭測景 下戶光翻草木生皃

忴怜 上巨炎翻絹名 下來田翻愛也

惆惆 上丑尤翻惆悵下直 由翻單帳与幬同

杒扔 並如升翻上 木也下引也

瞜膢 上力朱翻瞴瞜目皃下力 于力矦二翻八月祭名

蚳蚔 上音秖蛙也下 文知翻螘子

偕揩 上古諧翻俱也 下口皆翻惡行

欃攙 上士咸翻攙也下 初咸翻欃槍袄星

褆禔 上田兮翻衣也 下士支翻福也

杯抔 上奔來翻杯勺下步矦翻手掬也 長陵一抔土是也亦古文裒字

盂盂 上羽俱翻器也字从于之于 下公丹翻盤也字从干禄之干

耹聆 上音琴出國語曰信于耹遂 亦音也下力丁翻聞也

梢捎 並所交翻上船柂尾也又枝 梢下蒲捎良馬芟也又音宵

磾殫上都兮翻染繒黑石亦金日磾人名下都干翻盡也嚻囂上虚嬌翻聲也下牛刀翻諠也

攘欀上汝羊翻有因而盜下息羊翻木皮中以白米擣為麪

拼栟上兵爭翻以利使人又及下也從也下保呈翻栟櫚木

瞴膴上文扶翻目瞴瞜下火孤翻無骨腊又文扶翻地名在弘農

杸投上臣朱翻軍中之士所持也司馬法執羽杸下徒矦翻擲也

痳痳上莫加翻風病从林林匹賣翻下力吟翻氣疾从山林之林

般般上博干翻辟也象舟之後殳以進之下音班从丹青之丹出漢賈誼傳

脽睢睢上示隹翻脽上立后土祠中七余翻下音綏

⿰禾夫枎扶 上方無翻再生稻中下並音符中山有扶蘇亦枎踈下扶持

媱婬娙 上音遥妖媱中余針翻婬蕩下五莖翻漢武帝夫人名

襑樳撏 上中並徐林翻上衣博大中木似槐下徐廉翻与撏同

襛穠⿰木農 並女容翻上襛華中華木厚貟亦而容翻下木名

⿰禾离樆摛 上中並呂支翻上彼黍⿰禾离⿰禾离中果名下丑支翻舒也

虵蛇 上余脂翻逶虵出莊子下是遮翻虺也

⿰今瓦瓴 上戶南翻治槀幹下力丁翻瓮似瓶也

⿱𠂊山⿱刃山 上古危字出古文尚書下乞貞翻山名也

⿱竹斤芹 並其斤翻上藥名下水菜也

⿱竹冥蓂 並莫丁翻上車綱簍下蓂莢

肦肦 上扶文翻大首也下布還丕還二翻分瑞今作一字兩音者非朱育說

葟篁 竝胡光翻上華葉榮也下小竹叢風篁成韻是

平聲上聲相對

灃澧 上芳風翻下歷弟翻竝水名

楤揔 上七宗翻檜也亦木名下子孔翻揔計

披柀 上噴眉翻披開下碑詭翻木名

杝拖 上弋支翻杝架下吐可翻曳也亦舒也

圯圮 上音怡橋名下符鄙翻毀也

椅掎 上於宜翻楸也下居矣翻掎攜

徛倚 上丘奇翻行貟下於綺翻依也

栺指 上止而翻木名下之視翻手指

柎拊 上方干翻木名下方父翻拊石

拘枸 上苢虞翻拘忌下工后翻枸杞

梅挴 上莫來翻果名 下莫賄翻貪也

桾捃 上居云翻桾櫏木出交趾 下居殞翻捃拾

坻坻 上直尼翻小渚 下都禮翻隴坂

枌扮 上扶分翻枌榆 下伏粉翻握動也又華買翻亂也

揩楷 上口皆翻揩摩 下口駭翻楷式

漙溥 上徒官翻零露貌 下裴古翻溥天之下

滔淊 上他牢翻滔天 下胡感翻淡淊

芊芉 上篆文芊字 下巳介翻氣上出也芉一作止介翻

椯揣 上市專翻木名 下所解翻揣摩

樽撙 上祖孫翻樽罍缶 下子本翻撙節

朾打 上卓莖翻聲也 下得冷翻擊也

僑徺 上其遥翻僑如人名 下巨盻翻行貌

枹抱 上百交翻木也 下蒲草翻懷也一作懷抱

杷把 上平加翻木杷亦枇 把木下部馬翻握也

橋撟 上其昭翻橋梁 下巳小翻舉手

標摽 上必昭翻標準 下平小翻摽有梅亦作受

倭倭 上烏禾翻倭國 下湯果翻行皃

祖祖 上似与翻好也又子邪翻縣名下作古翻祖父

彷仿 上陪郎翻彷徨 下方兩翻仿佛

橈撓 上仍耶翻蔄橈又女校翻枉橈下女絞翻撓亂

涇涇 上堅青翻水名 下巨井翻寒也

泠冷 上歷丁翻清冷也下魯打翻涼冷又魯頂翻姓

櫌擾 上於求翻種地中也下如沼翻亂也

綱網 上古郎翻綱紀 下丈枉翻網罟

慺慺 上音婁心也 下古牢翻姓

瓜爪 上工華翻果也 下側絞翻手爪

杴扻 上虛嚴翻杴杁 下苦敢翻難也

紉紐 上女鄰翻單繩 下女九翻結也

岡罔 上古郎翻山脊 下亡朗翻欺也

羔美 上公刀翻羔羊 下苗洧翻善也

莞筦 上戶官翻草名 下与管同地名

材杻 上祖來翻材質 下勑紂翻械也

从从上泉雍翻順也下紂景翻兩㞢　苽⿱艹爪上古胡翻苽蔣下側絞翻草名

才才上祖來翻文才下偏旁手字　夂夂上思隹翻行皃下竹几翻从後至也

小小上偏旁心字下私兆翻小大　叉㕚上初加翻交手下側絞翻古文爪字

秆秆上羽俱翻禾不秀也下古旱翻稾穰　科料上苦戈翻科等下之堅翻酌也又丁口翻料拱

豐豊上芳風翻大也下音禮从卌豆　潛潸上齊兼翻沈潛下所姦所版二翻淚下皃

⿰巾軍惲上古蒐翻衣也下於殞翻重厚　⿰目爰暖上況袁翻大目也下奴管翻温也

鉆鈷上陟林翻鍛具下公戶翻鈷鉧　⿰木文抆上莫紛翻小枝也下武紛翻拭也

冡冢上音蒙从冃下知隴翻冢宰从勹　⿰彳土仕上堂吳翻往行从土下助耳翻从士

佳往　上古柴翻美也　下丘弭翻往步

几几　上古文奇字人也　下居履翻几案

偏徧　上匹先翻不正　下必篆翻周帀

幩憤　上扶云翻幩飾　下房吻翻怒也

紙紙　上丁禮翻絲滓　下之氏翻繭紙

擥檻　上力甘翻擥持　下胡黯翻欄也

暉睴　上火韋翻日光　下胡本翻視皃

緶綆　上婢連翻縫也　下古杏翻井索

欏攞　上來何翻桫欏木　下來可翻裂也

瞻膽　上之廉翻視也　下丁感翻肝膽

苛笴　上乎歌翻毒草　下槀笴二音箭也

禠褫　上音斯福也　下丈介翻褫帶三褫

簞蕈　上都干翻簞食　下當殄翻蕈䕡

腎瞖　上石忍翻水藏也　下胡簡翻睆瞖無畏視

蚩蚩　上赤之翻蟲名亦侮也　下丑善翻蟲行从屮

箘菌　上苦筠翻竹名一曰桂　下渠殞翻地蕈

搒榜上蒲庚翻打也下北朗翻木片

㡘慊上力占翻帷也下苦忝翻恨也

[illegible]雉上居隨翻鳥名下直几翻亦鳥名

迁迂上与阡同阡陌下武於翻遠也

貧貪上皮巾翻乏財下失冉翻蕃姓

沋沈上于求翻水名下直林士稔二翻

昭眧上之遥翻明也下尺沼翻弄人昭目

臉瞼上七占翻臛也下己冉翻目也

奘奘上阻羊翻健犬出說文下徂朗翻大也

冤冕上於袁翻枉也屈也下亡辯翻冠冕

[illegible]麈上所庚翻獸大如兎下之庾翻鹿屬

椑捭上半移翻果似柿而小下北買翻鬼谷捭闔篇

汍氿上胡官翻汍瀾泣也下九委翻水醮也

[illegible]暤上許署翻腫欲潰下胡老翻旰也

[illegible]攈上莫悲翻水芰名下居殞翻拾也

沘泚上旁支翻水名在楚下千禮翻水清泚

仉仉上符咸翻輕也下之兩翻人姓　肪昉上扶良甫王二翻脂也下方兩翻明也

徂伹上才吾翻往也下才古翻淺也　旃旂上知升丑善二翻旌旗杠下於葷翻旌旗貝

恒愃上戶登翻常也下況晚翻寬心　批批上匹迷翻署也下子禮側買二翻殺也

銀錕上語巾翻白金下古本翻車轂　沅沇上魚袁翻水名在牂牁下余準翻水名

槍搶上千羊翻兵器下千兩翻頭搶地　坥坦上千如翻益部謂螾場爲坥下天皈翻平也

斜鈄上似嗟翻曲也下天口翻人姓出姓苑　桐挏上徒公翻木也下達孔翻呂氏百官有挏挨挨動也

莊莊上側霜翻敬也字从壯士之壯下莫古翻藥有知莊字从牡丹之牡

柔柔上如舟翻和也字从戈矛之矛下石与翻木也字从我予之予

撣撣上徒干翻觸也太玄經云撣擊其名下音善木名可爲勺

棷掫上子侯蘇后二翻薪也下子侯翻夜戍守所擊也亦色久翻持物相著

壬𡈼上如林翻北方干也字中畫長下他頂翻人壬然而立也从亻下土

氾汜上音凡水名字从巳巳乎感翻下詳里翻亦水名从辰巳之巳

扳板上布菅翻挽也公羊傳曰扳隱而立下布綰翻木板

杇朽上乙孤翻秦謂之杇關東謂之槾下虛久翻腐也

橑撩上落蕭翻蓋骨也亦力道翻橑前木下音聊取也

宭窘上居云翻屋貞一曰与囷同亦与羣同下渠殞翻迫急

巂嶲上胡圭翻似馬一角又均睽翻子巂鳥下息委翻越巂郡

裯裯　上丁牢翻祗裯衹丁兮翻短衣又直留翻衾也下丁老翻馬祭

枕枕　上丁求翻木名下直擛翻繫牛弋又之甚州禁二翻所以承首也

掊棓　上薄侯翻古易曰君子掊多益寡又礼曰汚尊而掊飲下步項翻史曰白棓以戰也

謟諂　上土高翻字从舀舀弋沼翻下丑冉翻字从臽臽胡減翻

衹秖秪　上翹支翻神衹中章移翻適也下丁禮翻本也

抄秒杪　上初交翻抄錄亦初教翻中下益彌小翻中禾芒下末也

几凡几　上市朱翻鳥羽也中梵字平聲皆也作凡訛下居水翻案屬

毌毋毋　上古九翻穿物也中武扶翻禁止之辭下莫厚翻父母

栞栞栞　上中竝口干翻皆夏書隨山栞木字下工殄翻小束也

睎睎脪　上中竝向衣翻上日氣乾中視也下希臀翻腫起

西襾酉　上先兮翻金方中火下翻上下相蒙下羊久翻卯酉

邛卬卬　上其恭翻蜀地中五禾翻木節下五郎翻又宜兩翻高望也

膮曉皢　上許堯翻豕羹膮也中烏皎苦皎二翻深目也下呼了翻明白也又作曉从日者明

疷底厎　上巨支翻病也中丁禮翻下也下音指致也

批枇　上匹迷翻批署下旁脂翻枇杷亦卑水翻所以載牲體

審審　上蒲官翻出莊子下尸荏翻詳也

延延　上[illegible]行也下[illegible]子翻遷也今作徙訛

麈麈 上古攜翻下之庚翻竝鹿屬

動動 上亭東翻未成人出王存乂切韻下特董翻運動

蘧簴 上其魚翻菜似蘇下其魚其呂二翻牛筥也

軝軧 上具移及宜二翻長轂之軝以朱約之詩曰約軝錯衡下丁禮翻大車後也

平聲去聲相對

揀棟 上都公翻揀打下都弄翻屋棟也

卑畀 上必支翻草卑也下必寐翻与也

梧捂 上五胡翻梧桐下五故翻受也

林𣏟 上力深翻山林下匹債翻麻紵

梯挮 上他兮翻梯蹬下他弟翻去淚

攜檇 上乎泥翻提攜下子遂翻檇里地名

棑排 上皮拜翻船頭下皮皆翻排比

櫰擓 上音懷木大葉而黑下工壞翻毀也

泒派　上音孤水名下匹賣翻水源

搥槌　上直追翻擊也下丈媿翻蠶槌

檳擯　上必人翻檳榔下必刃翻擯斥

椌控　上口江翻木虛心下苦貢翻引也

援楥　上音袁援引下火願翻履法

橎播　上甫爰翻堅木下北卧翻播種也

繇繇　上余幺翻皐繇下音胄卜兆辭

窌窌　上力交翻深空皃下力救翻石窌地名

揎楦　上音宣揎手下許愿翻木楦

汘汗　上七賢翻水名下胡幹翻液汗

檈擐　上辭緣翻圜案下音丱擐甲

傳傅　上呈專翻傳受下方遇翻人姓

杭抗　上戶剛翻杭州下苦浪翻抗舉

怏快　上衣良翻怏也下英養翻悵快

清凊　上七經翻清濁下千定翻溫凊

㦨懺　上子廉翻㦨拭也下叉鑒翻懺悔

吞香 上土根翻䮳也 下古惠翻人姓

檀擅 上徒干翻木名 下時彥翻專也

丁丅 上當青翻丙丁 下是古文下字

葭葮 上古牙翻葭菼 下徒玩翻草名

无旡 上文夫翻虛无 下普既翻巳也

芝芝 上止而翻神艸 下扶泛翻艸浮水

旬旬 上徐勻翻十日也 下許佃翻動目

槽槽 上在刀翻馬槽 下在到翻手攪

鍜鍛 上戶家翻錏鍜 下丁亂翻鍛鍊

官宦 上古桓翻官職 下胡慣翻仕宦

罵罵 上已知翻馬絡也与羈同 下莫駕翻惡言

幝憚 上充山翻檀車幝幝 下徒案翻難也

丰丯 上芳風翻丰茸艸盛 下音界艸貞

萈莧 上火丸胡官二翻山羊 下侯綻翻菜名

紗紗 上所加翻紗帛 下乙教翻急戾从弦省

枊枊 上巨容翻楥柜柳木也 下五浪翻繫馬柱楥柜一作援柜

攄櫖 上丑居翻舒也 下良御翻木名

儌徼 上古堯翻儌倖下 古弔翻循也小道也

呋吠 上於交翻惡聲 下符乂翻犬吠

箄箅 上補移翻取魚器 下博戾翻甑之蔽

乑𠂢 上牛林翻衆立皃 下匹賣翻水分流

仚企 上許延翻高舉也 下丘賜翻望也

樵撨 上前喬翻柴也 下煎弔翻推也

爯再 上昌仍翻舉也 下作代翻重也

朶朱 上匆方莫耕二翻棟 也廣也下古文困

錬鍊 上德紅翻鍊鏞車 轄下來甸翻鍊金

橝撢 上徒含翻木名灰可 染下他紺翻取也

鞭鞕 上卑連翻策也下五 更渠敬二翻堅也

捘梭 上七旬翻推也亦子 内翻下先禾翻織梭

檐擔 上余廉翻正簷字下 丁甘都濫二翻荷也

桭振 上之人翻簷也又挾振木 下之人之刃二翻奮也

矖曬 上吕支翻矖瞜下所 奇色介二翻暴也

弓弓 上居中翻弓矢下大旦翻古文彈

瞳瞳 上徒公翻目瞳子下他動翻曉色

英𦰩 上於京翻英華下火旱翻闕

杶扽 上丑均翻木名下丁寸翻撼也

瘳廖 上勑牛翻病差下力救翻人姓

汥汳 上与坻同水中可居下正汴字水名

羑羨 上以脂翻江夏地名下似面翻慕也

丞承 上石陵翻官名下石證翻縣名

㯫據 上其魚翻㯫梧藩籬下居御翻依據也

眏映 上於良翻訣睐目皃下於定翻掩目也

瞑瞑 上莫丁莫見二翻合目下莫定翻日將没

髻髻 上丁兼翻髻鬑鬢髮睐下古詣翻綰髮

羊𢆉 上以常翻牛羊下如甚翻稍甚皃

痁痁 上式占翻瘧也下古路翻小兒口瘡

亢元 上古郎苦浪二翻高也下魚袁翻善之長也

倈徠 上落哀翻見也下洛代翻勞也

儒儒 上人朱翻儒教 下乃奐翻弱也

椽掾 上直專翻椽桷 下以絹翻官名

浪浪 上宜巾翻水名 下力宕翻波也

頑頏 上五山翻惡也 下焉救翻顫也

痤痤 上才戈翻癤也 下才卧翻痤位

閣閤 上千救翻門扇下户萌翻閤夭人名

橙橙 上直耕翻果名 下都鄧翻几也

泉泉 上慈鉛翻水泉下巨意翻及也俗作臮

褏褎 上不刀翻美也下古袖字

次次 上叙連翻次液也从水下千賜翻次第从一二之二

澌澌 上先智翻死之言澌也下小兹先智二翻水上冰也

秅秏 上丈加翻秭數別名又丁固翻禾束又濟陰縣下呼報翻減也

涷涷 上德紅翻水名出發鳩山亦瀧涷沾漬又都貢翻瀑雨下德紅翻涷凌又都弄翻寒涷

楗揵 上丘貟翻器似升屈木為之亦音居倦翻西楗縣名在日南下渠焉翻揵為縣在嘉州

椹揕 上陟林翻鈇椹斫木質下知鴆翻擊也史記右手揕其胷

肦盼 上布還符分二翻大首貟下匹莧翻美人動目貟

腄睡 上竹垂翻瘢胝又于求翻東萊縣下士僞翻眠也

矰贈 上作恒翻舉目作態也下昨亘翻以玩好相送

纁緟 上許云翻玄纁下直容翻增益也又直用翻繒纊也

任任 上于方翻任蹌行急下而今翻勝也又姓又而禁翻用也

賁賁 上扶云翻三尺鼈又保昆翻虎賁又音秘下尺曳神舍二翻

萑雈雚上之追翻艸多皃中胡官翻鸛屬下工奐翻鳥也

櫅擠穧上子兮翻白棗也中將西子計二翻排盪也顛擠若之下祭劑二音

睱暇腶上乎加翻目中白也中乎嫁翻閑也下丁貫翻籤脯

疵庛庇上秦茲翻瑕疵中千賜翻耒面也長一寸下必至翻庇庥也

肝盱盰旰一古安翻木藏也二況于翻盱眙縣三古旦翻張目也四亦古旦翻日晚

冋向上古熒翻郊冋也下許障翻所向趣也　莁筮上文夫翻莁荑艸下成制翻卜筮

垠埌上魚斤翻垠岸下來宕翻出莊子　抽柚上丑牛翻拔之也下以秀翻江南橘之大者

匥医上方于翻器也亦古簠字下烏計翻盛弩箭器也

平聲入聲相對

𢻫敕 上居宜翻木别生 下丑力翻正也

戈弋 上古禾翻干戈 下与力翻弋射

持梼 上直支翻把也 下竹革翻槌也

模摸 上莫胡翻楷模 下音莫捫摸

棺捾 上古桓翻棺椁下 於活翻掐捾也

慱博 上徒官翻憂心下 布郭翻厚从十

苿茉 上互瓜翻兩刃臿 下丈出翻山薊

云𠫓 上王分翻云爲下他忽 翻不孝子一云䟽通貞

將牂 上即羊翻从爿从肉下力 拙翻牛白春从爪从牛

錫鍚 上弋良翻馬額飾 下先擊翻金鍚

椋掠 上力將翻車輌村 下力勺翻抄掠

蚑蛂 上音祇蟲行也下 蒲結翻蛂蟥蟲

觕桷 上千胡翻与麤同 下古岳翻榱桷

暘晹 上余章翻暘谷日出 下音亦日覆暫見

撮撮上子灰翻木節下倉活子活二翻　麦麥上方升翻高也下莫責翻來牟也

還還上戶關翻迴也下徒荅翻合也　巴㔾上博加翻蛇名地名下子結翻瑞信

文攵上亡分翻文章下普卜翻擊也　餗餗上德紅翻東郡館名下桑谷翻鼎實

囙囚上徐由翻繫囚也下女洽翻甲囙貪也　㡖帢上土刀翻悅樂下土刀苦洽二翻巾帢

黙默上籀文肬字下莫北翻犬黙噬　秩秩上音𣪊已見平字下丈一翻官秩

昜易上余章翻光也下音亦變也　䲹鳺上甫無翻鳺鳩下也節余日二翻鳥名

苗莔上明昭翻田苗下徒曆翻蓨苗艸　劦劦上力支翻人姓出字書下胡頰翻同力

嵒喦上五咸翻山高皃下尼輒翻地名　禓裼上余章舒羊二翻道上祭下先的翻袒衣

緣緑　上弋全翻因緣　下呂玉翻色也

田由　上徒年翻土田　下分物翻鬼頭

曆曆　上大禾翻和也下力的翻律曆曆一本作曆

毫亳　上胡刀翻毛也　下蒲各翻州名

勻勺　上唯均翻勻調　下之若翻抄勺

抓㧗　上工華翻引也　下普百翻破拍

茟筆　上兵苗翻艸名　下彼乙翻筆札

敭敫　上余章翻對敭　下余益翻改也

乎寽　上户吾翻語助　下呂戌翻捋取

豚豖　上徒門翻豚魚下丁木翻尾下亦与豝同

忉忇　上丁高翻憂心忉　忇下宇則翻精誠

趺跌　上甫無翻跏趺坐　下大結翻跌踢也

𤛓牧　上土刀翻牛行遲　下亡卜翻放牧

筠箹　上爲巾翻竹有筠　下抱角翻車奪

瘍瘍　上以祥翻頭創与痒同　下夷益翻脈瘍

豝豝　上必加翻豕也下丁角丁木二翻龍尾星

殳殳上示朱翻戈殳下莫勿翻沈也　蔥蔥上千公翻菜下呼兀翻牀葱

呼呼上火乎翻叫也下力別翻雞鳴　屯乇上徒門翻聚也下竹草翻草生皃

麻厤上莫加翻紵也下來狄翻理也　翎翎上力丁翻羽也下与翕同出漢史

祴裓上古亥翻夏樂章名下古得翻內典有衣裓　榌[illegible]上防脂方兮二翻揗也下蒲結翻用手擊物

相枂上思羊翻又息亮翻下五潛翻去樹皮又柮枂柱上木

滳滴上式羊翻滳河从商商式羊翻下丁狄翻水滴从啇啇古啻字

磨曆上門禾翻琢磨字从广广音儼从秝秝匹賣翻下力狄翻字从厂厂音罕从秝秝音歷

伕佚上音膚凡日晷長爲潦短爲旱奢爲佚佚者邪臣進正臣踈下以質翻樂也

袀礿 上居匀翻戎衣傳曰袀服振振 下以勺翻易曰不如西鄰礿祭

揨楟 上宅耕翻出周禮或从亭 下作撞也下古鏤翻棺楟

斟斟 上止深翻勺也下止入翻 斟盛也汝南謂㽌盛為斟

涑洓 上先侯翻浣也又音粟水名 在河東下七亻翻北地水名

馼駮 上無分翻馼馬百駟下步角 北角二翻馬雜色亦作駁

踼踢 上土郎徒浪二翻跌踼下他曆翻 跡踢獸名左右有翼出山海經

捊桴捋 上來吳來古二翻黃桴木可染中才羊 翻帆桴亦來搭翻木名下來拔翻捋取

場塲埸 上音長治穀處中音 傷耕壟下音亦疆埸

搯槄掐 上中竝他刀翻上搯也 中櫃也下苦洽翻爪掐

支⿱山又攴 上章移翻度支也中土刀翻滑也鼔字從此鼔音古下普卜翻小擊也

祆祆袚 上呼賢翻胡神中乙喬翻祆祥下分物翻袚禊又芳吠翻

昀昀的 上羊倫翻日光中下竝都曆翻中明也下指的

戓或彧 上各何翻地名中胡㞢翻下音郁文章盛

剶剥剢 上丑緣翻削也中北角翻劄也下丁木翻刀鉏

篿蓴蕇 上徒丸翻竹器中殊諄翻水菜下匹各翻蓴苴大蘘荷

榑摶搏 上音扶榑桑中音團摶飯下音博擊搏也

月円月月 上偏旁舟二偏旁丹三偏旁肉下魚曰翻

犾狄 上魚斤翻犬相咋 下亭歷翻北狄也

肰胈 上而旃翻肉也下 蒲末翻出莊子

筋⿱竹肑 上居欣翻肉之有力者也下 方卓翻手足指筋之鳴者也

佩觿卷中

佩觿卷下

朝請大夫國子周易博士柱國臣郭忠恕記

上聲自相對

寵寵 上丑隴翻寵愛下力董翻孔寵

枳抧 上側尒翻木名下側買翻打也

峙峙 並直市翻上山形下止也

杼杼 上時与翻除也下直吕神与二翻木

岠岠 並其吕翻上山岠海下大山名

楮楮 上丑吕翻木名下朱也翻擊也

褚褚 上竹吕翻姓也下中吕翻衣

肇肈 並呈了翻上擊也下初也又戟屬

栲拷 並苦皓翻上木名下打拷

梗挭 並古杏翻上桔梗藥下挭槩

朽扝 上休九翻敗也下古巧字

寖寑 竝七稔翻上寖室下寑疾

𣗬掩 竝於撿翻上柰也下掩藏

樐擄 竝來古翻上彭排下搖動

杻扭 竝女久翻上木名下手轉皃

也乜 上羊者翻之也、下彌也翻蕃姓

莒筥 竝居許翻上地名下竹器

晚脕 竝巫遠翻上早晚下色肥澤

橄撖 上古覽翻果名下胡黯翻人姓

檢撿 上居儉翻書檢下呂掩翻撿手

叩叩 竝苦后翻上京兆藍田鄉下叩頭

栱拱 竝居竦翻上栈栱下斂手也

暏睹 竝丁古翻上旦明也下睹物与覩同

啓啓 上康禮翻開也下啓睹二音人名

捧棒 上芳隴翻擎也下步項翻打也

臭昊 上古老翻白澤下胡老翻昊天

勦勦 竝子小翻上絕也下勞也

睆睆 上音緩縣在廬江下戶版翻大目

市市 上時止翻市肆下阻史翻止也

启居 上胡口翻君也下丁古後吉二翻美石

挻挻 竝徒鼎翻上挻出下木片

昄昄 上匹版捕版二翻目多白下步版翻日光

柜柜 上九吕翻柜柳木下其吕翻拒張

欖攬 竝盧敢翻上橄欖果下与擥同採也

槀槀 上苦道翻枯槀与槁同下公道翻槀稭

改攺 上公亥翻更也从戊己之己下羊止翻效攺大剛卯以逐鬼也从辰巳之巳

寀寀 上且殆翻寮寀从采取之采下尸稔翻察也从釆釆蒲莧翻

眹朕 上直引翻目童子也又吉凶形兆謂之兆眹字从目下直錦翻天子所稱朕我也自秦始皇始稱字从月月真由翻

穎穎頴上古迥翻筐名中余頃翻禾秀下余頃翻水名

上聲去聲相對

宄究上歸止翻姦宄下居又翻究窮　軌軏上九恥翻軌轍下音范車前軾

揀楝上皆版翻擇也下來見翻木名　拄柱上知庾翻指拄下直主翻梁柱

苪芮上音丙艸名下而鋭翻虞芮　捲棬上居篆翻舒捲下其線翻牛鼻棬

受受上殖酉翻傳受下都導翻人姓　胏肺上側耻翻噬乾胏下芳廢翻火藏

袞衮上羊戊翻寬也下古本翻袞服　豕彖上式是翻与豕同下他貫翻彖象

罒四上亡往翻四羅下息利翻數名　𠚕臼上古文齒字下巨九翻杵臼也

丱丱上丑道翻丱木下古患翻總角

免兔上美選翻脫也下湯故翻獸

挽輓上巫遠翻引也下巫販翻挽車

椵椴上古雅翻下徒玩翻竝木名

杖杕上直兩翻持也下大計翻杕杜

店扂上丁念翻舍也下徒點翻閉戶

拒挋上其呂翻拒張下之刃翻与振同

瞟䁃上匹小翻瞭也下匹召翻㬓

匕匕上卑水翻匕匙也下呼嫁翻變匕也

广厂上魚檢翻因巖爲屋下呼旱翻山石之崖

丳串上初限翻炙肉丳下古患翻穿也

欓攩上多朗翻木名下胡曠翻打也

姆娒上莫古莫布二翻女師下古侮字

睍晛上胡典翻目見下胡典奴甸二翻日光

栩祤上音詡木名下于外翻縣在馮翊

剄勁上公冷翻刑也下居正翻健也

忍忍上而軫翻隱忍下魚未翻怒也

冃冃上莫保翻重覆皃下莫報翻小兒蠻夷頭衣

忮忮上支義翻害也下披義翻衣也

扂扂上余冉翻与㝉同居㢈下丁念翻所以扃戶

檽擩上而兗翻檽棗下而茂翻擩埊又女又翻染也

縰縱上山尒翻冠纚也所以結之下子用翻放也

駮駮上博我翻駮駥下經弃翻彊馬又巨奇其義二翻

牡壯上莫厚翻牝牡又牡丹華也从牛从土下側亮翻壯士从爿从士

彼彼上甫委翻彼此下甫委冰義二翻論語子西彼哉

杮柹上芳廢翻斫木片也从朩朩音子下鉏里翻果名也

汱汰汏一音畎水名中音太汱汰下音大濤也

穖擬㠜上中竝魚紀翻上禾盛貟中比擬也下午載翻門下木

采采桒上七改翻从爪木中蒲莧翻从八木曲頭下徐醉翻禾秀

己已巳㔾上居里翻身也二羊止翻止也三詳里翻辰名四下感翻艸木之華發

㢟這上廷亶翻古誕字下魚變翻迎也

上聲入聲相對

瑑琢上音篆珪璧文下竹角翻琢玉

豕豖上施是翻猪也下丑足翻絆豕之足

疋足上五下翻正也下即玉翻手足

膞膊上之耎翻亦市兗翻切肉下譜各翻肩膊

棯捻上而審翻果名下乃叶翻指捻

皿血上眉永翻器皿下呼決翻血脈

毒毐 上烏改翻摻毒 下徒木翻苦毒

㥯急 上於近翻謹也隱从此 下居立翻疾也

假徦 上簡雅翻不真 下加額翻至也

挍校 上胡改翻動也 下戶革翻果核

伕伕 上於兆翻尪弱 下博轙翻人姓

汞汞 上胡孔翻水銀滓 下力木翻水录录

夭矢 上乙小翻夭折 下阻力翻傾頭

启启 上口禮翻明星下 東木翻屋下孔

綹絡 上力酉翻絲綹 下郎各翻經絡

犬犮 上企畎翻狗有懸蹄 下蒲末翻老犬

悚悚 上先勇翻懼也 下又尼翻病也

㿝皀 上於小翻遠望也 下万立翻穀粒

卮卮 上成里翻霤外 下於革翻戹也

少少 上申兆翻不多 下他末翻蹈也步字从此

貇貇 上苦很翻誠也 下以角翻美也

薾薾 上古文茷字草名 下尼輒翻機薾

陜陝 上遐甲翻隘也从二人 下矢冉翻郡名从二入　怮怮 上丁了翻紉怮也下亦丁 了翻垂心又之若翻痛怮

㞋𠬝 上儒衍翻柔弱从尸主之尸 下古文服字从卩卩音節

取敢耴 上千庾翻取与中而葉 翻動也下張躡翻耴耳

笱苟茍 上中竝工后翻上取魚竹器 中艸名下已力翻愼言也

鼓𣤡鼔 上音古鐘鼓从屮支屮他刀翻从支从皮者皆非也中於几 翻歖歌驢鳴下之録工五二翻擊鼓也从攴攴攴普卜翻

去聲自相對

幗慖 竝古對翻上婦 人晷冠下恨也　庫厙 上苦故翻貯物舍 下始夜翻人姓

榗搢 上子賤翻木名 下音晉搢笏　杆扞 上古案翻檀木 下胡旦翻拒扞

佩觿 卷上 嵩山堂梓

挍校 上音教比挍下胡教翻校尉

悵帳 上丑亮翻惆悵下知亮翻帳設

胄冑 並直祐翻上胄嗣下介冑

挂桂 上古賣翻懸挂下古惠翻木名

冣最 上才句翻積也下子外翻極也

幼幻 上幽謬翻幼心下胡盼翻幻惑

怶帔 上悲備翻險也下披義翻衣也

詷詗 上音洞譀詷下火瑩翻自言長

㭊拚 並皮變翻上屬柱下与抃同

袖袖 上似祐翻衣袖下力救翻祝也

晏晏 並於諫翻上天清也下晚也安也

宙宙 上直祐翻宇宙下似祐翻山穴与岫同

閏閇 上丑住翻塞門下博計翻手拒門

婿媢 上去未翻楚人呼妹下莫告翻婦妬夫

孝孝 上虛教翻孝悌下加孝翻孝導

笵范 上防口翻与範同下亦防口翻人姓

券券上丘願翻契券下巨願翻勞券

柲祕並兵媚翻上戟柄一曰矛屬下祕藏

撌樻上房沸翻擊也下巨位翻木名

淠淠上匹賣翻水出丹陽下浮四翻水出汝南

泮泮並普半翻上泮宮下冰解

戾戾上他計翻輜車之旁下來計翻曲也

蔽蔽並公壞翻上艸名下竹名蔽一作蔽

掞棪並失驗翻上摛也下木名又失冉翻

廢癈並芳吠翻上屋廢下疾也

祽䘹上子內翻祭名下千內翻襌衣

掉棹上徒弔翻搖也下直效翻楫也

侚徇並思閏翻上以身从物下自衒名行

沁沁並七鴆翻上水名下冷也

稅裞並式芮翻上征也下贈終者衣被

妬姤上丁故翻嫉妬說文作妒下古候翻卦名

晬睟上子對翻周年也下雖遂翻視皃又潤澤皃

欆擭上胡霸胡郭二翻木名下胡誤翻布擭分解也亦戶博翻拃擭拼也淺點施之

檜檜擓並古外翻上地名中建木置石以摧敵下收也

況況況並虛訪翻上發語之端中寒冰也下形況亦脩況琴名今多通用下字

去聲入聲相對

崒崒上秦醉翻止也下昨沒翻山皃　卂丮上息進翻疾飛不見其羽下几逆翻持也

駛駃上山利翻疾也下古穴翻駃騠駃　措措上千妒翻安也下思脊翻皮甲錯

帨悅上音稅手巾下弋雪翻喜悅　伏伏上音服俯伏下音大地名在海中

妹妺上莫佩翻姊妹下音末紨妻　樜摭上之夜翻木出發鳩山下之石翻拾也

喙啄　上許穢翻口下丁角翻鳥啄

𣎳木　上匹刃翻麻屬下莫卜翻東方之行

徣借　上貝昔翻饒借下子夜翻假借

臭狊　上蚩又翻香臭下古役翻犬視也

柘拓　上之夜翻木名下他各翻開也

肖肸　上須妙翻似也下許乙翻振肸也

槶摑　上工誨翻筥也下工麥翻掌耳

債債　上側賣翻欠財也下主革翻客尋人

晦䀲　上荒內翻月盡下莫六翻目病

藋籊　上徒弔翻艸名下他歷翻籊籊竹竿

系糸　上胡計翻緒也下莫狄翻細絲

胙昨　上在誤翻祭餘肉下在各翻累日也

抓振　上側教翻抓刺下普宅翻振攪

片斥　上匹硯翻判木也下昌石翻逐也俗㡿字

朿束　上千賜翻木芒下收錄翻束縛

厝庴　上倉故翻安也下音籍地在清河

福福上芳又翻衣一幅下芳伏翻福祐　昒䀛上文弗翻日暝又呼没翻下莫拜翻䀛眼、

亞凸上於嫁翻次也下徒結翻高起　僭僣上子念翻踰度下他迭翻侻也侻音脫輕也

誎諫上千賜翻譏諫下音速銜也　菆𦬆上差句翻鳥巢下張躡翻小葉

櫂擢上与棹同下直角翻拔也　縳縛上升眷而眷二翻鮮色下附博翻纆也

窔突上烏弔翻東南隅謂之窔下徒兀翻衝突　賣賣上買賣字下音育讀贖覿續之類皆从此

鈦鈸上大計翻私鑄錢鈦其左足下父末翻磬鈸　軑軷上大計翻車轄又徒蓋翻下薄末翻祭取羝以軷道

㡜㡜上倉旦翻㤿也㤿於劫翻下先列翻殘帛　廙廙上息祀翻石利也下逸即翻行屋也亦敬也

耒秉上郎内翻耒耜也神農所作下力悅翻秉禾麥知多少

刺刺上七賜翻芒刺又千亦翻鍼刺下來末翻戾也

沬沫上莫貝翻水名漢史以為頮字下莫割翻水沫亦水名

芔卉上音諱草揔名今用下字為芔隸變也下先合翻三十并也俗作卅又為三十字

枘抐上音芮楚辭去不量鑿而正枘下奴骨翻內物水中

庲康上七賜翻庲舍也下郎達翻廣雅曰庵也亦獄室

昧眛眛上莫佩翻暗也中莫佩翻目不明也下莫曷翻日中見昧

徇彴仢上思順翻徧也亦辭閏翻巡師宣令守之約翻倚也下之若翻橫木渡水也

灸炙炙上救九二音灸烙也中之夜翻噉炙下之亦翻火炙也

戊戉戌上莫候翻辰名中王伐翻兵器下辛聿翻戌亥

盻盼肹 上五計下戾二翻深視中匹莫翻美人動目下許乙翻佛肹古人

藉籍簎 上慈夜翻藉艸中慈亦翻文籍下初百初角二翻擊也

茂茷茷筏 上莫候翻艸盛二徒再翻艸皃三扶乂翻艸皃四防曰翻桴栰

入聲自相對

沐沭 上莫卜翻沐浴下音述水名

佶佶 上巨乙翻正也閑也下許吉翻行也

椈掬 竝居六翻上柏椈下掬撮

乙乚 上於乞翻甲乙也下於八翻氣出地皃一本二字作乙乞

楃握 竝依角翻上木帳下把握也

橃撥 上補達翻海中大船下北末翻除也

柏拍 上卜陌翻松柏下溥陌翻打也

杌扤 竝五忽翻上檮杌下動也又音月

拂拂 上甫物翻連枷下孚勿翻拂拭

栝括 竝古活翻上矢栝弦下包括

稙植 上竹力翻早種下常弋翻立也

棳掇 上之劣翻藻棳下都括翻拈掇

洌冽 竝良薛翻上水清也下水寒也

⿰木夬抉 上古穴翻盂盌下烏穴翻抉出

柮拙 上五滑翻⿰足斤也下之劣翻不巧

栻拭 竝失職翻上栻局下拭刷也

不𣎴 上分物翻非也下五割翻木無頭

梜挾 上古匣翻木理亂下胡頰翻懷挾

柙押 上胡甲翻虎兕出于柙下甲壓二音

角甪 上古岳翻頭角下來谷翻甪里先生

惁悊 上先擊翻畏懝下知列翻智也

濕溼 上他帀翻水名下式入翻水溼

怽帓 上莫葛翻忘也下莫八翻帶也

挃桎 上中栗翻穫禾下之日翻桎梏

淅淅 上先擊翻淅米 下之列翻淅江

颰颰 上火律翻小風下 火劣翻亦小風

樀摘 上丁狄翻屋樀 下知革翻采摘

幅愊 上方六翻布帛度 下匹逼翻誠也

飾飭 上失力翻修飾下 丑力翻与敕同

谷谷 上古祿翻山谷下 巨勺翻口上文

撽檄 上工益翻出莊子 下胡亦翻羽檄

釋釋 竝尸隻翻上解也 捨也下漬米也

檡擇 上舒亦翻楔棗 下音宅揀擇

榻搨 竝吐盍翻上牀 榻也下摸搨

格挌 竝古伯翻上格 式下挌擊

榙搭 竝他荅翻上𣟄木下 摸搭亦音荅手搭

柆拉 竝盧合翻上木 白折下手拉

洛洛 上盧各翻水名下遻 各翻洛澤澤音鐸

蘥籥 竝弋勺翻上 雀麥下管籥

鵠鴶 上胡屋翻鳥名下巨 乙翻鴶鵴出字統

箹葯 並烏角翻上小籥下白芷

茿筑 並陟六翻上萹茿艸下樂似箏十三絃

柷祝 並之六翻上柷敔下巫祝

襗襗 上以石翻襗祭也下徒各翻褻也

篾蔑 並莫結翻上剖竹下無也

眜苜 上莫割翻目不正也下莫卜翻苜蓿菜

朸扐 並力得翻上木之理也下揲扐之扐

寉雀 上胡沃翻高也下即略翻小鳥

穀榖 並古禄翻上禾也下木名

眽脈 並莫革翻上斜視也下血脈也从永者俗

伯佰 並補陌翻上矦伯下什佰

析折 上先擊翻分析下之舌常列二翻拉折

椄接 並即葉翻上續木下承接

恰帢 並苦洽翻上用心恰恰下士服魏武製也

欇攝 並舒葉翻上木名下兼也

极扱 上巨業翻插也下初洽翻取也

湇湇 竝丘及翻上大羹下幽溼
莢篋 上古叶翻萁莢下古協古洽翻箸也
拾拾 上江洽翻劍飾下音十收拾
揞揞 竝徒合翻上揞揞下拄上木也
擢櫂 竝直角翻上拔櫂下梢櫂木
朴扑 上匹角翻木素下匹木翻手打
眣眣 竝徒結翻上日昊下目出
楫揖 上即葉翻舟楫下一入翻揖讓
協恊 竝胡頰翻上和合下束帶也
㨶得 上他克翻打也下徒得翻木名
扒扒 竝必扎翻上無齒杷下破聲
聿聿 上女涉翻竹聿下余律翻述也
彶彶 竝居立翻上子思名下行皃
拮桔 竝居列翻上拮据手病下桔槔
揊楅 上彼力翻齊也下方力翻擊聲
祏祏 上常隻翻宗廟主也下他各翻衣領廣大

𢧵𢧵上神欲翻人姓下与即翻麥𢧵
刖刖上魚曰翻截足从月下五刮翻舟也

捽捽並才骨翻上捽抗以柄内孔下手捽也
榷搉並古岳翻以木渡水曰榷又入榷酤下掎搉与搉同

樸撲上匹角翻樸素下匹卜翻拭也亦捕角翻相撲
梲挩上之悅翻梁上楹也下徒活他活二翻解也

楬揭上渠列翻有所表識也下丘竭翻高舉也擔也又其謁翻

汨汩上莫的翻汨羅江又音骨没也从曰非下于筆翻流水

澤澤上振伯翻恩澤亦陂澤下徒落翻楚辭云冬冰之洛澤洛遐各翻

袟秩並直乙翻上望袟袟祭也宋平説下官秩秩序也失禾為秩是應夢者

摋榝上桑達翻抹摋掃滅下所八翻似茱萸實赤
揲楪上余涉成設二翻揲蓍也下楪榆縣在雲中与涉翻

郤郤上去逆翻姓也作郄郄竝訛下去約翻前郤作却者俗

柝坼上他各翻重門擊柝下丑格翻裂也此二字俗皆从斥

夾夾上古洽翻持也从二人下施隻翻竊物入懷从二入

袷袷上居怯侯夾二翻衣領與衱同下億夾胡夾二翻祭也

栜栜揀竝所責翻上赤栜中亦木名下揀擇取物也

或或上于逼翻与域同下居墨翻即邦或字与國同　浹浹上即葉翻十二日為浹下杜甲子叶二翻渫浹也

佩觿卷下

舡 帆舡一本作觧舡觧薄江翻呉船也舡火江翻船也

攕 所咸翻說文曰好手皃詩曰攕攕女手

拖 託何翻拖曳也

丞 聲類云拼字与拯同韻作丞上聲

曆 玉篇作曆古三紅談二翻和也

娒 音莪女師也說文又莫后翻与姆同古文侮字作娒

柿 蒲會孚吠方廢三翻枝附也斫木札也

戜 徒結翻利也常也國名在三苗東

枝 莫囬翻本作枚

奞 息遺翻說文曰鳥張羽毛自奮奞也又戍閏先進二翻

幝 昌善翻車蔽詩曰檀車幝幝

揵 渠偃翻關揵也与鍵同

戓 玉篇作戓又作戠各何翻戕戓即牂牁也

梀 鉏几翻赤實果

振 玉篇作鋠普的翻又普賜翻裁名也

以上諸字與篇韻音義或不同故載之卷
末以俟來者考之

辨證

水 辨證曰按說文仌凍也筆陵切冰水堅也魚陵切徐鉉曰今作筆陵切俗从疑 渴 辨證曰說文渴盡也苦葛切蓋有二音 貞 辨證曰集韻云貞鼎省聲京房說 鼎 辨證曰按說文云籀文則从鼎作𠟭 無 辨證曰按集韻𣞤作橆 昭 辨證曰按魯語云明者爲昭其次爲穆則字不作佋而音非韶也審矣蓋晉避文帝諱改音韶義或然也昭穆見禮經者非一設漢世字作佋而爲韶音則鄭康成必釋之曰字當作佋或云假借昭字唯說文所載異於經未可从也 鬐 辨證曰鬐著令家訓作暨 天后 辨證曰按別本一作而天埊地㘝日囝月〇星𠺞君𢘑臣𡕀載𡔈初𠡦年𠙺正曌照𤯕證𨲢聖𥠢授𤯔人圀國𤯓生 陝 辨證曰按集韻夾式冉切 廷 辨證曰說文廷特丁切 篕 辨證曰篕字今當篇韻不載廣韻篕居沼切集韻篕居沼居淯沼切 毛 辨證曰按今河朔謂無爲謨毛亦爲謨俱不作毛音 逢 辨證曰按顏師古刊謬正俗逢姓者蓋出於逢蒙之後讀當如其本字更無別音今之爲此姓者自稱乃与龐同按德公士元所祖自別殊非伯陵丑父之裔不得棄其本姓混茲

音讀今按左傳有逢伯陵逢丑父孟子有逢蒙左傳無音孟子音云丁張並薄江切按逢伯陵商諸侯姜姓逢丑父齊人後漢有逢萌北海人其字皆从夆廣韻云逄皮江反姓也出北海左傳有逄丑父其字从夅㐄疑師古以左傳孟子諸書皆寫爲逢遇之逢故以爲更無別音不思古今字書或借用或傳寫舛訛豈可以臆斷便謂姓無皮江切耶孟子音義又云逢从夆夅下江切以此見正文誤从夆爾

厄 辨證曰說文科厄木節也

夲 辨證曰按說文夲進趣也从大从十土刀切本末下曰本从木一在其下布忖切

趍 辨證曰按說文趍趙夂也

華 辨證曰按集韻華允律切蔾也玉篇羊篕惟畢二切草木華初生者

湏 辨證曰按說文湏洒面也荒內切

咠 辨證曰按說文咠聶語也

僣侻 辨證曰按集韻僣役也侻輕也

舡 辨證曰按集韻舽音龐舡音腔又音肛舟名出博雅

玉 辨證曰按集韻玉音鳴許救切篆玉工音粟須六切西戎國名亦姓音肅息六切篆玉工又姓

偷 辨證曰集韻偷容朱切

楊 辨證曰按禹貢淮海惟楊州正義云江南其氣燥勁厥性輕揚則非當从木

間 辨證曰按

博雅蔄蘭也又姓檎辨證曰按尚書故實云王內史有與蜀守書求擙桃來禽日給藤子言味甘來衆禽俗作林檎爿
辨證曰按說文爿卅士莊切安身之坐者从木从爿聲徐鍇曰左傳遂子馮詐病掘地下氷而牀焉至於恭坐則席也故从爿爿則爿之省
象人衺身有所倚著至於牆壯戕狀之屬竝當从牀省聲李陽氷言木右爲片左爲爿音牆且說文無爿字其書亦異故知其妄尢
辨證曰尢集韻作尣蒧辨證曰蒧酸漿也一本含作寒𡰣辨證曰按集韻𡰣與夷同儴辨證曰按集韻儴因也
洚洚辨證曰按集韻洚符容切水名洚胡公乎攻胡江古巷切水不遵道也奞辨證曰按集韻奞宜佳切鳥張
毛羽自奮也若苦圭切星名當作奎⿰月癸辨證曰按博雅臛⿰月癸醜也摫辨證曰按方言梁益閒裂帛爲衣曰摫枰
辨證曰按集韻枰蒲兵切抔辨證曰按集韻裒與裒同般辨證曰按玉篇般从舟云古班字賦也今賈誼傳作般睢
睢辨證曰睢睢鳩睢水名⿱刃山辨證曰集韻⿱刃山作⿱亼山⿱⺮貫辨證曰按集韻⿱⺮貫莫獲切方言車拘簍謂之⿱⺮貫杝

辨證曰按集韻杝木名爾雅椵杝榹衣架也並余支切 徛 辨證曰徛按說文舉脛有渡也 挴 辨證曰按集韻挴毋罪切

揣 辨證曰按集韻揣楚委切 倭 倭 辨證曰按集韻倭吐猥切弱也倭烏和切國名 慺 辨證曰按玉篇慺力

寧切古姓也 抶 辨證曰按集韻抶擊也 筦 辨證曰按集韻管姓也通作筦 杽 辨證曰杽按集韻杽與杻同

㐺 辨證曰按說文㐺良獎切二入也兩从此 夂 辨證曰按說文夂行遲曳夂夂 豐 辨證曰按說文豐从曲不从冊

云从冊者出林罕字源 仕 辨證曰仕隸作徒按說文步行也从辵从土不从彳 徍 辨證曰按說文趌半步也从走从圭

声徙之也从彳㞷声于兩切 紙 辨證曰按說文紙絲滓也都兮切 迂 辨證曰按集韻撫謂之迂一曰伺候也進也表

也 氿 辨證曰爾雅曰水醮曰氿今爾雅則曰水醮曰厬疏云醮盡也 攈 辨證曰按集韻攈俱運切 愃 辨證曰按

說文愃寬嫺心腹皃詩曰赫兮愃兮况晚切 掊 辨證曰按易謙卦曰裒多益寡禮運曰汙尊而抔飲俱不作掊 諂 諂

辨證曰按爾雅諂疑也說文諂諛也　几　辨證曰按集韻几慵朱切鳥之短羽飛几几然象形　卭　辨證曰按集韻厄牛戈切木節不作卭

延　辨證曰按廣韻徙斯氏切　捂　辨證曰按集韻捂斜相抵觸也　排　辨證曰按集韻排船後木

派　辨證曰按說文派別水也　搥　辨證曰王篇搥丁回切擿也說文推擊也集韻通作搥齊謂之終葵不从手　椌

辨證曰按說文椌柷樂也　葭　辨證曰按集韻葭木名榿也通作椵　幝　辨證曰案集韻幝音灘敝皃詩檀車幝幝　紗

辨證曰按集韻紗紗緺理絲未成絇急戾也[redacted]兆二切緺音謅　撨　辨證曰按集韻撨才笑切拭也王篇撨先刀先凋二切擇

也　振　辨證曰按集韻振屋梠也兩楹間謂之振　矖　辨證曰按集韻矖曥明目者　橙　撜　辨證曰按集韻

橙棖升二音又音蒸上聲撜都鄧切几撜不从手　楗　犍　辨證曰按集韻捲驅貟切屈木盂也又古倦切西捲縣名犍渠

建切門限也　任　辨證曰按集韻任作任　貰　辨證曰按集韻貰貸也　雈　辨證曰按集韻雈胡官切鴟屬

庛辨證曰按集韻周禮耒庛長尺有一寸鄭康成曰耒下前曲接耜者垠辨證曰按集韻墦垠冢也一曰壙垠原野皃敊

辨證曰按集韻敊渠覊切叏辨證曰按說文叏越也⿴囗入辨證曰說文⿴囗乂下取物縮藏之从口从又才洽切⿱入凷辨證曰⿱入凷

篇韻作出曆辨證曰按集韻曆胡甘切和也翎辨證曰按西域諸國官名有翎侯涷辨證曰按集韻水在河車

音述胈辨證曰按集韻胈膚毳皮啓辨證曰按集韻啓音覯梁公子仉啓眅辨證曰按廣韻眅入也四

辨證曰按集韻四作𠕁祤辨證曰按集韻祋都外切祤火羽切祋祤縣名在馮翊居辨證曰按玉篇居同㞐又徒恭

切柹柿辨證曰按集韻柿芳廢切削木札樸也柹上史切赤實果俗作柿非是拚辨證曰按集韻拚與開同

門欂櫨也閂辨證曰按廣韻閂丑注切直開也集韻作閏录辨證曰按集韻刻木录录也戹辨證曰按集韻

爾雅落時謂之戹一曰砌也樻辨證曰按集韻楚謂搏擊曰樻父沸切不作樻禬檜辨證曰按集韻禬會福祭

檜柏葉松身檜建大木置石其上發以機以追敵

吻 辨證曰按集韻吻未明也

賁 辨證曰按說文賁衘也从貝⿱卉冏聲⿱卉冏古文睦

⿰忄桼 辨證曰按集韻桼七日七見二切⿰忄桼頭也幓也幓倉刀切絡頭也

彴仢 辨證曰彴之若切橫木渡水也彴渡也又音彴流星名彴市若切仢約流星名說文音狄約也

角 辨證曰按資暇云漢四皓其一號角里角音禄今多以覺音呼乖也是以魏子及孔氏銘記荀氏漢紀慮將來之誤直書禄里可得而明按玉篇等字書皆云東方爲觮觮音禄或作角字亦音禄魏子秘記漢紀不書觮而作禄者以其字僻又慮誤音故也字書而言角直宜作觮爾然觮字亦音角角音覺者樂聲也或亦通作隅角之角字是以今人多亂其音呼之或妄穿鑿云音禄之角與音覺之角字點畫有分別處又不知角觮各有二音字體皆同而其義有異也

𦘒 辨證曰按集韻𦘒手之疌巧也

郭忠恕傳

郭忠恕字恕先河南洛陽人也幼能誦書屬文七歲童子及第兼通小學最工篆籀又善史書弱冠之年漢湘陰公辟爲從事公在徐州同府記室董裔與忠恕情意不叶因爭事忠恕拂衣辭去周廣順初召爲宗正丞兼國子書學博士周易博士皇朝建隆初被酒與監察御史符昭文諠競於

朝堂御史彈奏忠恕叱臺吏奪其奏毀之坐貶乾州司戶參軍乘醉歐從事范滁擅離貶所削籍隷靈武其後流落不復求仕進多遊岐雍京洛間縱酒踈弛逢人無貴賤輒曰猫有佳山水即淹留不能去或踰月不食盛暑暴露日中體不沾汗窮冬即鑿河氷而浴其傍凌澌消釋人皆異之尤善畫所圖屋室重複之狀頗極精妙多遊

王侯公卿之家或待以美醖預張紈素倚於壁乘興即畫之苟意不欲而固請之必怒而去得其畫者藏以爲寶太宗初即位聞其名召赴闕授國子監主簿賜襲衣銀帶錢五萬館於太學令刊定歷代字書忠恕性無檢局放縱敗度上憐其才每優容之益使酒肆言謗讟時政擅鬻官物取其直詔減死決杖流登州時太平興國二年

至齊州臨邑謂部送吏曰我逝矣因掊地爲穴度可容其面俯窺焉而卒稾葬於道側後數月故人取其屍將改葬之其體甚輕空空然有若蟬蜕焉所定古文尚書并釋文並行於世又有佩觿三卷論字所由按定分毫有補後人亦奇書也

談苑

郭恕先洛陽人本名忠恕字恕先後秪稱

字少能屬文善史書小學通九經七歲舉童子漢湘陰公辟從事前與記室董裔爭事拂衣去周祖徵爲周易博士國初與監察御史符昭文爭忿於朝堂貶乾州司戶秩滿去官遂不復仕宦縱放岐雍陝洛之間逢人無貴賤常口稱猫値佳山水即旬日不去或絶粒不食盛夏暴體日中不沾汗大寒鑿河氷而浴旁水澌釋尤善畫工

於屋木多遊王公之門有設紈素求爲圖
寫者必怒而去乗興即自爲之郭從義鎮
歧下每延止山亭張絹素設粉墨於旁經
數月忽乗醉就圖之一角作遠山數峯而
巳郭氏亦珎惜之歧有富人主官酒酤其
子喜畫日給醇酎設几案粉墨絹素及好
紙數軸屢以情言恕先取紙一軸凡數十
番首畫一丱角小童持線車紙窮處作風

鳶中引線長數丈富家子大怒遂謝絕時
侍讀從祖宰天興假一役夫充給使一日
衢中下馬召役夫入茗坊同啜役夫固辭
恕先曰吾常所接公卿士大夫皆子類也
何怪哉太宗素聞其名召歸闕入館于内
侍省押班竇神興舍恕先長髯而美忽盡
剃之神興驚問其故恕先曰聊以効顰耳
神興大怒白太宗以其少撿除國子監主

簿出館于太學益縱酒肆言時政頗有謗
讟語聞上上惡之決杖配流登州至齊州
臨邑（一作清）謂部送吏曰我逝矣因掊地爲穴
度可容面俯窺焉而卒藁葬道左後數月
故舊取其屍改葬但衣衾存焉蓋是其屍
解也

集古跋尾

小字說文字源郭忠恕書忠恕者五代漢

周之際爲湘陰公從事及事皇朝其事見
實録頗奇怪世人但知其小篆而不知其
楷法尤精然其楷字亦不見刻石者蓋惟
有此爾故尤可惜也
嘉祐雜誌
中朝書人惟郭忠恕可對二徐宋相云
玉壺清話
郭忠恕畫樓閣重複之狀梓人校之毫釐

無差太宗將建開寶塔浙匠喻皓料十三層郭以所造小樣未底一級折而計之至上層餘一尺五寸而已謂皓曰宜細審之皓數夕不寐校之果然叩門跪謝尤工篆籀詩筆惟縱酒無檢多突梯於善人聶崇義建隆初拜學官河洛之師儒也趙韓王嘗拜之郭使酒詠其姓玩之云近貴全爲聵攀龍即是聾雖然三箇耳其柰不成聰

崇義應聲反以忠恕二字解之曰勿笑有
三耳全勝畜二心忠恕大慙終以此敗後
坐謗時政擅貿官物流登州中途卒藁葬
於官道之傍他日親友與斂葬發土視之
輕若蟬蛻殆非區中之物也李留臺建中
以書學名家手寫忠恕翰簡集以進皆科
斗文字太宗深悼惜之詔付秘閣

麈史

郭忠恕僑寓安陸郡守求其畫莫能得陰以縑屬所館之寺僧時候其飲酣請之乃令濃爲墨汁悉以潑漬其上亟攜就澗水滌之徐以筆隨其濃淡爲山水之形勢此與封氏聞見所說江南吳生畫同但彼尤怪耳

五代史補

郭忠恕七歲童子及第富有文學尤工篆籀常有人於龍門得鳥跡篆示之忠恕一見輒誦有如宿習乾祐中湘陰公鎮徐州辟爲推官周高祖之入京師也少主崩於北崗高祖命宰相馮道迎湘陰公將立之公至宋州高祖已爲三軍推戴忠恕知事變且正色責道曰令公累朝大臣誠信著

於天下四方談士無賢不肖皆謂之長者
令一旦反作脆空漢前功並弃令公之心
安乎道無以對忠怒因勸湘陰公殺道以
奔河東公猶豫不決遂及禍忠恕黨跡久
之晩年尤好輕忽卒以敗坐除名配流會
赦歸卒於武興

題新刻佩觿後

二王筆跡冠絶古今觀帖中往往點畫多忽信字學與書法不同字學者根本六書是也書法者規模八法是也故世鮮能兼之能兼之者惟郭恕先乎恕先篆籀外歐陽文忠公又稱其小楷之精至王黄州作五哀詩深悼才美鬱爲時輩推重如此所著佩觿三卷攷論字源邃窮肯綮學者宗焉嘗與顔秘監干

祿字書並刻于宋遂成二妙惜傳流未廣冉陽孫太學志新好古博雅尤工翰墨續刻置家塾以訓諸子可謂知所崇尚余舊藏二書寫本俱手摹宋刻者彼此互有異同因屬叅校微析秋毫而寫本復多辯證若柹柹之反其類辯證爲得亦不失郭氏忠臣總增附卷末始克完繕可觀矣然詩芄蘭言童子佩觿譏欲速成而無知識也使世之幼學果能究

心于此羣居終日易飽食於博奕以袪紈袴

之習則是書之行豈直小手有進而已哉志

新曰吾志也識之

嘉靖六年歲次丁亥春三月望日江陰兼山

徐充書于孫氏萬玉堂館中

班馬字類補遺五卷

◎

〔宋〕李曾伯撰

清初毛氏汲古閣影宋抄本

班馬字類 第一卷上平聲 宋板影寫 第壹冊

班馬字類序

今之爲文者必祖班馬班馬史無善注廑殆至於不能讀故班書顯行好事者寫倣摹述之如入喬岳巨川隨意所適欲冨者剖珠金作室者覔楩梓獵師搏熊豹漁人籍魚鱉隨其淺深有求必致蓋未聞有索手而空歸者史記但有索隱意林之學其眛眛自如西漢自唐柳宗直作文類

陶叔𡻕繼之於是程氏誨蒙陳氏六帖與
夫摘奇博聞諸書錯出並見而予亦綴
法語數萬言家爲一體令各得一體今
檇李婁君機獨采摭二史彙之以韻旁通
假借字字取之毋遺如鳴球在縣洋洋有太
古氣超然新工盡掩衆作不必親見揚子
雲然后能作奇字不必訪李監陽氷然后
能爲文詞學班馬氏固未有如此者去年

予在鄉里得其書以冊帙博大不能以自隨姑刪摭其旨以爲序　婁君清尚修潔一時儁士也淳熙甲辰上己日鄱陽洪邁書於金華松齋

世率以班固漢史多假借古字又時用偏
旁音釋各異然得善註易曉遂爲據依
機謂固作西漢書多述司馬遷之舊論古
字當自遷史始以史記正義索隱西漢音
義集韻諸書訂正作班馬字類亙見各出
不沒其舊而音義較然違舛尚多更俟增
易淳熙辛丑夏至日禾興婁機書
唐張守節云史漢文字相承已久若悅

字作詑閑字作閒智字作知汝字作女早字作蚤後字作后既字作濈勑字作飭制字作剬如此之流緣古字少通共用之史漢本有此字者乃爲好本程邈變篆爲隷楷則有後代作文隨時改易衛宏官書數體呂忱或字多奇鍾王等家以能爲法致令楷文改變非復一端咸著秘書傳之歷代又字體乖誤日久其黼黻之字法從

黹（丁履反）今之史有從耑（音端）秦本紀云賜孝公黼黻鄒誕生音甫弗而鄒氏之前史本已從耑矣如此之類並即依行不可更改若其黿鼉從龜辭亂從舌覺學從與泰恭從小匱匠從走巢藻從果耕籍從禾席下爲帶美下爲火袁下爲衣極下爲點析旁著片惡上安西叅側出頭離邊作禹此等類例直是訛字寵字（勑勇反）爲錫

爲寵（力孔反）錫（思歷反）字

音陽以支章移反代文問分反將无混丕若茲之流便
成兩失又曰先儒音字比方爲音至魏秘書
孫炎始作反音又未甚備鄭康成云其始
書之也倉卒無字或以音類比方假借爲之
趣於近之而已受之者一邦之人其鄉同言
異字同音異於茲遂生輕重訛謬矣其
論皆當併録于此二史之字第識首出餘
不復載或已見於經子者則疏于下庶幾

觀者知用字之意也　機　又書

余幼年從事句讀嘗見　鄉先生婁公
參與班馬字類喜其究心字學採摘二史
旁證曲盡淂之者可無魯魚亥豖之惑自
謂該載巳備不必問奇於揚子雲矣後隨
侍　先君入蜀與諸朋友遊有老儒王揆
者嘗論及此作而曰此書所載善則善矣
猶未盡也因與之考論二史果而眎分類
析閒多遺闕在蜀數年相與朝夕考訂日

積月累凡有所得書於四聲之下共一千二百三十九字補註五百六十三因念先賢力學稽古貫穿二史可謂詳備猶有闕焉今從而廣之名以補遺附於韻後併勒諸梓以便學者之觀覽亦 鄉先生婁公之志也補或未盡尚俟來者景定甲子長至日覃懷李 曾伯書

班馬字類第一

上平聲 補遺附

一東

桐 漢書禮樂志丨生茂豫讀爲通通達也
武五子傳毋丨好逸音通輕脱之貌

空桐 史記五帝本紀西至於丨丨黄帝過丨丨從廣
成子即此山也 補遺漢書郊祀志登丨丨

空同 史記趙世家其後娶丨丨氏正義云
即崆峒 補遺漢書武帝紀登丨丨

童 漢書項籍傳贊舜重丨
子目之眸子與瞳同

僮 史記樂書上使丨男丨女七十人俱歌通作童 補
遺首孝武紀賜列侯甲第丨千人漢書禮樂志沛中

兒丨

蘢 漢書鼂錯傳屮木蒙丨來東反師古曰覆蔽之貌

谾 史記司馬相如傳巖深山之丨丨兮音籠古豅字漢書同

悤 漢書陳湯傳蹞丨領徑大宛與葱同

悤 漢書郊祀志丨明上通與聰同

鴻 史記河渠書禹抑丨水宋世家丨範漢書成帝紀丨業夏侯勝傳丨範楊雄傳丨生鉅儒 補遺首五帝本紀鯀治丨水

鴻 漢書藝文志丨範八政與洪同王商傳身體丨大

䲨漢書司馬相如傳子虛賦丨鷫鵠鵁古鴻字史記作鴻

蚕漢書天文志抱珥丨蜺或作虹螮蝀之謂丨

䔝漢書息夫躬傳丨棘棧棧與叢同

䕺漢書東方朔傳丨珍怪亦叢字

紅史記文帝紀大丨十五日漢書文帝紀同又景帝紀錦繡纂組害女丨讀作功哀帝紀織綺繡難成害女丨之物皆止如淳曰丨亦工也酈食其傳丨女下機

釭漢書趙后傳黄金丨師古曰音工流俗讀作江非也

功漢書律歷志天丨人其代之尚書作天工

功 漢書董賢傳第新成丨堅言盡功功力而作之或作攻攻治也

訟 史記呂后紀未敢丨言誅之徐廣一作公韋昭曰猶公也 補遺漢紀作誦言鄧展曰公言也

訟 史記吴王濞傳丨共禁弗予徐廣音公正義音容言相容禁止不與漢書作頌讀曰容

瞢 漢書叙傳棄於丨中與夢同莫風反又莫鳳反

夢 史記十二諸侯年表壽丨莫東反漢書陳平傳雲丨師古曰楚澤莫風反又讀如字相如傳字或作瞢詩視天丨丨春秋左氏傳弃諸丨中音蒙 補遺史記首夏本紀雲丨土爲治漢書首髙帝紀僞游雲丨

崈 漢書郊祀志封丨高古崇字地理志丨侈貪冒

躳 史記魯世家還政成王北面就臣位丨丨如畏然音窮丨丨謹敬貌

穹竆 史記司馬相如傳丨丨昌蒲即芎藭也漢書同

汎 漢書司馬相如傳丨淫氾濫音馮注鳥任風波自縱漂貌 補遺史記同

補遺

空侯 史記封禪書作二十五弦及丨丨瑟武帝紀作箜篌漢書郊祀志丨丨瑟

同 史記西南夷傳丨師漢傳作桐

桐 史記武帝紀作栢梁丨柱承露僊人掌之屬封禪書及漢書郊祀志字皆作銅

悤 漢書揚雄傳聖人丨明雖無音即與聰同

蔥 漢書西域傳丨嶺即與葱同

二三

㚇史記殷本紀遂伐三丨尚書作朡

洪漢書高帝紀割丨溝餘作鴻史記並作鴻

豐史記周紀作丨邑匈奴傳周平王去酆鄗漢書郊祀志郊梁丨鄗又酆鎬

弓史記霍去病傳濟丨閭音穹亦如字

二冬三鍾

衝史記酈生傳陳留天下之丨與衡同

從史記項羽紀與諸侯爲丨約孫吳傳破馳說之言丨橫者東西爲橫南北爲丨秦地形橫長故張儀爲秦連橫漢書酈食其傳因言六國丨衡時子容反衡音橫詩蓺麻如之何衡丨其畝

補遺史記首周紀倍

秦與諸侯約丨漢書首高后紀
具以灌嬰與齊楚合丨狀告産

從 漢書淮南王安傳丨迹連王讀若蹤史記作蹤
補遺史記聶政傳故重自刑以絶丨與蹤同

龔 漢書南粤傳子廣德爲丨亢侯古
龍字一本作龔　補遺一本龔侯

松 漢書地理志武威
郡蒼丨古松字

鏠 漢書東方朔傳變詐丨出讀曰鋒　補遺
首郊祀志爲泰一丨旗史記封禪書鋒旗

蠭 史記項羽紀楚丨起之
將漢傳同丨古蜂字

蠭 漢書中山靖王傳讒言之徒丨生　補遺首劉
向傳丨午並起猶雜沓也息夫躬傳武丨精兵

逢 漢書司馬相如傳丨涌原泉讀
曰熢言如熢火原泉也史記作熢

遂 史記周紀幽王爲丨遂漢書五行志丨火通長安

夫容 漢書司馬相如傳外發丨丨與芙蓉同

共 史記屈原傳丨承嘉惠顏云恭敬嘉惠謂詔命漢書宣紀丨哀后髙惠髙后文功臣表饗丨己之治讀曰恭詩丨姜　補遺史記首夏紀愿而丨又丨工丨王丨伯之類甚多漢書亦同

共 漢書嚴助傳以奉千言之丨讀曰供春秋左氏傳王祭不丨　補遺史記夏本紀丨命齊世家敢不丨乎

頌 史記樂書物之丨也音容漢書惠帝紀有罪當盜械者皆丨繫之言見寬容刑法志當鞠繫者丨繫之儒林傳王式丨禮甚嚴讀曰容揚雄傳奮六經之攄丨

從頌 史記魯仲連傳世以鮑焦爲無丨丨而死者皆非也音從容言人見焦死爲不能自寬容而死

此言非

鎔史記平準書或盜磨錢裏取丨音容
補遺漢書食貨志盜摩錢質而取丨

傛漢書外戚傳婭娥丨華　補
遺史記外戚世家婭何容華

匈史記高祖紀漢王傷丨乃捫足吳世家鈹交
於丨漢書藝文志無怵惕於丨中並與胷同

⿰歹凶漢書藝文志星
事丨悍與凶同

癰漢書禮樂志丞相請
立辟丨與雍同

癰漢書百官公卿表諸廟寢園食官令長丞有丨太宰
太祝令丞文穎曰主熟食之官如淳曰五畤在丨故
置師古曰不當復置饔人也　補遺
別本都水鐵官廐丨廚長丞作廱

廱
漢書鄭崇傳崇發頸丨與癰同

甕
漢書西域傳有大鳥卵如丨汲水缾也於龍反　補遺史記大宛傳同無音

籠
漢書衛青傳至丨城師古曰與龍同　補遺史記同

補遺

終黎
史記秦紀贊秦之先爲嬴姓其後分封有丨丨氏世本作鍾離氏

烽
漢書揚雄傳舉丨烈火

封
漢書西域傳大月氏國出一丨橐駝

蠭
漢書天文志天丨藝文志九家之流丨起與鋒同韓王信傳因其丨而東嚮趙廣漢傳專厲彊壯丨氣讀

曰鏠

鏠 史記五帝紀娶陳丨氏女系本作酆漢書古今人表陳豐生堯

隆 史記晉世家齊伐魯取丨索隱曰即龍也北當魯成二年春秋經書齊侯伐我北鄙傳曰圍龍

龍 史記韓安國傳破丨城音龍漢書同嚴安傳燔其龍城

竉 漢書地理志九眞郡都丨音龍又音聾案師古曰郡縣之名土俗各有別稱不必皆依本字

庸 史記陳涉世家丨耕漢書高惠功臣表丨保之中與傭同

庸 漢書司馬相如傳丨渠史傳作鷛鸍其音同

庸 漢書司馬相如傳丨旋史傳作牅旋

共 漢書高帝紀丨敖爲臨江王音龔

龔 漢書王尊傳象丨滔天尚書作恭

雝 漢書揚雄傳過清廟之丨丨與雍同

雍 史記夏紀丨沮會同尚書作灉漢書地理志同

雍 史記封禪書明堂辟丨漢書禮樂志興辟丨與廱同

雍 史記倉公傳丨腫又色將發臃

卭 史記司馬相如傳轔丨丨漢傳蛩蛩

曲遇 史記高祖紀戰丨丨東上音齲下音顒漢書高帝紀同

四江

瓨 史記貨殖傳醯醬千丨湖江反徐云長頸甖也漢傳同

降 漢書揚雄傳澤滲離而下丨師古曰下也胡江反詩我心則丨

補遺

銗 史記酷吏王温舒傳投丨音項又胡江反

蠭 史記龜策傳羿善射不如雄渠丨門淮南子曰射者重以逄蒙門子之巧劉歆七略有丨門射法漢書藝文志逄門射法即逄蒙

鏦 史記吳王濞傳使人丨殺吳王九江反又音春漢傳楚江反

五支六脂七之

氏 史記建元年表月丨音支 補遺漢書地理志月丨同

閼氏 史記建元年表丨丨上於連反下音支若今皇后 補遺漢書宣帝紀單于丨丨音焉支

氏 史記酈商傳破雍將軍烏丨烏於然反丨音支縣名漢書貨殖傳烏丨嬴

巵 史記貨殖傳巴蜀亦沃野地饒丨音支烟支也紫赤色又千畝丨茜音支

離支 史記貨殖傳番禺果布之湊韋昭曰果謂龍眼丨丨之屬布謂葛布 補遺漢書司馬相如傳荅遝丨丨

差 史記陸賈傳夫丨智伯極武而亡漢書同夫音扶丨楚宜反 補遺史記首始皇紀智伯夫丨漢書首古

令人表丨弗楚宜反

褫 漢書五行志丨城謂差次受功賦初爲反

提 史記司馬相如傳中外丨福音支安也漢書作禔

厮 史記蘇秦傳丨徒十萬音斯丨養之卒養馬之賤者漢書張耳陳餘傳丨養卒取薪者也

析 漢書司馬相如傳蒇丨包荔張揖曰丨似燕麥蘇林音斯史記作蕲

磃 漢書郊祀志上林中丨氏館鄭音斯補遺史記武紀丨氏觀音蹄又音斯

㴲 漢書地理志廣平國水東入丨師古音斯

徙 漢書張騫傳丨卬師古曰夷種音斯　補遺史記西南夷傳丨筰都漢書首地理志蜀郡丨

齎 漢書霍去病傳太官丨數十乘與資同 補遺
史記封禪書丨金萬斤陳丞相世家丨用益饒

訾 史記張釋之傳以丨爲郎漢書景帝紀丨筭
十以上乃得官與貲同地理志高丨富人

呰 漢書翟義傳王莽自作大誥
云故知我國有丨災讀作疵

呰 漢書叙傳闒尹
之丨讀作疵

離 史記孔子世
家雒丨音離

流離 漢書地理志市明珠壁丨丨西
域傳虎魄壁丨丨與琉璃同

蠡 史記匈奴傳左右谷丨王谷音鹿丨音
離音犂 補遺漢書宣紀谷丨王音同

被 漢書古今人表丨衣揚雄傳亡春風之丨離讀
作披 補遺史記絳侯世家甲楯五百丨音披

翄 漢書揚雄傳丨桂椒鬱移楊古披字

靡 史記主父偃傳丨敝中國音靡酷吏傳盡丨爛獄中漢書文帝紀爲酒醪以丨穀者多音靡賈誼傳固與俱丨而已武皮反

離 史記張良傳高祖丨困者數矣禮書師古曰丨遭也與罹同　補遺史記首文紀丨寒暑之數

糜 漢書王莽傳赤丨閭之不敢入界丨眉也以朱塗眉故曰赤眉古字通用

眯 史記秦紀鄭高渠丨音彌晉世家示丨明

施 史記衛綰傳劒人之所丨易獨至今乎音移補遺漢書衛綰傳讀曰移師古讀曰貤弋豉反

虵 史記孝武紀丨丘地名音移補遺漢書禮樂志旗逶丨

𨙸 漢書地理志文王徙丨匈奴傳襄公伐戎至丨古岐字 補遺首郊祀志大王建國於𨙸梁

跂 漢書禮樂志丨行畢逮有足而行者稱丨行音岐 補遺史記匈奴傳丨行喙息音岐又音企

鞿 漢書刑法志以丨而御駻突晉灼曰古羈字馬絡頭曰羈

墮 漢書異姓諸侯王表丨城銷刃火規反 補遺史記夏紀萬事丨哉始皇紀丨壞城郭孔子世家吳伐越丨會稽漢書首宣帝紀宗廟丨

墯 漢書刑法志法度丨與墮同火規反

奇 史記平準書浮食丨民音羈 補遺漢書食貨志同

奇 史記李廣傳數丨漢書同隻不耦也食貨志丨羨居宜反 補遺漢書首律歷志歸丨象閏

戲 史記趙世家宓丨神農教而不誅漢書太史公傳虙丨至淳厚作易八卦讀作羲

戲 史記陳涉世家至丨音羲即京東丨亭 補遺首始皇紀西至丨漢書高帝紀西入關至丨

獻 漢書王莽傳立斗丨音犧謂斗魁杓如勺形 補遺又見七歌韻

儀 漢書地理志伯益能丨百物與宜同

義 漢書鄒陽傳褒丨父之後師古讀曰儀

譆 史記趙世家簡子召之曰丨音僖

秭鳺 史記歷書丨丨先滜音子規索隱曰謂子規春氣發動則先出野滜而鳴也

戲 史記項羽紀諸侯罷丨下高祖紀兵罷丨下音麾漢書高帝紀諸侯罷丨下謂軍之旌麾下許宜反亦讀

曰麾漢書通以丨爲旌麾指麾字

睢 漢書高帝紀丨水音雖春秋左氏傳次丨之社 補遺史記項羽紀丨水

禔 史記韓長孺傳丨取辱耳音祇

尸 史記高祖紀司馬丨將兵北定楚也古夷字漢紀同

黟 漢書地理志丨屬丹陽郡音伊 補遺字本作黟

妥 漢書武五子傳燕剌王旦賜策薰鬻徙域北州以丨古綏字 補遺師古亦他果反

觭 漢書五行志丨輪無反音奇耦之奇

省 漢書揚雄傳何必颺纍之蛾丨古眉字

旹 漢書敘傳皆及丨君之門闌又丨闇而久章音時 補遺即古時字

臑 史記趙世家食熊蹯丨不熟音胹

孳 史記蕭相國世家丨丨得民和正義曰息也益也漢傳同師古曰與孜孜同言不怠也孟子丨丨爲善

補遺史記首夏紀予思日丨丨

孳 漢書律歷志丨萌萬物讀與滋同

茲 漢書樊酈等贊雖有丨基不如逢時讀曰鎡

茲 漢書五行志賦斂丨重儒林孟喜傳萬物方荄丨也匈奴傳前世重之丨甚丨益也與滋同

台 史記夏本紀祗丨德先音怡尚書同

台 史記高祖紀徙盱丨楚縣也漢書音怡　補遺史記首項羽紀都盱丨

飴 漢書劉向傳丨我釐麰讀與貽同

釐 史記文帝紀祝丨漢書本紀同音僖字本作禧又齊世家魯人更立丨公高帝紀魏安丨王讀曰僖二史僖字僖謚及禧福字多作丨

熙 漢書禮樂志丨事備成與禧同

熙 漢書翟義傳王莽自作大誥云丨我念孺子歎辭與嘻同

其 史記宋世家如之何丨音姬語助也齊魯之間聲如姬漢書武帝紀幸不丨音基山名詩夜如何丨問早晚之辭

丌 史記周紀其登名民三百六十夫不顯六當作丨古其字

傫 史記趙世家見其長子章丨然也力追反羸病貌

絫 漢書人表丨祖俠丨司馬相如傳係丨皆力追反律歷志權輕重者不失黍丨來戈反亦音纍

纍 漢書地理志眞定國肥丨力追反司馬遷傳丨紲禮丨丨乎端如貫珠　補遺史記孔子世家起丨紲之中又丨丨若喪家之狗司馬相如傳係丨

累 漢書宣紀匈奴呼遬丨單于力追反五行志諸侯丨丨從楚圍蔡讀曰纍　補遺史記樂書丨丨乎般若貫珠刺客傳韓相俠丨

累 漢書太史公傳何至自沉溺丨紲之辱與縲同　補遺史記孔子弟子傳丨紲之中

雕 史記陸賈傳尉佗丨結箕踞音椎結音計漢書結音髻一撮之髻也

思 漢書五行志東闕罘丨災罘丨在其外諸侯之象與罳同

氂 史記蘇秦傳豪丨不伐將用斧柯漢書律歷志度長短者不失豪丨十豪爲丨令字作氂

毉 漢書周仁傳以丨見令字作醫

娸 漢書枚乘傳其賦有詆丨東方朔音欺

甾 漢書食貨志臨丨宛城都市令字作淄地理志惟丨其道師古曰惟令作維丨或作淄又丨川 補遺史記河渠書菑濟之閒齊世家臨菑漢書高帝紀臨菑案二史三字通用

罷 史記高祖紀老弱丨轉饟漢紀同讀曰疲 補遺史記首秦紀丨極

畀湛 漢書古今人表鄭丨丨師古音脾諶

蝝蠹 漢書五行志蝝丨丨之有翼者孟康音蚍蜉

比 漢書五行志丨蒲師古音毗魯地

波 漢書諸侯王表丨漢之陽音陂澤之陂灌夫傳丨池田園讀曰陂貨殖傳千石魚丨

娭 漢書禮樂志神來宴丨許其反司馬相如傳吾欲往乎南丨又氾濫水丨史傳皆作嬉

誒 漢書韋賢傳勤丨厥生歎聲許其反

兹 漢書地理志龜丨龜音丘丨音慈

期 漢書武紀廢丨有月月音朞自往年二月至今十四月朞有餘月 補遺史記周紀居丨而生子

陒 漢書杜鄴傳抵丨師古曰毀也音詭一讀與戲同服虔音羲

麗 漢音禮樂志長丨攢曰靈鳥也師古音離

曬 漢書景十三王傳白日丨先師古山豉反又力支反

齊 漢書賈誼傳步中采丨師古曰樂詩名也字或作薺作茨並才私反

補遺

支 史記始皇紀率其丨屬漢書朝錯傳丨葉茂接揚雄傳丨葉扶疏

枝 史記始皇紀封功臣子弟自爲丨輔漢書張敞傳丨屬

枝 史記司馬相如傳鮮丨黃礫漢傳作支令支子樹也

卮 史記貨殖傳千畝丨茜鮮支也漢書貨殖傳同茜草丨子可用染也即今之梔子

觗 漢書高帝紀奉玉卮爲太上皇壽注古卮字作丨

𨾴 史記司馬相如傳過丨鵲即與鳷同

枝 漢書揚雄傳石關封巒丨鵲露寒亦與鳷同

釃 漢書溝洫志迺丨二渠以引其河山支反分也史記河渠書作廝注舊本亦作灑疏跬反

灑 漢書司馬相如傳決江疏河丨沈澹災丨所宜反分也

垂 史記秦紀在西戎保西丨漢書武帝紀親省邊丨即與陲同

埀 史記司馬相如傳丨霧縠亦垂字

訾 漢書蓋寬饒傳用不丨之軀與貲同言無貲量可以比之貨殖傳家亦不丨

疵 史記曰者傳卑丨而前音貲

柴 漢書司馬相如傳丨池茈虒音差丨池參差也茈音此虒音豸

彲 史記齊世家非龍非丨勑知反本亦作螭

離 史記周本紀如材如丨此訓與螭同

螭 史記五帝紀以御丨魅與魑同

酈 史記周紀丨山氏之女又殺幽王丨山中始皇紀通道丨山作甘泉前殿與驪同

麗 史記始皇紀分作阿旁宮或作丨山通作驪舊音黎徐廣力知反黥布傳論輸丨山漢書匈奴傳攻殺幽

王于丨山之下讀曰驪

孋 漢書路温舒傳晉有丨姬之難

瞝 史記賈誼傳丨九州而相君兮丑知反漢書作歷

蕃 漢書地理志魯國丨眭弘傳丨人也並音皮

鄱 史記太史公自序戹困丨薛彭城音皮

披 史記建元王子侯年表丨陽音皮又皮彼反屬千乘漢表同

蘪 史記司馬相如傳糅以丨蕪漢書作蘼

麊泠 漢書地理志交趾郡丨丨音螟蛉師古音麋零

縻 史記封禪書施丨之屬鄭氏謂施縻粥之神

靡 漢書匈奴傳贊羈丨不絕

陁靡 史記司馬相如傳登降丨丨音移縻漢傳同上字弋爾反

俾 漢書地理志安定郡安丨音畀

示 史記唐世家丨眯明音祁即左氏傳提彌明字同音周禮地祇皆作丨漢書地理志蘇丨音祁

沶 漢書諸侯王表丨陵康侯魏駟古怅字直夷反

闚 史記河渠書東丨洛汭漢書項籍傳贊以丨周室

犧 漢書律歷志炮丨神農揚雄傳宓丨氏王莽傳丨仲和仲

踦 漢書叚會宗傳亦足以復鴈門之丨居宜反隻不偶也

琦 漢書西域傳雜繒丨珍音奇

譙 史記衛綰傳景帝五歲餘不丨呵綰音譙呵音何一曰丨呵責讓也

訾 漢書禮樂志丨黄其何不徠下音咨嗟嘆之辭

訾 史記平準書丨給毋乏漢書枚乘傳舉吴兵以丨於漢子私反量也

次 漢書地理志揗丨音咨諸本作恣揗子如反屬武威

薺 漢書禮樂志猶古來丨肆夏也才私反禮經或作賫茨並同音

遅 漢書揚雄傳俳佪招揺靈屖丨兮又夷反

陁 史記司馬相如傳巖丨𪁩錯音遲又音象漢傳作陁音象

祁 史記文帝紀丨戻音遲曹相國世家丨善置又音抵漢書文紀丨戻曹參傳丨音抵又鉅夷反

梸 史記司馬相如傳樝丨梬栗

棃 史記王温舒傳旁郡國丨來音犂比也

怠 史記始皇紀視聽不丨索隱曰協韻音銅綦反

夷 漢書婁敬傳傷丨者未起即與痍同

羨 漢書地理志江夏郡沙丨音夷

尼 漢書地理志越嶲郡蘇示注丨江古夷字

虒 漢書地理志太原郡慮虒丨音廬夷

飢 史記殷紀西伯伐丨國一作阢作耆周紀敗耆國宋世家西伯之修德滅阢音耆即黎本作鼜

邳 史記夏紀至於大丨尚書作伾

麋 史記趙世家後世且有伉王亦黑龍面而鳥噣鬢丨髭頔

純 史記五帝紀黃收丨衣索隱讀曰緇

提 漢書食貨志朱丨銀朱音銖丨音時地理志揵爲郡朱丨

嶷 漢書武帝紀望祀虞舜于九丨音疑

兹 史記陳杞世家贊苗裔丨丨有土者不乏焉

芓 漢書食貨志或芸或丨耔附根也廣韻音兹又音子

治 史記韓長孺傳公等足與丨乎音持漢傳如字

狸 史記封禪書殺一丨牛以爲俎豆牢漢書郊祀志作氂牛

姬玘 史記六國表韓姬索隱曰一作玘李斯傳韓玘一作起並音怡

頤 史記陳涉世家客曰夥丨楚人謂多爲夥言丨者助聲之辭

棋 史記律書箕者言萬物根丨故曰箕

食其 史記高祖紀酈丨丨音異基漢書同

綦 史記楚世家石乞等襲殺令尹子西子丨於朝伍子胥傳司馬子丨案春秋左氏傳作子期

旗 史記孔子弟子傳巫馬丨論語作期

其 漢書蒯通傳善齊人安丨生史記樂毅傳田儋傳皆作安期生

㠯 史記留侯世家嘗閒從容步游下邳丨上丨橋也楚人謂之丨音怡索隱引會稽大橋靈丨亦音夷漢書同音頤案似校定即舊本作氾據説文定作丨然此書假借字多矣安用獨改此字

八微

霏 漢書揚雄傳雲丨丨古霏字

誹 史記平準書廢格沮丨窮治之獄音非

蜚 史記殷紀有丨雉秦紀丨廉漢書宣紀丨覽翺翔成紀有丨雉集于庭古飛字五行志趙丨燕

賁史記黥布傳丨赫傳靳傳趙將丨郝音肥漢書功臣侯表丨赫地理志東海襄丨音肥

蘄史記項羽紀請丨縣屬沛國漢書高帝紀陳涉起丨音機

唏史記十二諸侯年表紂爲象箸而箕子丨即歔欷之欷唏也漢書史丹傳嘘丨於旣反

圻漢書文帝紀封丨之内亦畿字

犄漢書孔光傳丨違者連歲不決事之言也讀作依違補遺師古音於奇反

韋漢書成帝紀大風拔木十丨以上與圍同

煒漢書王莽傳青丨服虔音暉

隑碕埼漢書司馬相如傳臨曲江之隑曲岸也即碕字又激堆埼亦曲岸也揚雄傳探巖排碕地

理志鲒埼亭皆鉅依反
補遺史記司馬相如傳同
幾 漢書文紀丨致刑錯近也鉅依反
補遺史記周紀
無乃廢先王之訓而王丨頓乎漢書首高帝紀丨敗
乃公事音
祈近也
機 漢書景十三王傳丨祥師古曰字或作禨 補遺史
記曆書丨祥廢而不統呂氏春秋荆人鬼而越人丨
音禨漢書首
天文志丨祥

補遺

魏 史記魯世家丨公索隱曰系
本作微古書多用丨字作微
裴 漢書王子矦表郿丨戴侯地
理志郿丨音非魏郡縣名

蘄 史記秦始皇紀丨年宮

淒 漢書食貨志詩曰有渰丨丨案今詩作萋萋

徽 漢書王莽傳殊丨幟師古曰通謂旌旗之屬也

煇 史記秦紀蜀侯丨音暉甘茂傳蜀侯煇又胡昆反禮書德丨動乎內漢書郊祀志光丨

圜 史記曹相國世家下脩武渡丨津與韋同古今字變耳漢書同

斐 漢書揚雄傳昔仲尼之去魯兮丨丨遲而周邁芳非反

幾 史記孔子世家黯然而黑丨然而長音祈詩頎而長兮字通

幾 漢書高帝紀不因其丨而遂取之所謂養虎自遺患也鄭氏曰微也師古曰危也

希 史記秦紀徑千里而襲人丨有得利者始皇紀其後公卿丨得朝見漢書禮樂志丨闊不講

九魚

虛 史記周紀放牛於桃林之丨音墟漢書地理志河南殷丨補遺史記首殷紀敗桀於有娀之丨呂后紀朱丨侯章漢書首武帝紀遂丨其地地理志琅邪丨水皆讀曰墟

居 史記大宛傳康丨國名音渠 補遺首司馬相如傳康丨漢書董仲舒傳夜郎康丨無音

胥 史記藺相如傳趙奢曰丨後令胥猶須也古通用

䟽 漢書王吉傳布衣丨食與蔬同 補遺首地理志丨食果實之饒丨菜也

䟽 史記孫吳傳廢公族丨遠者漢書律歷志罷廢尤丨遠者十七家與踈同 補遺史記首五帝紀悉舉貴

戚及丨遠隱匿又封禪書網丨漢書首高
帝紀閒丨楚君臣又劉向傳支葉扶丨

疎 漢書匈奴傳文帝與匈奴書送物云比丨一辮髮之
飾比頻寐反丨字史記作比余別無音既云辮髮之
飾則可讀作
梳或作梳字

鉏 史記晉世家使丨麑刺趙盾
亦作鋤春秋左氏傳弭丨

屠 史記衛霍傳收休丨祭天金人音除漢書音儲
武紀休丨王郊祀志徑路神祠祭休丨王音除

閭 史記天官書北夷之氣如羣畜穹丨正義以氊
爲丨穹崇然漢書天文志作廬案今志皆作丨

邪 史記歷書歸丨於終音餘

伃 漢書霍光傳鉤弋趙倢丨讀與婕
好同　補遺首昭帝紀趙倢丨

與 史記殷紀帝之政其有闕丨曹相國世家豈少朕丨漢書文紀政有所失而行有過丨讀曰歟

茹 漢曰王莽傳不丨園葵食菜曰丨人諸反

絮 漢書張敞傳丨舜女居反又人餘反

挐 漢書霍去病傳匈奴相紛丨女居反 補遺史傳同無音

慮 漢書地理志遼西郡且丨河内郡隆丨東海郡昌丨臨淮郡取丨師古皆音廬

譽 漢書人表栢丨藝文志如有所丨弋於反語誰毀誰丨

抾 漢書揚雄傳丨靈蠵音怯又音祛挹取也

著 漢書五行志朝有丨定直庶反又音除

且 漢書高祖紀龍丨子余反詩既亟只丨補遺史記項羽紀龍丨刺客傳夏無丨

補遺

䟽 漢書揚雄傳頭蓬不暇丨

胥 史記趙世家太后盛氣以丨入丨猶須也

愉 史記田敬仲世家騶忌子曰夫大弦濁以春温者君也小弦廉折以清者相也攫之深醳之丨者政令也丨音舒

荼 史記建元以來侯者年表剕丨是徵音舒

徐 史記齊世家田常執簡公于丨州音舒春秋左氏傳作舒說文作𨛜

樗史記秦紀丨里疾餘傳作樗

豬漢書地理志大壄既丨王莽傳丨崇宮室尚書大野既丨

都史記夏紀道荷澤被明丨明音孟丨音豬又大野既丨彭蠡既丨尚書皆作豬

盧史記秦紀吳王闔閭吳世家闔丨漢書古今人表闔丨劉向傳闔閭

轝史記封禪書欒大爲樂通侯賜甲第僮千人乘丨斥車馬帷幄器物以充其家

轝漢書匈奴傳戰而扶丨死者盡得家財史傳作輿

慮史記文帝紀隆丨音林閭漢書高后紀隆丨矦音盧地理志遼東無丨即毉無閭

閭漢書司馬相如傳奄丨軒于史傳菴藺軒芋

婁 漢書地理志廬江郡雩丨力于反

且 史記龜策傳騰蛇之神而殆於即丨蝍蛆似蝗大腹食蛇腦

十虞十一模

虞 漢書禮樂志合好効歡丨太一與娛同又王襃傳丨說耳目謂以禮自丨樂也

迂 史記孝武紀海上燕齊怪丨之方士多相效音于漢書王吉傳其言丨闊音于

盂 漢書東方朔傳置守宮丨下今所謂盌丨也今字作鉢盂

于 史記賈生傳丨嗟墨墨漢書丨嗟同揚雄傳丨音吁 補遺史記首呂后紀丨嗟不可悔

吁 漢書揚雄傳長楊賦丨音于尚書帝曰丨注皆云疑怪之辭 補遺史記五帝紀堯曰丨

嘔 史記淮陰侯傳言語丨丨音吁漢書作姁姁許于反

⿰阝區 漢書諸侯王表至虖阮丨河洛之閒音區

歐 史記趙世家取東胡丨代地漢書食貨志令丨民而歸之農梅福傳以爲漢丨除並讀作驅

敺 漢書張丨傳讀作驅補遺首百官表廷尉丨與驅同韓信傳所謂丨市人而戰之也

敺 漢書郊祀志杜鄴說王商前上甘泉先丨失道禮樂志丨以刑罰並讀作驅

旉 漢書禮樂志丨與萬物古敷字易震爲丨

敷 漢書百官公卿表卨作司徒丨五教讀作敷

傳 史記宋世家用丨錫其庶民音敷漢書文帝紀丨納以言宣帝紀丨奏其言讀曰敷 補遺史記首夏紀

興人徒以丨土漢書地理志歷
陵注丨易山音敷古敷淺源

紨 漢書昌邑哀王
傳女羅丨音敷

朱 漢書刑法志師丨儒如淳曰丨儒短人也或
作侏儒　補遺史記滑稽傳秦倡丨儒也

屬鏤 史記五子胥傳賜丨丨之劍上音燭下
録于反　補遺首吳世家丨丨之劍

枹 史記司馬穰苴傳援丨鼓之急則忘其身音孚
左氏傳援丨而鼓　補遺漢書張敞傳丨鼓

摹 漢書高帝紀
規丨弘遠

橅 漢書韋元成傳其規丨可見讀作摹作
模　補遺首劉向傳初陵之丨與模同

武夫 史記司馬相如傳礝石武夫石似玉無音漢書丨
丨石之次玉者讀作碔砆　補遺漢書首董仲舒

傳猶丨丨之與美玉也

夫 漢書賈誼傳丨將爲我危丨人猶彼人耳音扶補遺史記始皇紀丨差音扶吳世家丨椒音符

夫 漢書司馬相如傳外發丨容讀作芙蓉

亡 史記宋世家一極丨凶漢書高帝紀義帝死丨後魏公子丨忌粵王丨諸律歷志丨射讀曰無

無 漢書王子侯表丨湖令蕪湖也

憮 漢書薛宣傳君子之道焉可丨也讀作誣

需 史記魏世家魏相田丨音須

須 漢書翟方進傳丨過乃就車讀曰須

須 史記高祖紀美丨鬚漢書蘇武傳丨髮盡白與鬚同 補遺漢書首高帝紀同

趣 漢書賈誼傳丨中肆夏讀曰趨 補遺史記匈奴傳人人自爲丨利

隃 漢書地理志扶風郡丨麋音踰賈誼傳下不丨矣與踰同 補遺史記周紀毀丨音踰世本作揄司馬相如傳丨絕梁漢書首天文志熒惑丨歲星

媮 漢書地理志它人是丨音踰又音偷韋賢傳我王以丨與愉同

蒲 史記蘇秦傳嫂委蛇丨服猶匍匐

余 史記衛將軍傳禱丨山上音籌索隱音桃丨音徒 補遺漢傳丨字無音

旅 史記晉世家丨弓矢千音盧匈奴傳拜昌侯盧卿爲上郡將軍盧作丨古今字異耳 補遺漢書作旅古

張弓字王莽傳盧弓矢

盧 漢書武五子傳贊頭丨相屬於道

帑 漢書文紀盡除收丨相坐律令景帝紀罪人不丨與孥同律歷志以害鳥丨詩樂爾妻丨補遺史記夏本紀丨僇

捕 漢書中山靖王傳塵埃丨覆音鋪王莽傳丨偏九州

虖 漢書揚雄傳超既離丨皇波古乎字補遺首元紀庶幾丨無憂矣

虖 漢書武帝紀嗚丨何施而臻此與讀曰呼食貨志吏急而壹之丨

於虖 漢書孔光傳丨丨讀曰烏呼

烏嘑 漢書五行志
音義同前

惡虖 漢書王貢兩龔鮑傳丨
丨成其名讀曰嗚呼

於戲 史記三王世家漢書司馬遷傳並音烏呼 補
遺師古曰俗之讀者隨字而别之又曲爲解釋
云有吉凶善惡之殊是不通
大指也義例具在詩及尚書

謼 漢書賈誼傳正以丨丨之古呼字 補遺首景武
功臣表下摩羑丨毒尼天文志鬼哭若丨並同

嘑 史記蘇秦傳南有
丨沱易水音呼

於 史記五帝紀夔曰丨音烏漢書景十三
王傳丨邑音烏尚書僉曰丨又夔曰丨

惡 史記外戚世家丨能識乎性命哉音烏漢書郊
祀志丨敢言 補遺史記首禮書無天地丨生

洿 漢書食貨志川原爲黄丨與汙同

酺 史記始皇紀天下大丨歡樂大飲酒也文帝紀丨五日漢紀同音蒲漢律三人已上無故羣飲罰金四兩令詔横賜得令會聚飲食或作餔音義同周禮族師掌春秋祭丨爲人物災害之神

於檡 漢書叙傳楚人謂虎爲丨丨上音烏下音塗或作於菟

粗 史記天官書察其精丨七胡反禮其器高以丨補遺首樂書凝是精丨之體又丨厲

怚 史記王翦傳秦王丨而不信人通作粗

麤 漢書禮樂志丨厲猛奮之音古麄字 補遺 史記樂書其聲丨以厲聶政傳丨糲之費

穌 史記樂書蟄蟲昭丨與蘇同

史 漢書郊祀志鬼丨區𧅫文志鬼容區師古曰丨容聲相近蓋一也 補遺史記武紀封禪書同

悔 漢書人表丨母黃帝妃音謩即嫫母也 補遺別本丨字從巾

苴 漢書郊祀志席用丨稭如淳讀如租師古曰茅藉也字本作葅 補遺史記封禪書作葅音同

補遺

虞 史記武紀不丨不鶩詩作不吴音洪覇反此作丨與吴聲相近或借爲驩娛字封禪書作不吴

汙 史記項羽紀擊秦軍丨水上音于漢傳同

盱 漢書地理志引鄭詩洵丨且樂今詩作洵訏況于反

句 史記文帝紀軍丨注音俱又音鉤漢紀師古音章句之句

句 漢書地理志濟陰郡寃丨牂柯郡丨町並音劬

句 漢書王莽傳丨㲀巨俱反其形歧頭

鉤 漢書昭帝紀丨町戾毋波音劬

懼 史記孟子傳丨然顧化音劬

嶇 史記司馬相如傳移徙陭丨漢傳作崎嶇

符 史記律書甲乙者言萬物剖丨甲而出也音孚

柎 漢書朱買臣傳予山丨音夫儒林傳張山丨音膚

莩 漢書外戚李夫人傳函荾丨以俟風兮音敷荾音綏華甲齊也

毋 史記五帝紀四門辟言丨凶人也又丨相奪倫漢書高帝紀丨侵暴又丨得鹵掠與无同

須 史記呂后紀呂丨漢書高后紀過其姑呂丨音須樊噲傳作須

需 史記齊世家丨事之賊也言須而害事

取 史記灌嬰傳丨慮漢書地理志丨慮丨音趨又音秋慮音盧

娶 史記杞世家題公生謀丨公子史反

鄃 漢書地理志清河郡丨音輸

俞 史記呂后紀呂它為丨侯漢書諸侯王表丨侯音輸又音舒又音歙

朱提 漢書食貨志丨丨銀音銖時地理志犍為郡丨丨

樸劋 漢書地理志武威郡丨丨上音蒲下音環

塗 史記孔子世家男女行者别於丨漢書武帝紀禁兼并之丨司馬相如傳仁義之丨注道也

觚盧 漢書司馬相如傳蓮藕丨丨史傳作菰盧

盧 漢書食貨志令官作酒以二千五百石爲一均率開一丨以賣又司馬相如傳令文君當丨史傳文君當

鑪

怒 史記天官書句始出北斗旁狀如雄雞其丨青黑象伏鱉當音𧖴雌也漢書天文志同

𤬓 史記功臣表丨讘即狐字漢書王子矦表丨節矦息即孤字又音孤又丨讘矦地理志狐讘

皁 史記吴世家會於橐丨橐音柘丨音姑

雩 史記匈奴傳係丨淺火胡反漢傳作虖

吾 漢書揚雄傳蒼丨即蒼梧也

十二齊

亝 史記秦紀丨桓公漢書禮樂志紐丨人情天文志三能色丨君臣和古齊字董仲舒丨之以刑

屖 漢書馮奉世傳器不丨利堅也甘泉賦靈丨遲兮音栖

謕 漢書嚴助傳孤子丨號古啼字

嗁 漢書五行志兒丨腹中亦啼字又豕人立而丨

蹏 漢書貨殖傳陸地牧馬二百丨古蹄字 補遺首武帝紀爲麟趾褭丨

虒 史記武帝紀舍之上林中丨氏觀音啼

厗 漢書地理志漁陽郡丨奚音題或作啼

鷤鴂 漢書揚雄傳徒恐丨丨之將鳴兮音題鴂音決一名子規 補遺案集韻鴂音桂亦作鳺

伭 史記孔子世家余丨丨丁奚反

氐 漢書食貨志封君皆丨首仰給讀作低又萬物卬貴過平其價丨賤減平

犂 漢書匈奴傳單于以留丨橈酒飯匕也

菞 漢書匈奴傳贊丨庶亡干戈之役古黎字

梨 漢書揚雄傳分丨單于與剺同

黎 史記秦紀贊其後分封有終丨氏世本作鍾離氏

蠡 史記匈奴傳左右谷丨王音犁又音離漢書宣紀同

兒 史記萬石傳丨寬音倪漢傳同　補遺首始皇紀贊丨良漢書武帝紀丨寬人表王丨並音倪

徯 漢書貨殖傳繒弋不施丨隧音奚

齎 漢書食貨志行者丨居者送

補遺

驪 史記夏本紀厥土青丨尚書作青黎

磃 漢書郊祀志上林中丨氏館史記封禪書蹏氏觀

羝 史記封禪書黄牛丨羊漢書郊祀志羝羊

蟬 漢書地理志樂浪郡黏丨音提

奚 漢書匈奴傳驒丨史傳驒騱上音顛

犂 史記高后紀丨明齊世家丨明西南夷傳沈丨郡漢書高帝紀遲明注字亦作邌並與黎通

黎 漢書揚雄傳露寒棠丨即與棃同

傒 史記秦紀百里丨晉祁丨即與奚同

翳 漢書司馬相如傳拂丨鳥無音史傳作鷖

十三佳十四皆

垓 史記孝武紀壇三丨音皆重也

褱 漢書地理志丨山襄陵古懷字又左馮翊丨德

褢 漢書外戚許皇后傳丨誠秉忠古懷字

櫰 漢書西域傳罽賓國有櫰丨梓竹音懷

厓 漢書武帝紀珠丨儋耳與崖同

齋 漢書高紀漢王丨戒設壇場田延年傳獨居丨舍讀曰齋詩有丨季女 補遺史記周紀丨栗

薶 漢書賈山傳爲葬丨之修與埋同 補遺首郊祀志瘞丨於大折祭地也

補遺

顩史記河渠書引洛水至商丨下音崖又如字

十五灰十六咍

褢回史記司馬相如傳弭節丨丨漢書揚雄傳徒回回以徨徨

徘徊漢書呂后紀丨丨往來音裴回

裴回漢書禮樂志歌神丨丨若留放

碓史記河渠書蜀守氷鑿離丨晉灼曰古堆字

崔漢書溝洫志李氷鑿離丨古堆字

䨓史記景帝紀後三年十二月晦丨正義音雷字傳寫悮

靁 史記樂書鼓之以丨霆漢書惠帝紀五年冬十月丨與雷同地理志舜漁丨澤詩殷其丨

罍 漢書梁平襄傳孝王有丨尊古雷字史傳作罍樽

栝 史記項羽紀幸分我一丨羹孟子義猶丨棬也 補遺史記首本紀沛公不勝丨杓漢書律歷志安陵丨 育布回反

駘 史記天官書兵相丨藉音臺

跆 漢書天文志兵相丨藉音臺登躡也

隤 漢書太史公傳李陵生降丨其家聲音頹 補遺首人表丨顓項籍傳引騎因四丨山爲圜陳

磑 漢書禮樂志美芳丨丨崇積也五回反

崔巍史記司馬相如傳巃嵸丨丨漢書同又揚雄傳前殿丨丨上才回反下五回反

倍漢書地理志至于丨尾讀曰陪

財漢書文帝紀其罷衞將軍軍太僕見馬遺丨足與纔同　補遺史記文帝紀同

財漢書五行志選期門郎有丨力者與才同

財史記魏其傳輒令丨取爲用蘇林曰令裁度取爲用也酷吏傳上丨察讀如裁漢書成帝紀丨振貸賈誼傳惟陛下丨幸與裁同

財史記呂后紀于嗟不可悔兮寧蚤自丨古裁字漢書太史公傳不能引決自丨

材漢書賈誼傳吳公聞其秀丨與才同　補遺史記秦本紀俱以丨力事殷

裁 漢書高惠高后文功臣表丨什二三與纔同

纔 漢書鼂錯傳遠縣丨至則胡又已去讀曰裁淺也猶言僅至也

倈 漢書武帝紀氏羌丨服古往來字

倈 漢書董仲舒傳綏之斯丨古來字　補遺首功臣表徐方既丨地理志西頃困柏是丨

郲 漢書王尊傳卬丨九折坂音來

釐 漢書劉向傳飴我丨麰力之反又讀與來同

斄 史記酷吏傳趙禹者丨人漢書郊祀志后稷封丨讀曰邰　補遺史記首曹相國世家雍丨

能 史記孝武紀有星茀于三丨漢書郊祀志孛于三丨天文志三丨色亝君臣和音台

菭 漢書外戚班倢伃傳華殿塵兮玉階丨讀曰菭水氣所生

𢦏 史記五帝紀眚丨過赦詩遇丨而懼

甾 史記秦紀丨害絶息補遺別本亦作菑

菑 史記文帝紀丨孰大焉漢書嚴助傳比年凶丨害衆古災字詩無丨無害

蕃 漢書揚雄傳灑沉丨於豁瀆古災字

闓 漢書兒寬傳發祉丨祥與開同

核 漢書五行志孕毓根丨亦荄也草根曰丨

槐 漢書地理志千乘郡琅丨西域傳桃丨國音回

補遺

嵬磈 史記司馬相如傳崫礨丨丨無音漢傳作崴魁崴一回反

敦 漢書叙傳欲從旄丨而度高亭泰山下回反爾雅前高曰旄丘如覆丨者丨丘

頽 漢書韓王信傳丨當城與隤同

轠 漢書揚雄傳丨轤不絕音雷

掊 史記袁盎傳丨生音陪漢書棓生音棓又音陪

蒯 史記周緤傳丨成侯音裴太史公自序蒯又音浮漢書作鄘音陪又普音反楚漢春秋作憑成

負 史記夏紀至于丨尾音陪

咳 史記倉公傳五色診奇丨術奇音羈丨音該

咳 史記扁鵲傳曾不可以告丨嬰之兒

唉 史記項羽紀以王斗獻亞父拔劍撞而破之曰丨烏來反索隱虛其反

材 史記五帝紀養丨以任地大戴禮作養財

裁 漢書王貢兩龔鮑傳嚴君平曰丨閱數人與才同

十七眞十八諄十九臻

愼 漢書地理志汝南丨陽師古曰字本作滇音眞後誤作丨今有眞丘眞陽縣駰云永平五年失印更刻遂誤以水爲心 補遺史記高祖功臣年表丨陽音眞

鈞　史記魯世家年丨擇賢義丨則卜之春秋左氏傳善丨從衆　補遺首周紀惟丨其過漢書于定國傳皆與丨禮

淳　史記曹相國世家日飲丨酒即醇字謂厚酒也

信　史記樂書詘丨俯仰漢書宣帝紀贊丨威北夷讀曰伸春秋左氏傳勿使能殖則善者丨矣

娠　漢書高帝紀已而有丨音身史記作身　補遺史記吳世家后緡方丨

晨　漢書律歷志丨星始見古晨字其上從曰

崏　漢書揚雄傳丨山之陽曰郫與岷同　補遺地理志崏嶓既埶

閿　漢書戾太子傳以湖丨鄉邪里聚爲戾園古閿字武巾反　補遺王莽傳丨鄉讀曰閒

厸 漢書叙傳東丨虐而殲仁兮古鄰字

震 漢書叙傳聞之者嚮丨之人反嚮音響
補遺趙充國傳是討是丨合韻音眞

輪 漢書司馬相如傳紛丨威蕤
亂貌史傳丨作綸威作葳

綸 漢書律歷志黃帝使
泠丨音倫或作伶倫

後 漢書王莽傳丨儉隆約
丨退也字從彳千旬反

遁 漢書項籍傳贊丨巡
而不敢進千旬反

循 漢書萬章傳逡
丨甚懼讀曰巡

遁 漢書雋疏于薛平彭傳贊
平當逡丨有恥讀曰巡

訢 漢書萬石君傳僮僕丨丨如也讀與誾誾同下韻通

溱 史記三王世家西溱月氏音臻漢書王子侯表丨嗣王褒傳萬祥畢丨並讀曰臻

轃 漢書禮樂志四極爰丨與臻同王吉傳福祿其丨

絪 漢書霍光傳馮丨亦茵字

矜 漢書賈誼傳鉏擾棘丨與穫同 補遺 史記始皇紀贊漢書首項籍傳贊並同

袗 漢書律歷志袀服丨丨之人反詩丨丨公子

㜪 漢書古今人表有丨氏與莘同

圜 漢書地理志西河郡丨陰丨陽師古音銀字本作圁今有銀州銀水即是舊名猶存但字變耳

補遺

專 史記賈生傳大丨槃物讀曰鈞漢傳大鈞播物義同

信 史記五帝紀丨飭漢書杜欽傳丨臣子之願讀曰申

申 漢書陳湯傳中寒病兩臂不詘丨即與伸同

信 漢書王莽傳丨鄉矦佟師古曰王子矦表作新鄉古者新丨同音叙傳孰訽無實其孰丨又包漢舉丨謂韓信也並合韻音新

薪 史記匈奴傳丨犂之國漢傳作新犂

瀕 漢書地理志海丨廣潟泗丨浮磬尚書皆作濱

斌 史記儒林傳丨丨多文學之士矣

豳 史記周紀國於丨即邠也古今字異耳漢書郊祀志公劉發跡於丨詩丨七月

汶 史記夏紀丨嶓既蓺一作嶓又作岐西南夷傳丨山郡

文 漢書武帝紀沈黎丨山郡雖無音而注令蜀之嶓山

湣 史記十二諸侯表晉侯丨音旻

醇 漢書食貨志不能具丨駟師古曰不雜也

醕 史記萬石傳丨謹漢書景帝紀贊黎民丨厚賈山傳丨儒張敞傳表賢顯善不丨用誅罰

屯 漢書五行志丨留音純下黨地名

旬 史記酈商傳攻丨關音詢漢中丨陽縣漢傳同地理志丨陽無音

栒 漢書地理志扶風丨邑讀與荀同

恂 史記李將軍傳贊丨丨如鄙人七旬反漢傳贊作恂恂音詢

眴 漢書地理志丨卷音旬日之旬卷音箘簬之箘

二十文二十一欣

煇粥 史記五帝本紀北逐丨丨音薰育

葷 漢書霍去病傳丨允服虔曰薰鬻也師古與熏同 補遺史記五帝本紀丨粥

紛云 漢書禮樂志丨丨六幕浮大海與作貌司馬相如傳威武丨丨盛貌云與紜同

汾沄　漢書揚雄傳丨丨沸渭奮擊皃音紛雲

貟　史記五丨音云漢書禮樂志六合紛丨詩聊樂我丨

芸　漢書王莽傳終年耕丨與耘同　補遺史記孔子世家植其杖而丨漢書首食貨志或丨或芓

鳻　漢書黃霸傳丨雀音芬字本作鳻

棻　漢書揚雄傳歆子丨亦枌字補遺王莽傳丨字或作⿰木焚

縕　漢書召信臣傳⿰熏隹丨火於云反

蟁　漢書中山靖王傳聚丨成靁古蚊字

瘽　漢書文帝紀丨身從事揚雄傳字作廑皆古勤字　補遺史記夏紀其廑至矣

矜 史記主父傳起窮巷奮棘丨音勤

訢 史記周紀丨載武王又無不憙丨古欣字漢書昭帝紀丞相丨王吉傳丨丨焉發憤忘食

訢 漢書石奮傳丨丨古欣字師古曰此讀與誾誾同

忻 史記管晏傳丨慕焉與欣同漢書高惠功臣表四方丨丨補遺首周紀心丨然悅欲踐之

听 史記司馬相如傳丨然而笑牛謹反漢書音齗魚斤反又牛隱反補遺舊在十七眞令移

殷勤 史記司馬相如傳重賜文君侍者通丨丨漢傳同補遺史記首樂書合丨丨漢書首禮樂志

丨丨此路臚所求舊在十七眞令移

補遺

紛史記禮書丨華盛麗商君傳無所芬華漢書貨殖傳奇麗丨華

貟漢書古今人表丨公辛讀曰鄖

勛史記五帝紀放丨又放勳

焄史記王温舒傳以丨大豪音熏

煇史記高后紀去眼丨耳與熏同

沂漢書叙傳漢良受書於邳丨牛斤反水之崖也

齗史記魯世家洙泗之間丨丨如也讀如誾誾漢書地理志同

二十二元二十三寃二十四痕

大宛 史記丨丨傳索隱音苑又於袁反漢書高帝紀城守丨丨於元反 補遺史記首秦紀百里徯亡秦走丨武帝紀西伐丨丨

怨 漢書黥布傳恐仇丨妄誣之於元反 補遺史記始皇紀母家有仇丨皆阬之

幡 漢書張歐傳上具獄事有可卻卻之注退令更平丨之別本或作番

反 史記平準書杜周治之獄少丨者正義音飜漢書雋不疑傳有所平丨言奏使從輕也高五王傳太后恐自起丨卮讀曰飜張安世傳何以知其不丨水漿耶王莽傳舉兵丨城音轓

番 漢書丨式傳隨畜牧丨與蕃同扶元反

蕃 史記晉世家其後必丨昌者音煩漢書外戚傳惜丨華之未央扶元反 補遺史記首秦紀馬大丨息漢

書首文紀以害農者丨禮樂志媪神
丨鼇司馬相如傳彎丨弱並扶元反

蕃 史記太史公自序七國叛逆丨屏京師補遺
首漢興諸侯表丨輔楚世家如丨臣不與亢禮

爰 史記袁盎傳
漢書作丨

援 史記趙世家史丨音袁漢書劉向傳丨近宗室
杜欽傳攀卜音爰春秋左氏傳右丨枹而鼓

轅 漢書地理志商君制
丨田孟康曰丨爰同

緐 漢書律歷志物盛
而丨祉與繁同

讙 史記陳丞相世家諸將盡丨音喧又音歡叔孫通傳
無敢丨譁音喧花漢書霍光傳民間丨言許爰反
補遺史記首樂書鼓鼙之聲丨漢書
首陳平傳盡丨師古曰丨嚾而議也

昆 史記李將軍傳公孫丨邪音蒐漢書鼂錯傳同 補遺漢書首地理志丨邪王

瑻 漢書地理志瑤丨篠簜讀與琨同

昆侖 漢書張騫傳贊河出丨丨與崑崙同 補遺
史記夏紀織皮丨丨漢書律歷志丨丨之陰

惛 漢書王溫舒傳丨丨不辯音昏 補遺
史記酷吏揚僕傳居廷丨丨不辯音昏

踆 漢書貨殖傳下有丨鴟至死不飢大芋也音蹲 補遺史傳同古蹲字

敦 漢書禮樂志車千乘丨昆侖讀曰屯徒門反揚雄傳丨高騎弦中營兮

犇 史記秦紀重耳夷吾出丨漢書昭紀丨命擊益州古奔字 補遺史記首般紀桀丨於鳴條

純 史記蘇秦傳錦繡千丨音屯凡絲錦布帛一段爲一屯集韻引詩白茅丨束

賁史記周紀虎丨趙世家王丨之楚音奔漢書百
宮表虎丨周禮虎丨氏春秋左氏傳鶡之丨丨

渾漢書揚雄傳丨天師古曰天象也胡昆反
補遺史記平準書丨邪王漢功臣表丨邪

補遺

榛漢書閩粤傳丨終古
史記東越傳作轅

原漢書張騫傳贊
窮河丨即源同

蝯漢書景十三王傳丨熊奇獸揚
雄傳丨狖擬而不敢下古猿字

爰史記李將軍傳猿臂漢書李廣傳爲人長丨臂如淳
曰如猿臂通肩也或曰似當爲緩也師古曰王國風
莬丨之詩丨丨緩
意也其義兩通

媛 漢書古今人表龐丨許元反又許遠反

宛 漢書司馬相如傳丨雛孔雀

鵷 史記司馬相如傳丨雛孔鸞又捷鵷雛

寃 漢書揚雄傳颺翠氣之丨延

靬 史記張騫傳黎丨大宛傳黎丨漢書地理志驪丨張掖縣名張騫傳犛丨讀與軒同李奇音劇

幡 史記司馬相如傳翩丨互經漢傳同

煇 史記司馬相如傳熿炳丨湟音蒐熿音晃

昆吾 漢書司馬相如傳琳珉丨丨史傳琳瑉琨珸

緍 ｜漢書周勃傳東
｜音昏魏地

昏 史記禮書大｜之未廢齊也與婚同
漢書王吉傳與崇爲｜注婚姻之家

巛 漢書律歷志｜策王莽傳
乘乾車駕｜馬即古坤字

昷 史記封禪書畤｜有黃
雲蓋焉武帝紀作晏温

汶 史記屈原傳受物之｜
｜音門猶昏暗不明也

尊 史記禮書｜俎又玄｜樂書
陳樽俎漢書禮樂志｜桂酒

敦 史記大宛傳｜煌匈奴傳燉煌漢書地理
志｜煌郡音屯字又作燉張騫傳焞煌

根 史記灌夫傳引繩批｜生平慕之後棄者音痕
漢書作排｜孟康音根師古下恩反共排退之

二十五寒二十六歡

墠
史記孝文紀其廣增諸祀丨場珪幣與壇同

栞
史記夏紀九山丨旅漢書地理志隨山丨木古刊字

蘭
漢書王莽傳奴婢之市與牛馬同丨謂牛馬闌圈

餐
漢書高后紀賜丨錢奉邑師古曰丨飡一字耳千安反

飡
漢書王莽傳設丨粥師古曰古飡字

餐
漢書韓信傳傳丨古飡字史記作飡

奸
史記殷本紀阿衡欲丨湯而無由漢書燕王澤傳以畫丨澤劉向傳丨死亡之誅音干春秋左氏傳祈瞞

丨命

奸 史記匈奴傳聶翁一丨蘭 音干謂犯禁私出物也

褍 史記宋世家公 子丨秦音端

耑 漢書天文志隨北斗丨銳蓺文志感 物造丨古端字周禮己下則摩其丨

槃散 史記平原君傳民家有躄者丨 丨行汲與蹣跚同行不進貌

玩 史記酈生傳項王爲人刻印丨而不能授正義作丨 五官反與刓同漢書作丨攢云項羽忝於爵賞丨惜 侯印不能 以封人

玩巧 史記太史公自序其極則丨丨 上五官反玩謂替也巧濫惡也

番 史記朝鮮傳嘗略屬眞丨音潘遼東有丨汗縣又丨禺漢書地理志丨汗音盤丨禺音潘

驩 史記魯世家言乃丨喜悅也春秋左氏傳願結丨於二三君補遺首般紀天下咸丨漢書高后紀上有丨心呂使百姓又丨欣交通

單 史記春申君傳王之威亦丨矣亦作殫補遺漢書韓信傳糧食丨竭王嘉傳丨貨財以富之

禪 漢書江充傳紗縠丨衣師古音單蓋寬饒傳斷其丨衣令短離地

揣 漢書賈誼傳何足控丨與摶同史傳作摶

般 漢書翼奉傳丨庚還般谷永傳丨樂游田皆讀曰盤孟子丨樂怠敖補遺史記燕世家甘丨漢書首地理志濟南丨陽音盤

謾 史記孝文紀相約而後相丨韋昭曰丨相抾欄說文
云欺也漢書文帝紀莫連反又音慢　補遺史記首
始皇紀丨欺以取容案漢宣紀及
諸傳並莫連反惟薛宣傳莫干反

卞 漢書杜欽傳小丨
之作師古音盤

翰 漢書揚雄傳龍
丨合韻音韓

邯 漢書地理志丨鄲
又丨會皆音寒

汗 漢書地理志遼
東番丨音盤寒

汗 漢書地理志豫
章餘丨音干

虷 漢書鮑宣傳白
虹丨日音干

扶 漢書天文志晷奢爲丨鄭氏曰當爲蟠字齊魯之閒聲如酺丨酺聲近蟠止不行也

姍 漢書司馬相如傳媻丨先安反　補遺史傳同

補遺

斡 史紀孝武紀井丨樓度五十餘丈一本作榦音漢書郊祀志井丨樓字或作翰義並同音韓

闌 史記魏世家有河山以丨之

讙 史記五帝紀驩兜又作丨漢書刑法志放丨兜尚書驩兜

番 史記吳世家伐楚取丨音潘漢書武帝紀眞丨食貨志丨係欲省厎柱之漕普安反

番 史記趙世家丨吾君音盤常山縣名漢書地理志張掖郡丨和音同

潘 史記太史公自序以集眞丨莫寒反

鄱 史記六國表秦拔我狼孟丨音婆又音盤

貫 漢書谷永傳以次丨行師古曰聯續也謂上所陳衆條事宜次第相續行之工端反

刓 漢書韓信傳刻印丨忍不能予與摶同又音專

⿰角耑 史記司馬相如傳麒麟角丨漢傳作端

欒 史記封禪書丨車一駟即與鑾同

二十七刪二十八山

還 漢書食貨志丨廬樹桑繞也讀作環

般 史記司馬相如傳丨丨之獸古班字漢傳同五行志蔡公子丨補遺漢書古今人表公輸丨東方朔傳魯丨皆與班同

般 史記賈生傳丨紛紛其離此尤兮音班漢傳師古曰字從丹青之丹漢書禮樂志丨裔裔趙充國傳明主丨師罷兵揚雄傳丨倕棄其剞劂並讀與班同

辨 漢書王莽傳丨杜諸侯讀作班布也

鍰 漢書五行志宮門銅丨讀作環

囍 史記周紀懿王丨楚世家子熊丨立古艱字漢書異姓諸侯王表用力如此其丨難也

閒 史記魏其傳屏丨處音閑漢書劉向傳頗賜清燕之丨讀曰閑

矜 史記五帝紀有丨在民間曰虞舜古頑反詩至于丨寡

嫺 史記屈原傳明於治亂丨於辭令音閑

簡 史記淮南王傳中尉丨忌音姦嚴助傳閒忌音同詩方秉丨兮古頑反蘭草也 補遺漢傳同

𡴈 漢書司馬相如傳仰丨橑而捫天古攀字橑椽也音老

𠬤 漢書揚雄傳纍既丨夫傅說兮晉灼曰丨慕也古攀字

補遺

貫 史記陳涉世家贊士不敢丨弓而報怨烏還反又如字伍子胥傳丨弓執矢嚮使者音彎又古患反楚世家彎弓屬矢

𤰞 漢書地理志丨水音班越巂縣名

𠟎 漢書地理志武威郡樸丨音環

郇 史記晉世家盟於丨音荀又音環

菅 漢書地理志引鄭詩士與女方秉丨兮今詩作蕑

患 漢書揚雄傳亦無所丨合韻胡間反

綸 漢書古今人表鄭成公丨工頑反左氏傳作睔工煩反

豻 史記司馬相如傳蟃蜒貙丨音顔音岸協韻芳姦反

豳史記司馬相如傳被丨文
漢傳玢丨文磷即班字

斒史記司馬相如傳璸丨又
鱗丨亦班字玢璸並音彬

班馬字類第一

班馬字類

第二卷下平聲

宋板影寫

第貳册

班馬字類第二

下平聲 補遺附

一先二僊

仟 史記陳涉世家丨伯音千伯音陌漢書食貨志丨伯之閒成羣

掔 史記鄭世家肉袒丨羊與牽同

擥 漢書揚雄傳丨象犀古牽字

縣 史記殷紀丨肉爲林高祖紀丨隣千里漢書高紀同師古曰此本古之縣字後人轉用爲州縣字乃更加心以别之非當借音元帝紀丨蠻夷邸門古懸字禮樂志高張四丨西域傳丨繩而度詩有丨貆兮春秋

左氏傳室如丨罄

泉 史記天官書下有積錢徐廣曰古作丨字補遺漢書天文志下有積丨金寶

璇 史記天官書丨璣玉衡與璿同或作琁

還 史記天官書殃丨至漢書律歷志周丨五行之道鼂錯傳死不丨踵音旋詩勞丨率也

銷 史記楚世家遇其故丨人古玄反韋昭曰今之中涓漢書項籍傳梅丨火玄反

摶 史記秦始皇紀丨心揖志音專補遺田世家馮因丨三國之兵音專索隱音團謂握領也别本或書作搏

顓 史記陳涉世家客愚無知丨妄言漢書高后紀禄産丨兵秉政與專同

剸 史記樊酈傳用事丨權音專漢書蕭何傳丨屬任叔孫通傳丨言故羣盜壯士進之與專同又音之兖反

閼 史記建元年表丨氏於連反氏音支單于嫡妻號　補遺漢書宣紀單于丨氏

焉 史記匈奴傳丨支山音烟

箯 史記張耳傳問之丨輿前漢書同音鞭　補遺又音編編竹木如令峻可以糞除

滇 史記西南夷傳君長丨最大音顛司馬相如傳文成丨歌索隱曰益州顛縣人能作西南夷歌顛即丨字

音同漢書相如傳作顛歌

僊 漢書郊祀志求丨人羨門之術師古曰以丨字爲仙

姍 漢書司馬相如傳便丨嫳屑音先史記作媥姺徶循李夫人傳偏何丨丨其來遲音仙

䙴 漢書郊祀志欲丨夏社古遷字

𦥯 漢書地理志丨亦古遷字

𦥯 漢書律歷志周人丨其行序古遷字

窴 史記河渠書負薪丨決河大千反與填同漢書溝洫志同

填 漢書貢禹傳好女數千人以丨後宮與窴同

闐 漢書西域傳于丨與寘同 補遺史記匈奴傳丨顏山漢書首武紀丨顏音填

零 漢書趙充國傳先丨音憐

弦 漢書禮樂志鍾石筦丨與絃同 補遺史記始皇紀樂人丨歌之樂書舜作五丨琴

撣 漢書宣帝紀匈奴曰逐王先賢丨音纏束之纏

纏 漢書人表安陵丨即纏字　補遺

史記扁鵲傳動胃丨緣直延反

壥 漢書揚雄傳有田一丨與廛同

戴 漢書五行志成帝河平元年有丨焚其巢音緣梅福傳丨鵲

難 漢書五行志見巢丨盡墮地古然字

卷 漢書賈捐之傳昧死竭丨

丨音拳詩碩人美且丨

惓 漢書劉向傳丨丨之義與拳同

拳 漢書貢禹傳臣禹不勝丨丨與惓卷同　補遺首太史公傳丨丨之忠

攣 漢書外戚李夫人傳上所以丨丨顧念我者立全反又音戀

拳 漢書李陵傳張空丨與桊同去權反又音眷　補遺史記孫臏傳解雜亂紛糾者不控捲索隱曰當善以手解之不可控捲而擊之捲即丨也桊資治通鑑不控丨與桊同或爲拳手之拳非

荃 漢書景十三王傳遺建丨葛注細布也千全反

旃 漢書王吉傳細丨之上與氊同　補遺史記天官書丨裘引弓之民蘇秦傳丨裘狗馬之地漢書首蘇武傳齧雪與丨毛

亶 漢書叙傳屯丨與蹇連兮竹連反

諐 漢書劉輔傳元首無失道之丨與愆同　補遺首五行志辟丨公行茲謂不伸

騫 漢書楊僕傳斬將丨旗與搴同王莽傳丨衣

堧 漢書申屠嘉傳上皇廟丨垣如椽反晁錯傳人緣反 補遺史傳同漢書首地理志河丨棄地

謾 漢書文帝紀民或相丨李布傳面丨音慢又莫連反集韻曰欺也或作[言帛]

嬗 漢書賈誼傳變化而丨服虔音如蟬謂變脫也蘇林曰相傳與也師古曰此即禪代字合韻故音嬋蘇説是補遺史傳同

補遺

仟 漢書食貨志有丨伯之得謂千錢也

西 漢書禮樂志象載瑜白集丨合韻音先

蹎 漢書貢禹傳｜什與顛同

滇 漢書禮樂志泛泛｜｜從高斿徒千反如振旅闐闐

窴 史記大宛傳于｜與闐同又音殿

闐 史記汲鄭傳翟公爲廷尉賓客｜門

令 史記平準書築｜居音零又音連

羸𨻳 漢書地理志交趾郡｜｜音連簍來口反

單 史記建元以來年表服｜千漢書文帝紀｜于揚雄傳登降峛葹｜蟺垣兮音蟬

羨 史記始皇紀畢已藏閉中｜下外門盡閉衛世家共伯入釐侯｜自殺音延又以戰反墓道也

關 史記秦紀攻趙丨與音焉與音預在上黨

烏 史記酈商傳破雍將軍丨氏於然反氏音支

便 史記惠景文侯者年表丨侯音鞭

邊 漢書古今人表輪丨即輪扁音翩

便 史記五帝紀丨章百姓索隱曰古文尚書作平古平亦作丨同音婢緣反

緣 史記司馬相如傳被山丨谷匈奴傳丨邊亦各堅守漢書食貨志丨邊四夷今作㳂

旋 史記律書丨璣玉衡漢書律歷志佐佑丨機斟酌建指以齊七政

專 史記吳世家丨諸刺客傳注亦作剸春秋左氏傳鱄設諸漢書賈誼傳剸諸三字通

湍 漢書地理志析注丨水音專

燃 漢書賈誼傳火未及丨

允 漢書地理志金城郡丨吾音鈆牙又丨街音鈆

均 史記夏紀丨江海讀曰沿

身毒 史記西南夷傳丨丨國一本作乾丨即天竺浮圖胡也索隱音捐篤又音乾漢書張騫傳丨丨音同西域傳捐丨

嬛 漢書司馬相如傳柔橈丨丨於圓反史記作嬛嬛音娟

圜 史記天官書句丨十五星漢書律歷志制器規丨矩方食貨志九府丨法梅福傳從諫如轉丨

貟 史記禮書規矩者方丨之至也

卷 漢書揚雄傳岴連丨音拳

卷 史記蘇秦傳取淇丨丘權反漢書周勃傳其先丨人古今人表劉文公丨其專反

狋 漢書地理志代郡丨氏音權氏音精

三蕭四宵

琱 漢書郊祀志張敞美陽鼎刻書曰黼黻丨戈與淍同王吉傳丨瑑酷吏傳斲丨爲樸與彫同

跳 史記荆王世家丨驅音條

庣 漢書律歷志旁丨焉不滿之處吐彫反

脩 漢書外戚恩澤矦表丨矦犯色音條 補遺首高惠高后文功臣表丨矦亞夫地理志丨帝並音條周勃傳條矦師古曰地理志作蓨其音同

瞭 史記建元年表丨陽音遼

轑 漢書田廣明傳丨陽音遼左氏傳圍伯嬴於丨陽 補遺首昭帝紀丨陽矦音料郊祀志音遼

漻 漢書禮樂志寂丨上天知厥時來朝反 補遺史記司馬相如傳寂丨無聲

嵺 漢書司馬相如傳上丨廓而無天音遼史記作寥

料 漢書賈誼傳臣竊丨匈奴司馬遷傳竊不自丨其卑賤音聊馮奉世傳不丨敵量也 補遺史記項羽紀丨大王士卒足以當項王乎魏世家竊丨之

俚 漢書季布賛其畫無丨之至耳晉灼曰揚雄方言丨聊也説文曰賴也此爲其計畫無所聊賴

徼 史記仲尼弟子傳以丨其志結堯反謂激射其志

徼 漢書伍被傳可以丨幸邪與僥同 補遺

徼 史記趙世家必有謀陰賊起一出身丨幸

徼 漢書匈奴傳韓安國將三十萬衆丨於便墜工堯反 補遺首游俠傳建遣兵道丨取涉車上

獟 史記衛將軍傳誅丨駻去喬反 補遺 漢書衛青傳同字或作趬又丘召反

要 漢書髙帝紀諸侯至而定丨東耳

𧟰 漢書地理志北地郡大丨即古要字一遥反

要 史記建元年表丨斬音䈻孔子世家丨經漢書陳平傳丨下當有寳器金玉賈誼傳一脛之大幾如丨讀

作腰

要
史記孝文紀皇太后固要帝晉世家子犯以爲已功而丨市於君讀作邀詩作新臺于河上而丨之補遺首秦紀數使人閒丨由余項羽紀張良出丨項伯漢書文帝紀固丨上

訞
漢書文帝紀有丨言之罪與妖同補遺史記始皇紀或爲丨言

祅
漢書律歷志作丨言欲亂制度讀作妖補遺史記樂書疢疢不作而無丨祥

陶
史記夏紀臯丨作士音遥尚書同詩子丨丨和樂貌補遺漢書禮樂志非臯丨之法也

遙
漢書郊祀志谷永疏丨興輕舉古遥字

隃
漢書黥布傳帝丨謂布何苦而反讀曰遥趙充國傳百聞不如一見兵難丨度

踰 漢書陳湯傳丨集都賴讀曰遥

搖 漢書天文志星丨者民勞也與揺同 補遺首本志丙爲矛招丨附耳丨動

䍃 漢書天文志丨俗車服與謡同五行志童丨

繇 史記夏紀草丨木條音遥茂也

繇 漢書李尋傳人民丨俗與謡同

繇 史記項羽紀每吳中有大丨役音遥始皇紀黎庶無丨漢書高帝紀常丨咸陽霍去病傳丨役以寬天下讀曰傜古通用

搖 漢書司馬相如傳消丨乎襄羊讀曰逍遥史傳作招揺無音

咎繇 漢書武帝紀丨丨對禹晁錯傳大禹得丨丨而爲三王祖與臯陶同

熛 史記司馬相如傳霝動丨至必遥反漢書作猋　補遺首禮書卒如丨風

票 漢書禮樂志丨然逝旗逶蛇匹遥反

飄 漢書蒯通傳丨至風起讀曰猋必遥反

縹 漢書賈誼傳丨丨匹遥反揚雄傳丨丨有陵雲之志匹昭反司馬相如傳丨丨

翲 史記太史公自序閒不容丨忽匹遥反

招 漢書禮樂志陳舜之後丨樂存焉讀曰韶孟子蓋祉丨角丨是也　補遺史記五帝紀禹乃興九丨之樂音韶

昭 史記太史公自序忘其丨穆 補遺漢書王莽傳丨穆

招 漢書禮樂志雲丨項籍傳贊丨八州而朝同列音翹

轎 漢書嚴助傳輿丨而隃領音橋

矯 漢書蕭望之傳張子丨待詔巨遥反字或作僑 補遺史記孔子弟子傳江東人丨子庸疵音橋

銷 史記太史公自序其埶丨弱

肖 史記太史公自序申呂丨矣音痟猶衰微

捎 漢書天文志見丨雲精白音霄又音髾

鼂 史記秦紀庶長丨音潮景帝紀天子爲誅丨錯 補遺漢書景帝紀語在丨錯傳

晁 漢書景帝紀斬御史大夫丨錯古朝字

朝 史記儒林傳使掌故丨錯往受之漢書爰盎傳師古曰鼂古朝字其下作丨蓋通用 補遺漢書首吳王濞傳丨錯爲太子家令

鼂 漢書嚴助傳丨不及夕古朝夕之朝補遺首司馬相如傳丨采琬琰

焦 漢書敘傳夕而丨瘁在消反

嶠 漢書揚雄傳丨高舉而大輿去昭反

銚 漢書禮樂志丨四會員十二人韋昭曰丨國名音姚

樵 漢書趙充國傳爲壍壘木丨師古曰丨與譙同謂爲高樓以望敵

補遺

箾 史記吳世家舞象丨又招丨索隱曰韶箾二字體變

萷 漢書司馬相如傳紛溶丨蔘音蕭史傳紛容蕭蔘

雕 史記李將軍傳必是射丨者也漢傳射鵰字通

鼦 史記貨殖傳狐丨裘千皮

廖 漢書古今人表辛丨音聊司馬相如傳丨廓

獠 史記司馬相如傳丨於蕙圃音遼爾雅云宵獵曰丨漢傳同師古曰力笑反

潦 史記功臣表丨陽音遼

鄡 漢書地理志鉅鹿郡丨若幺反又差梟反

梟 史記留侯世家黥布楚丨將漢書高帝紀北貉燕人來致丨騎丨勇也如六博之丨

逃 史記項羽紀進兵圍成皐漢王丨徒凋反漢書作跳

焦 漢書司馬相如傳丨明史傳同後字作鷦

湫 史記伍子胥傳敗越於夫丨音椒漢書古今人表楚丨舉即椒舉

焱 漢書古今人表衛殤公丨春秋作剽

杓 史記天官書丨攜龍角斗柄也匹遥反漢書律歷志玉衡丨連天之綱也

漂 史記賈生傳鳳丨丨其高遰兮韓安國傳衝風之末力不能丨鴻毛漢書景十三王傳衆煦丨山楊惲傳

丨然皆有節槩

晁 史記楚元王世家坐丨錯以適

繇 史記蘇秦傳二日而莫不盡丨音搖動也漢書揚雄傳招丨泰壹閩越傳丨君丑

繇 史記孔子弟子傳顏無丨音遥

繇 漢書古今人表咎丨與陶同

姚 漢書外戚李夫人傳縹飄丨虖愈莊言顏色的然盛美雖在風中縹丨愈益端嚴縹匹妙反

劭 漢書成帝紀丨農音翹又時召反

鄗 史記建元王子侯表丨漢表作歊許昭反

橋 史記魯世家長狄丨如即春秋左氏傳僑如

僑 漢書王襃傳呴噓呼吸如丨松

五爻

鄛 史記項羽紀居丨人范增讀作巢漢書同

胞 漢書趙后傳善臧我兒丨師古音苞謂胎之衣

胞 漢書百官表丨人長丞與庖同東方朔傳館陶公主丨人臣偃

包 漢書郊祀志贊丨羲氏讀曰庖

炮 漢書律歷志丨犧神農與庖同

磽 漢書景帝紀丨陿師古曰謂丨埆與墝同孟子地有肥丨

窅 漢書禮樂志丨窊桂華一交反言桂華之形丨窊然

謿 漢書揚雄傳解丨與嘲同

啁 漢書東方朔傳詼丨而已與謿同竹交反

梢 漢書揚雄傳被雲丨師古曰與旓同謂旌旗之流以雲爲旓也

補遺

殽 史記秦紀汝軍即敗必於丨阨矣 漢書張良傳西有丨黽即與崤同

交 漢書高帝紀見丨龍於上鄒陽傳丨龍襄首奮翼則浮雲出流史記高祖紀見蛟龍於上

交 漢書司馬相如傳丨精旋目史傳鵁鶄鸀目

脬 史記倉公傳風癉客丨普交反字或作胞

抱 史記三代世表丨之山中普交反又如字

謼服 漢書田蚡傳丨丨謝罪晉灼曰下音呴小兒嗁爲呼呴師古曰若謂嗁爲丨丨則音火交反平卓反史記武安傳專呼服謝罪音義曰號呼謝服罪也

呼謈 漢書東方朔傳郭舍人不勝痛丨丨音髐呴師古曰與田蚡傳呼服音義同一曰痛甚則稱阿謈音步高反

六豪

史記項羽紀沛公入關秋丨不敢有所犯近越世家如目見丨毛而不見其睫漢書高帝紀吾入關秋丨無所取律歷志度長短者不失丨釐並與毫同

撓 漢書息夫躬傳丨亂國家匈奴傳易丨亂呼高反鼂錯傳丨亂師古曰攪也火高反其字從手一橈曲也弱也女教反其字從木

咎 史記晉世家狄伐丨如漢書百官公卿表丨繇作士音臯繇弋昭反

敖 史記律書游丨嬉戲讀如遨詩以丨以遊補遺漢書食貨志邑無丨民謂逸游也

獒 史記晉世家先縱齧狗名丨犬四尺曰丨

𢾕 史記樊酈傳至丨倉匈奴傳因杅將軍丨

敫 漢書霍光傳常與居禁闥内丨戲讀曰遨

嚻 漢書宣紀立皇子丨爲定陶王音敫 補遺史記五帝紀玄丨又玄囂漢書五行志莫丨必敗 王莽傳贊四海之内丨然

囂 漢書董仲舒傳丨丨若不足讀與嗸同丨丨衆怨愁聲

嗸 漢書食貨志天下丨丨師古曰衆口愁聲音敖

嗸 漢書劉向傳讒口丨丨衆聲音敖詩哀鳴丨丨 補遺史記始皇紀贊天下之丨丨

秏 漢書高惠高后文功臣表靡有子遺丨矣俗謂無爲丨音毛

弢 漢書藝文志六丨六篇與韜同 補遺史記樂書車甲丨而藏之府庫音韜

𣘻 漢書溝洫志漕船五百丨船爲一丨字從木先勞反

蒲陶 史記司馬相如傳櫻桃丨丨丨丨可作酒漢傳同漢書西域傳大宛以丨丨爲酒與桃同

鞀 漢書揚雄傳鳴丨磬之和古鼗字

跳 史記高祖紀項羽圍成皐漢王丨音逃漢紀如淳音同師古音徒彫反

蝚 漢書司馬相如傳玃丨師古曰猱乃高反

轑 漢書楚元王傳丨釜音勞橈也

補遺

豪 史記太史公自序穆公思義悼丨之旅索隱曰丨即崤之異音

髦 史記西南夷傳丨牛漢傳旄牛

隞 史記殷紀仲丁遷于丨字亦作囂並音敖尚書作嚻

嘷 史記司馬相如傳左烏丨之鵰弓即與號同

醩 漢書食貨志丨截灰炭即糟字截酢漿才代反

潦 史記司馬相如傳酆鄗丨潏即澇也漢傳音牢

旄 史記夏本紀羽丨齒革漢書地理志同尚書羽毛

嶩 漢書地理志引詩遭我虖丨之閒兮或作猛巎皆乃高反

七歌八戈

何
漢書賈誼傳在大譴大丨之域讀曰訶
補遺史記秦紀贊陳利兵而誰丨與呵同

呵
漢書食貨志縱而弗丨責怒也
薛宣傳譴丨及細微與訶同

荷
漢書酈食其傳
好丨禮與苛同

茄
漢書揚雄傳衿芰丨之緑衣
亦荷字見張揖古今字譜

他
史記吕后紀吕丨徒何
反晉世家賈丨音陀

佗
史記河渠書丨
小渠與他同

佗
漢書趙充國傳以一馬自丨負
畜産載負者皆爲丨徒何反

它
史記曹相國世家作項他徒何反漢書
高帝紀項丨又尉丨古佗字或作他

它 漢書匈奴傳康居亦遣貴人橐丨驢馬數千匹 補遺首揚雄傳歐橐丨

池 史記仲尼弟子傳俾滂丨矣漢書地理志虖丨 並徒何反 補遺漢書首平紀罷安定呼丨苑

陂陁 史記司馬相如傳罷池丨丨罷音皮 陂音波漢書丨丨上普河反下音駞

芯 漢書地理志清河郡丨題古莎字

蛾 漢書外戚班倢伃傳丨而大幸無幾之頃也與俄同

⿱我虫 漢書揚雄傳何必颺纍之丨眉

絫 漢書律歷志權輕重者不失黍丨孟康來戈反

繁 史記張蒼傳丨君音婆漢書陳湯傳丨延壽蒲何反

緐 漢書蕭望之傳丨延壽音婆集韻云姓也 補遺舊在前注今表出

番 史記項羽紀丨君音婆漢書高帝紀同陳勝傳一丨盜英布相遇丨後改作鄱

龢 漢書叙傳吹中丨爲庶幾兮古和字吹古聿字

俄 漢書揚雄傳鴻生鉅儒丨軒冕雜衣裳丨丨陳舉之貌

譌 史書封禪書皆丨曰始皇上太山爲暴風所擊漢書江充傳苟爲姦丨古訛字 補遺史記首五帝紀便程南丨音訛

僞 漢書王莽傳每縣則薅以勸南丨讀曰訛

劘 漢書賈山傳贊自下丨上厲也音摩

曆 漢書叙傳幺丨尚不及數子與麼同

酇 漢書地理志沛郡丨應劭音嵯師古曰此縣本為酇應音是中古以來借丨為之讀皆為酇而王莽呼為贊治則此縣亦有贊音耳 補遺史記蕭相國世家丨侯無音漢書首高帝紀丨矦

獻 漢書王莽傳立斗丨師古音犧謂斗魁及杓末如勺之形 補遺案廣集韻桑何反

補遺

荷 史記夏本紀道丨澤音歌字亦作菏

呵 史記衛綰傳景帝五歲餘不譙丨綰音誰何

苛 漢書王莽傳掖門僕射丨問不遜又大司空士夜過奉常亭亭長丨之雖無音即與呵同

差 史記屈原傳唐勒景丨漢書人表景瑳子何反索隱讀如字

褢 漢書五行志不丨城師古初爲反一讀曰蘘謂以草覆城也先和反

鄲 漢書高惠功臣表丨音多沛郡縣名

拕 漢書嚴助傳丨舟以入水音它

阤 史記司馬相如傳登陂丨之長阪徒何反

佗 漢書常惠傳驢贏橐丨

他 史記匈奴傳橐丨一四

鼉 史記太史公自序黿丨與𪓰音鼉

娥 漢書外戚李夫人傳連流視而丨揚師古曰揚其丨眉

郙 史記匈奴傳朝丨亦那字

渦 漢書地理志陳留注丨渠音戈

痤 史記商君傳事魏相公叔丨在戈反漢書人表任丨范丨並才戈反

陂 漢書馮奉世傳降同阪注平丨也普何反

摩 史記平準書盜丨錢裏取鋊後作磨趙世家丨笄自殺漢書食貨志盜丨錢質董仲舒傳漸民以仁丨民以誼嚴安傳鍛甲丨劒

驘 漢書司馬相如傳驢丨與騾同

臝 史記霍去病傳單于遂乘六丨壯騎可數百宜冒漢圍西北馳去漢書同並無音字本作驘

蠃 史記貨殖傳果隋丨蛤與螺同

番 史記秦紀謀黃髮丨丨則無所過音波尚書丨丨良士

九麻

硰 史記絳侯世家擊韓王信軍於丨石音沙補遺漢傳同又赤坐反

苴 史記張儀傳丨蜀相攻擊徐廣曰益州天丨讀爲苞藜之苞 補遺索隱曰音巴謂巴蜀按巴丨草名或巴人巴郡因苴丨得名所以遂以丨爲巴譙周蜀人也知無丨之音讀爲苞䓭之苞

假 漢書禮樂志沈沇四塞丨狄合處即遐字

赮 漢書天文志雷電丨垂廣韻音霞日朝赤色

瑕 漢書揚雄傳噏清雲之流丨日旁赤氣

余 史記匈奴傳丨吾水以奢反衛將軍傳音徐正義音餘 補遺漢書武紀馬生丨吾水中無音

荼 漢書江都易王傳使男子丨恬上書食邪反今人姓作余

婼 漢書趙充國傳將丨月氏兵音兒遮反

芭 漢書揚雄傳侯丨音葩

烏秅 漢書西域傳丨丨國上一加反下直加反

把 漢書貢禹傳捽屮丨土蒲巴反捽才兀反手掊之也

掊蒲交反

茬 漢書貨殖傳山不丨蘖古槎字

窊 漢書禮樂志窅丨桂華一爪反

鼃 漢書東方朔傳水多丨魚即蛙字

邪 史記天官書如星非星如雲非雲曰歸丨音蛇漢書天文志同

邪 史記司馬相如傳丨與肅慎爲鄰丨謂東北接之漢書讀作斜

邪 漢書揚雄傳鏌丨 補遺 史記賈誼傳莫丨爲頓兮

補遺

靡 漢書地理志收丨音麻益州縣名即升麻所出

吾 漢書地理志允｜音鈆牙金郡縣名

斜 史記河渠書褒｜音邪漢書溝洫志同

塗 漢書東方朔傳令壺齟老柏｜直加反齟音樝又側加狀加反

涂 史記匈奴傳涿｜山音邪漢書作邪

蝦 史記天官書雷電｜虹

亞 漢書東方朔傳伊優｜烏加反

荼 漢書地理志楚國｜陸弋奢反又文加反

邪 史記驃騎傳渾｜匈奴傳渾耶漢書地理志昆｜王

祖厲 漢書武帝紀西臨丨丨河而還上音嗟下音賴

夸 史記始皇紀丨主以爲名劉敬傳矜丨漢書刑法志用相丨視

華 漢書地理志丨騶緑耳之乘即與驊同

十陽十一唐

昜 漢書地理志曲丨又歷陵注傳丨山並古陽字

颺 漢書揚雄傳何必丨纍之蛾眉古揚字叙傳丨聲又風丨電激

詳 史記秦紀乃使魏雝餘丨反項羽紀見使者丨驚愕呂后紀丨醉去並音羊詐也 補遺首殷紀箕子權乃丨狂爲奴

洋 漢書禮樂志福滂丨音羊又音祥滂普郎反地理志河水丨丨音羊

洸洋 史記莊子傳其言丨丨自恣正義音汪翔上又音晃

詳 漢書禮樂志抑不丨注違道不詳者黜之

舫 史記張儀傳丨船載卒者音方謂泣船酈生傳方船而下

鴹 漢書禮樂志丨吉時郊祀志聲氣遠條鳳鳥丨古翔字

翔 漢書西域傳土地山川王侯户數道理遠近丨實矣讀作詳

襄 史記高祖紀丨侯王陵丨當作穰而無禾字省耳今邵公或作召此類多矣

襄 漢書鄒陽傳交龍丨首奮翼讀作驤

鬺 史記武帝紀禹鑄九鼎皆嘗丨烹音觴 補遺漢書郊祀志同

防 史記武帝紀有芝生殿丨内中 補遺漢書溝洫志宣丨與房同

畺 漢書王子侯表丨土過制與壃同郊祀志諸侯祭其丨内

彊 漢書司馬相如傳封丨畫界讀作疆史傳作疆

壃 史記晉世家惜也出丨乃免與疆同

㓻 史記樂書而民丨毅

亢 史記項羽紀引兵攻丨父音剛 補遺漢書高帝紀還軍丨父鄭氏音抗地理志沛郡龍丨

阬 漢書揚雄傳陳衆車於東丨讀作岡又跐巒丨

咢 史記吳世家吳欲因楚丨而伐之與喪同

廧 史記趙世家翟伐丨咎如春秋左氏傳同漢書鄒陽傳牽帷丨之制讀作牆

創 史記齊世家示之丨乃信之漢書灌夫傳丨少瘳讀作瘡補遺史記首項羽紀身亦被十數丨漢書首高帝紀漢王病丨卧

芒 史記魏世家丈人丨然司馬相如傳丨然而思讀作茫漢書傳同孟子丨丨然歸讀作忙 補遺漢書禮樂志丨丨極 莫郎反

鄉 史記滑稽傳微闇丨澤

逿 史記倉公傳重陽者丨心主音唐猶盪也

昌 漢書揚雄傳趙充國贊先零丨狂讀作猖

闛 漢書司馬相如傳鏗鎗丨鞈訖郎反鼓聲也 補遺史傳作鐺磬

慶 漢書揚雄傳丨天顡而喪榮讀與羌同叙傳丨未得其云已

臧 史記賈生傳遠濁世以自丨音藏漢書高后紀丨于高廟禮樂志丨於理官師古曰懷藏字本皆作丨漢書例以爲丨 補遺史記首始皇紀奇器珍怪徒丨滿之

臧 漢書景帝紀若買故賤賣故貴坐丨爲盜讀作贓 補遺史記酷吏傳家盡沒入償丨

皇 漢書律歷志秦兼天下未丨暇也讀同遑

仿偟 史記楚世家靈王於是獨丨丨山中音旁皇漢書司馬相如傳丨丨乎海外

房皇 史記禮書丨丨周浹曲直得其次序上音旁丨丨猶迴轉也

杭 史記司馬相如傳丨絶浮渚而涉流沙丨船也漢傳同讀作航

亢 漢書張耳傳貫高絶丨而死頸也下郎反又工郎反婁敬傳搤其丨拊其背

䀪 漢書揚雄傳魚頡而鳥丨胡剛反

羹 史記楚世家陳蔡不丨音郎春秋左氏傳不丨漢書地理志定陵注不丨音郎

郎 漢書東方朔傳陛下累丨臺恐其不高丨堂下周屋今作廊董仲舒傳巖丨

浪 漢書地理志樂丨師古音洛狼又滄丨孟子滄丨之水清兮補遺史記夏紀蒼丨之水

粮 史記司馬穰苴傳取將軍之資糧享士卒又身與士卒平分丨食

卬 漢書李尋傳作態低丨音昂補遺首食貨志氐丨

湼 漢書禮樂志丨然歸烏黄反

橫 漢書戾太子傳焚蘇文於丨橋上音光即丨門渭橋也補遺史記外戚世家出丨城門音光漢書首成紀走入丨城門

壯 漢書古今人表衛柳丨讀曰莊

補遺

陽 漢書古今人表樂丨即樂羊

陽 史記韓非傳丨收其聲而實踈之漢書高帝紀丨尊懷王爲義帝田儋傳丨爲縛其奴韓信傳丨應曰諾

又丨不勝

揚 史記樂書樂者非謂黃鍾大呂干丨也與鍚同

錫 漢書地理志漢中郡丨音陽即春秋所謂丨穴

房 史記殷紀女鳩女丨尚書作女方

防 漢書高惠功臣表汁丨侯音什方史記高祖功臣表汁邡

方 史記高祖紀攻胡陵丨與音房預漢紀同

防 漢書武帝紀濟川王明廢遷丨陵今之房州

詳 漢書百官公卿表部刺史掌奉詔條察州師古曰漢官典職儀云刺史以六條問事云云山崩石裂祅丨

言訛

祥 史記太史公自序陰陽之術大丨
漢傳作詳索隱曰案史記多假借

檣 漢書元帝紀賜單于待詔掖
庭王丨爲閼氏匈奴傳王牆

醻 漢書外戚班倢伃
傳酌羽丨兮銷憂

創 漢書叙傳禮義是
丨合韻初良反

闥 漢書揚雄傳西馳丨闥
讀與闥同又吐郎反

章 史記衛世家以丨有德漢書武帝
紀何施而可以丨先帝之洪業

鄣 漢書地理志丹
陽郡故丨音章

恒　史記夏紀常衛既從又常山尚書皆作丨田敬仲世家以爲非丨人漢書高后紀丨山王今常山避文帝諱改爲常

湯　史記五帝紀丨丨洪水滔天吐郎反尚書丨丨

暘　史記始皇紀蒙驁攻魏丨有詭音場索隱音暢

梁　漢書天文志天駟旁一星曰王丨梁孝王傳丨山史記天官書曰王良孝王傳良山二字通用

㓮　漢書高惠功臣表復陽丨矦陳胥

匡　史記天官書丨衛十二星又斗魁戴丨漢書天文志並作筐

匡　史記淮南王安傳王氣怨結而不揚涕蒲丨而橫流郎與眶同

軮 漢書揚雄傳忽丨軋而亡垠烏郎反遠相映也

唐 史記始皇紀至錢丨臨浙江漢書地理志錢丨揚雄傳蹂蕙圃踐蘭丨謂陂丨之上多生蘭也

踼 漢書揚雄傳河靈矍丨試郎反又石毚反師古曰飛動皃二音皆通

碭 史記項羽紀沛公軍丨音唐漢書高帝紀芒丨山又音宕

蕩 史記秦紀遣兵伐丨社漢書地理志河内郡丨陰並音湯

望 漢書禮樂志體招搖若永丨合韻音忘

琅 史記始皇紀南登丨邪漢書高帝紀丨邪即與瑯同

房 史記始皇紀作前殿阿丨故天下謂之阿丨宮音傍漢書賈山傳阿丨之殿

方洋　漢書吳王濞傳｜｜天下音房羊又上音旁史傳作彷徉

方皇　漢書揚雄傳溶｜｜於西清即彷徨

蒼　史記夏紀爲｜浪之水與滄同

倉　史記陳涉世家爲｜頭軍起新陽注皆着青帽漢書蕭望之傳｜頭盧兒他傳作蒼

穅　漢書吳王濞傳䅟｜及米貢禹傳｜豆不贍

亢　漢書趙充國傳威謀靡｜合韻音康

饗　漢書禮樂志山河｜合韻音鄉

享　漢書禮樂志庶幾宴｜合韻音鄉

十二庚十三耕十四清

亢 史記莊子傳｜桑子音庚

黽 史記春申君傳踰｜隘之塞音盲地在秦

衡 史記陳涉世家連｜漢書酈食其傳因言六國從｜時鼂錯傳｜加之以衆音横師古曰｜即横耳無音詩｜從其畝 補遺史記首始皇紀外連｜而闗諸侯漢書首刑法志合從連｜

亨 史記平準書｜弘羊普彭反漢書高帝紀項羽｜周苛與烹同詩誰能｜魚 補遺史記首樂書｜孰而祀封禪書｜炊

榜 史記張耳傳貫高｜笞數千音彭搒擊之也 補遺首李斯傳｜掠千餘漢書食貨志｜笞

⿰魚畺 漢書翟義傳取其丨鯢古鯨字

撑 漢書匈奴傳丨犂孤塗單于音掌丈庚反

搶攘 漢書賈誼傳制丨丨上音傖仕庚反下女庚反亂貌

⿰亻堂 漢書外戚傳陛下得武書何如曰丨也丑庚反字本作瞠

萌 漢書劉向傳民丨何以勸勉與甿同補遺史記周本紀以振貧弱丨隸

甿 漢書項籍傳丨隸之人古萌字民也補遺史記秦紀贊丨隸之人古氓字

紭 漢書揚雄傳遥嘑虖丨中古紘字

⿰山營 漢書揚雄傳似紫宮之崢丨音宏

暒 漢書天文志天丨而見
景星無音玉篇與晴同

頃 史記魯世家丨公無野漢書文帝紀丨王后諸謚爲
傾者漢書例作丨讀皆曰傾王褒傳不單丨耳而聽
己聰詩不盈丨筐 補遺
史記首呂后紀丨王后

正 漢書律歷志子爲天丨王莽傳人民丨營
不安之意音征叙傳奕世宗丨合韻音征

絣 漢書揚雄傳丨之
以象類併也音幷

嫈 史記東越傳爲繚丨侯音
縈漢書南粵傳丨於耕反

盛 史記齊世家田乞丨陽生槖中伍貟傳丨以鴟
夷革 補遺漢書呉王濞傳丨其頭馳傳以聞

谹 漢書司馬相如傳丨
議音宏史傳作閎

補遺

滂 史記司馬相如傳洶涌丨濆丨滂橫反濆滂拜反

京 漢書揚雄傳騎丨魚丨大也或讀作鯨

英 漢書禮樂志帝嚳作五英即與韺同

莖 漢書禮樂志顓頊作六丨即與䪫同

明 漢書地理志廣漢郡葭丨音萌

營 漢書叙傳中山溎丨合韻音滎

請 史記禮書禮至備丨文俱盡古情字注諸子中多有此比

氏 漢書地理志代郡狋丨音精

寗 漢書禮樂志穰穰復正真往丨合韻音寧

政適 史記范雎傳剖符於天下丨丨伐國上音征下音敵

延 漢書文景功臣表丨和二年雖無注即征字案洪内翰邁作前漢法語亦表出此字

呈 史記始皇紀以衡石量書日夜有丨不中丨不得休息

逞 史記晉世家欒丨音盈索隱曰史記盈字多作丨

慶 漢書叙傳承文之丨合韻音卿

成 史記封禪書丨山斗入海漢書郊祀志盛山音成

十五青

庭 漢書公孫賀傳朝丨多事丨廷通用 補遺首伍被傳方今漢丨治乎又循吏傳黄霸數決疑獄丨中稱平謂廷尉之中

令 史記晉世家秦兵圍丨狐音零詩盧丨丨 補遺首秦紀秦以兵送至丨狐漢書武帝紀丨居

泠 漢書律歷志黄帝使丨綸音零補遺首人表丨淪氏

軨 漢書揚雄傳撩丨軒而周流與櫺同

笭 漢書叙傳失時者丨落讀曰零

刑 史記太史公自序食土軌啜土丨丨丨羹器也補遺首始皇紀啜土丨漢書司馬遷傳歠土丨

補遺

清 史記五帝紀是爲青陽注即少昊也漢書律歷志少昊曰丨陽者黃帝之子清陽也

荓 漢書古今人表青丨子步丁反

亭 史記張湯傳補廷尉史丨疑注丨平也漢傳平丨疑法

渟 史記始皇紀南鑿龍門通大夏決河丨水放之海李斯傳決渟水漢書西域傳其水丨居冬夏不增減即與渟同

葶 漢書司馬相如傳丨奈史傳作搏捺

靈 史記匈奴傳丁丨漢書李廣傳丁丨陳湯傳丁令與零同司馬相如傳通丨關道漢傳作零山

靈 史記龜策傳下有伏丨上有兔絲

離 史記齊世家丨支孤竹音零又音令祇又如字

研 漢書地理志上黨注石丨關音形

十六蒸十七登

蒸 漢書酷吏傳吏治丨丨說文與蒸同經典亦作烝

耳孫 漢書惠紀內外公孫丨丨應劭曰玄孫之子也言去曾高益遠但耳聞之晉灼曰玄孫之曾孫師古據平紀及諸侯王表音耳音仍爾雅仍孫爲八葉仍耳聲近葢一號耳

馮 史記鄭世家丨音憑伯夷傳衆庶丨生憑恃也漢書酈食其傳丨軾春秋左氏傳神所丨依

馮史記魏世家丨琴而對恃也音凭漢書甯成傳同車未嘗敢均茵丨嚴助傳丨玉几去聲亦通

厷漢書王莽傳曰德元丨古肱字

雁文穎音鷹補遺疵音庇史傳作鷹庇

漢書霍去病傳封渾邪王丨疵爲煇渠侯

耏漢書高帝紀罪丨以上古耏字音若能補遺應劭曰古字從彡師古曰應氏之說耏當音而如氏之解乃代反其義亦兩通而功臣表宣曲侯通耏爲鬼薪則應說斯爲長矣

補遺

湊史記惠帝紀陵轢邊吏天官書相丨爲闘灌夫傳丨轢漢書灌夫傳作轢

蔆史記司馬相如傳英蓉丨華漢傳丨華又菱藕

扔 漢書古今人表有丨君音仍

會 史記司馬相如傳坌入丨宮之嵯峩漢書同重也揚雄傳增宮嵾差亦重也

應 史記建元年表戎狄是丨與膺同

承 漢書地理志長沙國丨陽音烝

徵 史記建元年表荆荼是丨音澄漢書地理志左馮翊丨音懲

佷 漢書地理志武陵郡丨山音恒出藥草恒山

十八尤十九侯二十幽

郵 漢書成帝紀以顯朕丨谷永傳咎譖著丨與尤同過也

繇 史記文帝紀福丨亶與讀作由漢書文紀亦無丨教訓其民爰盎傳丨比名重朝廷與由同 補遺古今人表許丨即許由丨余即由余

䌛 漢書武帝紀厥路亡丨與由同又所丨殊路

繇 漢書敘傳謨先聖之大丨師古曰丨道也

繇 漢書敘傳陸子優丨新語以與優游不仕也讀作游

繇 漢書韋賢傳犬馬丨丨讀作悠悠

斿 漢書敘傳述丨俠傳讀作游 補遺首禮樂志神之丨過天門

逌 漢書地理志酆水丨同古攸字 補遺史記趙世家牛畜侍烈侯以仁義約以王道烈侯丨然漢書首五

行志彝倫丨叙

逌 漢書韋賢傳萬國丨平古攸字所也

迺 漢書地理志丨古迺字涿郡縣名
補遺首功臣表丨侯陸彊字由反

蝤 漢書王褒傳蜉丨出以陰字作蝣音由

紬 史記太史公自序丨史記石室金匱之書音抽漢書谷水傳丨繹讀曰抽
補遺史記首歷書丨續日分當音抽

讎 漢書律歷志廣延宣門以考星度未能丨也丨相當也

讎 漢書郊祀志五利妄言其師方盡多不丨注不驗也
補遺史記孝武紀同

疇 漢書律歷志丨人子弟分散與儔同韓信傳其丨十三人

醻 史記樂書獻丨酳酢與酬同詩一朝丨之

擣 史記龜策傳上有丨著正義曰即禂字

⿰韏焦 漢書律歷志物丨斂乃成熟子由反

萩 史記建元年表丨苴音秋漢書貨殖傳山居千章之丨東方朔傳注即楸也 補遺漢書首功臣表丨苴矦朝鮮傳作秋苴

廋 漢書趙廣漢傳丨索私屠酤與搜同 補遺史記五帝紀析林渠丨夏紀析支渠搜

摉 漢書王莽傳丨索城中與搜同

騪 漢書百官表丨粟都尉服虔音搜狩之搜索也

叟 漢書地理志析支渠丨讀曰搜詩釋之丨丨音蒐淅聲也

區 漢書蘇武傳丨脫土室讀同甌王莽傳中郎丨博諫莽云丨一侯反

區 史記樂書草木茂丨萌達音勾屈生曰丨

抔 史記張釋之傳取長陵一丨土步侯反禮運云丨飲手掬之其字從手

⿰扌否 漢書張釋之傳取長陵一丨土步侯反

桴 史記田叔傳丨鼓立軍門音浮鼓椎漢書鄺賈等贊叔孫通舍枹鼓而立一王之儀其字從木

留 漢書霍去病傳丨落不耦補遺史記驃騎傳丨落不遇

游史記秦紀其賜爾皁丨音旒皁色
旗旌旒也春秋左氏傳鞶厲丨纓

騶史記孟荀傳吳世家爲丨伐魯漢書王吉傳能爲丨
氏春秋孟軻丨人又其後有丨子之屬魯仲連鄒陽
傳亦作丨　補遺史記首封禪書
祠丨嶧山漢書首地理志魯國丨

郰史記孔子世家
丨人也音鄒

罘史記司馬相如傳丨罔彌
山音浮與罦同漢書作罘

罘漢書文帝紀東
闕丨罳災音浮

蠭漢書五行志蝝蝗丨
之有翼者音蚍蜉

媮漢書韓信傳丨食與偷同苟且也賈山傳丨
合苟容讀作偷　補遺首元帝紀丨合苟從

嘔 漢書朱買臣傳歌｜道中讀作謳

髹 史記建元年表盜斷婦人初產子臂｜以爲媚道音休俗本作漆貨殖傳木器｜者千漢書趙后傳｜漆許求反

句 史記天官書三星鼎足｜之音鉤漢書地理志｜陽即左氏｜瀆之丘郊祀志｜龍賈誼傳｜踐讀作鉤補遺史記首始皇紀贊｜戟長鎩

鞪 漢書韓延壽傳鞮｜即兜鍪莫侯反

蝚 漢書司馬相如傳｜玃蝚乃高反又音柔今戎皮爲鞪褥者戎柔聲之轉耳

龜茲 漢書地理志｜｜音丘慈傳介子傳｜｜樓蘭

補遺

九 史記殷本紀以西伯昌｜侯鄂侯爲三公音仇

仇 漢書匡衡傳引詩窈窕淑女君子好｜今詩作逑

繇 漢書宣帝紀上亦無｜知讀自由

游 漢書叙傳養｜睇而猿號養由基也

繇 漢書張釋之傳文帝｜是奇釋之與由同

檮 漢書古今人表｜戭音疇演霍去病傳｜余山音籌

駠 漢書郊祀志牲用｜｜駒又秋冬用駵地理志華｜緑耳

駵 史記秦紀
驊丨騄耳

斿 史記禮書龍旂九丨樂書龍旂九旋
漢書五行志君若綴丨不得舉手

斿 漢書叙傳張陳之交丨如
父子攜手遂秦捬翼俱起

游 史記天官書三曰九丨
音流漢書天文志作斿

流 史記司馬相如傳丨夷
漢傳作留夷即新夷也

廖 漢書古今人表丨叔安左
氏作飂並力周力授二反

州 漢書古今人表
華丨即華周

擾 史記夏紀學丨龍于豢龍氏音柔漢書
高帝紀贊劉累學丨龍首繞又音饒

廋 漢書西域傳烏孫其子細沈丨音搜

騶 漢書鼂錯傳材官丨發矢道同的師古曰矢之善也左氏傳作菆音同

陬 史記孔子世家生魯平昌鄉丨邑音鄒

叢 史記建元王子侯年表丨音緅漢書王子侯表前矦信字或作菆則留反

嘔 漢書地理志川曰虖池丨夷於侯反

鉤 漢書揚雄傳麗丨芒與驂蓐收

掊 史記孝武紀丨視得鼎步溝反抱也漢書郊祀志同

牟 漢書司馬相如傳德丨往初與侔同

牟 漢書景帝紀侵丨萬民食苗根蝨也侵丨民食比之蛑賊

聚 史記歷書月名畢聚丨音娵十一月也

油 史記樂書致樂以治心則易直子諒之心丨然而生矣鄭玄曰丨新生好貌

諏 漢書律歷志丨訾又娵訾

陬 漢書西域傳烏孫有子曰岑陬丨子侯反史傳作岑娶無音

掫 漢書古今人表丨子內史詩作聚

窶 史記滑稽傳甌丨滿篝音婁古字假借

虬 漢書司馬相如傳青丨史傳青蚪

繆 漢書趙后傳自丨
死居虬反絞也

二十一侵

浸潯 史記齊悼惠王世家丨丨音
侵尋又音淫猶漸潤深也

潯 史記司馬相如傳
浸丨行溢音淫

尋 漢書伍被傳丨陽之船與潯同 補遺史記
淮南厲王傳同漢書首地理志廬江郡丨陽

唫 漢書息夫躬傳秋風爲我丨古吟字
補遺史記屈原傳唫丨恒悲兮

湛 史記魏世家不丨者三版鄒陽傳荊軻之丨七族音
沈漢書元帝紀正氣丨掩與沈同溝洫志丨白馬玉
璧項籍傳已渡皆丨船劉歆傳丨
靖有謀揚雄傳默而有深丨之思

湛 漢書霍光傳丨沔於酒讀曰沈亦曰躭 補遺首禮樂志丨沔自若

湛 漢書古今人表鄭畀丨音脾諶

闇 史記魯世家乃有亮丨三年不言義與陰同 補遺漢書王吉傳高宗諒丨

禽 史記五帝紀黃帝遂丨殺蚩尤與擒同 漢書高帝紀爲我丨也

衿 漢書蘇武傳泣下霑丨

攙 漢書天文志丨雲如牛音參參差之參 補遺史記天官書天丨音參

滲 漢書揚雄傳澤丨離而下降音淋

任 史記白起傳武安君病不丨行音壬 漢書霍光傳光丨大重音壬堪也

嵾 漢書揚雄傳增宮丨差初林反不齊也

禁 漢書咸宣傳弗能丨居禽反

冘 漢書揚雄傳窮丨閼與音滛

補遺

潭 史記司馬相如傳浸丨促節漢書作浸滛揚雄傳因江丨而湛記兮又或橫江丨而漁音尋

⿱穴帝 漢書高五王傳丨滛闇於上

箴 漢書藝文志丨石湯火所施即與鍼同

箴 漢書司馬相如傳丨疵鵁盧史傳⿰鳥咸嶋鵁鸕

衿 漢書揚雄傳丨芰茄之綠衣音襟系之衿帶也師古其禁反

領 漢書揚雄傳丨頤折頞音欽曲頤也

禽 漢書古今人表齊丨敖即黔敖

隆 史記文帝紀丨慮侯音林閭

蔭 漢書五行志趙孟視丨讀與陰同

吟 史記淮陰侯傳雖有舜禹之智丨而不言不如瘖聾之指麾也巨蔭反又音琴

斟 史記吳世家昔有過氏殺斟灌以伐斟尋古作丨與斟同漢書地理志北海郡平壽汪丨尋

二十二覃二十三談

探 史記魏公子傳有能丨得趙王陰事音貪

湛 漢書成帝紀贊丨于酒色讀作耽詩和樂且丨

參 史記佞幸傳爲文帝丨乘

𢦟 漢書五行志王心弗丨古堪字

揻 史記天官書太白間可丨劍蘇林音函漢書天文志辰星過太白間可丨劍音函可容一劍也

函 漢書宣帝紀金芝九莖産于丨德殿律歷志太極元氣丨三爲一讀與含同 補遺史記禮書丨及士夫

音含

唅 漢書王襃傳丨糗音含貨殖傳丨菽飲水

沈 史記陳涉世家夥頤涉之爲王丨丨者長含反漢書陳勝傳同

甔 史記貨殖傳漿千丨都甘反又丁濫反瓦罌受一石

儋 漢書西域傳負水丨粮古擔字 補遺首揚雄傳丨人之爵師古曰荷負也

補遺

鐔 漢書地理志武陵丨成音潭

沈 漢書五行志荒丨於酒

蚕 漢書異姓諸侯王表丨食六國

冉 史記管蔡世家丨季載又封季載於丨字或作那與聃同又奴甘反

澹史記馮唐傳破東胡滅丨林丁甘反漢傳都甘反又音談

參史記張耳傳餘傳未敢丨分而王滑稽傳飲可八斗而醉二丨漢書蒯通傳丨分天下

二十四鹽二十五添二十六嚴

孅漢書食貨志古之治天下至丨至悉與纖同王吉傳丨介補遺史記日者傳丨趨而言音纖

襳漢書司馬相如傳蜚丨垂髾音纖

涔史記夏紀沱丨已道音潛又丨於漢

灊漢書郊祀志丨之天柱山號南嶽音潛補遺首武帝紀登丨天柱山

朁漢書地理志於丨縣讀曰潛穀城注丨亭音潛

漸 史記宋世家沈丨剛克漢書谷永傳忘湛丨之義讀曰沈潛

漸 漢書郊祀志丨臺在池中爲水所浸故曰丨又子廉反三輔黃圖或爲瀸亦浸耳補遺史記五帝紀治大池丨臺高二十丈

漸 史記宋世家麥秀丨丨兮子廉反麥芒之狀

箝 漢書異姓王表丨語燒書與鉗同其占反爰盎傳自丨天下之口

拑 漢書五行志臣畏刑而丨口鬲也其廉反補遺史記秦本紀贊丨口而不言

奄 漢書禮樂志神丨留與淹同詩丨觀銍艾

顩 漢書郊祀志黃帝鼎成有龍垂胡丨人占反霍光傳美須丨

嗛 史記樂書君子以丨退爲禮音謙漢書藝文志易之丨丨與謙同司馬相如傳丨讓尹翁歸傳溫良丨退

慊 漢書趙充國傳雖亡尺寸之功媮得避丨之便亦嫌字

補遺

猒 漢書景帝紀其患無丨

饜 史記太史公自序天下患衡秦無丨

厭 史記刺客傳非盡天下之地臣海内之王者其意不丨淮陰侯傳不知丨足漢書食貨志富人臧錢滿室猶無丨足王莽傳不知丨足

漸 漢書鼂錯傳丨車之水讀曰瀸子廉反

漸 史記五帝紀贊東丨于海夏紀同子廉反

漸 漢書司馬相如傳䱭鰽丨離史傳作螹

鬵 漢書地理志漢中郡安陽注丨合水音潛

詹 史記周本紀顧丨有河又粤丨雒伊

䫇 史記趙世家鬚麋髭丨漢書西域傳深目而多丨

䫇 史記孝武紀鼎既成有龍垂胡丨下迎黃帝封禪書作髯

廉 漢書高帝紀丨問師古曰丨察也本作覝音同

鍼 漢書古今人表丨虎其炎反詩丨虎

衿 史記天官書有兩星曰丨其炎反漢書天文志同

閻 漢書酷吏義縱傳吏之治以斬殺縛束爲務丨奉以惡用矣師古曰以嚴惡見任用當讀爲嚴

二十七咸二十八銜二十九凡

嶔 史記司馬相如傳丨巖倚傾古銜反漢書口銜反揚雄傳深溝丨巖而爲谷

嗛 史記酷吏傳縱以我爲不復行此道乎丨之音銜大宛傳烏丨肉蜚其上倿幸傳太后由此丨韓嫣並讀爲銜 補遺首外戚世家景帝恚心丨之

嚴 漢書禮樂志丨處頃聽與巖同

嶄 漢書賈誼傳丨去不義諸侯讀與芟同

嶄漢書司馬相如傳丨巖士銜反尖銳皃

補遺

氾史記周紀鄭居王于丨匈奴傳鄭之丨邑音凡漢書藝文志丨勝之十八篇音凡又敷劒反

班馬字類第二